퇴근길 심리학 공부

퇴근길 심리학 공부

누구나 알지만
쉽게 보는
생활 속 심리학

우멍쓰 지음 | 송은진 옮김

레몬북스
lemon books

붐비는 재래시장 안, 상인 한 명이 싸고 신선한 채소가 있다고 큰 소리로 외친다. 아무도 안 오나 싶을 때 즈음, 한 손님이 가격을 묻고 물건을 고른다. 얼마 지나지 않아 점점 더 많은 사람이 이 채소 가게에 몰려든다. 오늘 채소를 살 생각이 없던 사람까지.

판매자들은 각종 수단을 동원해 상품을 판다. 그중 스타를 광고 모델로 내세우는 방법은 가장 고전적이면서 효과적인 수단이다. 광고주는 현재 가장 '잘나가는' 스타의 이미지를 자신의 상품과 결합하고자 한다. 그들에게 중요한 건 스타의 긍정적인 이미지가 상품에 그대로 연결되어 소비자의 마음에 각인되는 것이다.

이상의 두 가지 사례는 아주 흔하고 당연한 일 같지만 여기에도 어김없이 심리학이 작용했다. 전자는 군중심리, 후자는 후광효과다. 군중심리는 쉽게 말해서 '대세를 따르는' 심리 현상을 가리키는 말로, 거의 모든 사람에게 적용된다. 후광효과는 어떤 사람이 한 가지를 잘하면 다른 것도 물론 잘할 거라고 믿는 심리 현상이다. 사람들은 찬란하게 빛나는 스타가 광고하면 그 상품도 부족함이 없다고 믿고 구매를 결정한다. 광고계에서 후광효과는 가장 중요한 기본 법칙이다.

4

이 두 가지 외에도 심리 현상은 전부 나열하기 어려울 정도로 많다. 일반적으로 알려진 심리학 지식은 빙산의 일각에 불과하다. 쉽게 말해 사람이 있는 곳에는 어디에나 심리학을 적용할 수 있다고 이해하면 된다. 다행히 최근 심리학 연구나 심리 현상에 관한 관심이 높아지고 있다. 앞으로는 더 많은 사람이 심리학 원리와 법칙, 방식을 익히고 일상생활 및 일과 학습의 지혜로 활용하기 바란다.

성공한 기업가나 노련한 정치인은 심리학을 배웠든 배우지 않았든 잘 활용하는 편이다. 그들은 사람의 심리나 본성을 통찰하고, 어떻게 해야 주변 사람을 원하는 대로 움직이게 할지도 알고 있다. 한 심리학자는 이렇게 말했다. "동서고금을 막론하고 지혜로운 사람들은 심리학 지식과 기교를 잘 활용했다. 그들은 수많은 사물에서 주류를 발견하고, 복잡한 현상에서 법칙을 찾으며, 어려운 과정에서 빛나는 미래를 보고, 아주 작은 변화에서 곧 일어날 일을 감지한다."

현대를 사는 우리는 반드시 심리학을 배워야 한다. 심리학은 사람을 연구하는 실용과학이며, 이를 통해서만이 자신과 타인을 더 깊이 이해하고, 나아가 삶을 터득할 수 있기 때문이다. 심리학은 말하고, 일하고, 처세하고, 사고하는 모든 생활에 적용할 수 있다.

이 책 『퇴근길 심리학 공부』는 독자들이 더 빠르고 쉽게 심리학 지식을 익힐 수 있도록 했다. 크게 총 네 가지 주제, '언제 어디서나 심리학', '삶을 더 빛나게 하는 심리학', '생활 속 심리학', '나를 위한 심리학'을 중심으로 구성했다. 각 주제 아래 '심리학으로 세상을 보다', '심리가 행위를 결정한다', '심리학으로 세상을 묘사하다', '행동 뒤에 숨은 심리', '진짜 나를 찾아서', '더 나은 삶을 위한 심리학' 등 총 열다섯 개의 수업 내용이 있다. 각 수업에서는 심리학으로 세상을 인식하는 법, 심리와 행동의 관계, 부정적 감정의 문제점, 성격과 심리, 인격과 심리, 사교와 심리, 자아 인식 등 다양한 방향의 심리학 지식 및 그 응용방법을 설명했다. 자신을 이해하고 감정을 관리하며 행동을 제어하는 등 구체적인 상황에 효과적으로 응용할 수 있을 거라고 믿는다.

이 책은 너무 학술적인 내용과 어려운 논조를 버리고, 누구나 읽고 이해할 수 있는 쉬운 언어와 설명으로 독자들이 좀 더 편안하게 심리학에 접근할 수 있도록 했다. 또 한번쯤 겪었거나 보았음직한 사례를 제공해 더 효과적이고 직관적으로 심리학 지식을 이해하도록 도왔다.

우리의 생존 환경과 생활 방식은 쉬지 않고 변화한다. 사회가 빠르게 움직이고 복잡다단해지면서 사람들은 더 많은 심리 문제에 직면하고 감정 처리에 큰 혼란을 겪고 있다. 독자들이 이 책을 통해 내면을 바라보고 점점 더 깨끗하고 진실한 진짜 자신을 되찾기 바란다.

CONTENTS

| 서문 | 4

01 언제 어디서나 심리학

Lesson 01 심리학으로 세상을 보다   12

지각: 세상을 보는 눈을 틔워라 | 물질이 의식을 결정한다 | 감각은 진실한가? | 인성의 본질과 약점 | 심리학으로 문을 열다

Lesson 02 삶과 심리학은 떼려야 뗄 수 없는 관계다   28

감정으로 세상과 소통하다 | 태도와 행위 | 한 번도 만나지 못한 나를 만나다 | 꿈이 들려주는 이야기

Lesson 03 심리가 행위를 결정한다   38

군중심리: 부는 바람에 나를 잃지 않기를 | 자기지각: 나에게 가장 좋은 일 | 새장효과: 당신을 후퇴하게 만드는 심리적 관성 | 실패의 힘: 실패는 기회다

Lesson 04 심리학으로 부정적 감정을 떨쳐내다   55

불안: 도무지 즐겁지 않은 당신에게 | 우울: 천천히 무너지는 내면 | 원한: 영혼을 집어삼키는 독사 | 분노: 남의 잘못으로 자신을 징벌하는 어리석음 | 비관: 삶은 원래 풍부하고 다채로운 것 | 충동: 내 안의 악마를 박멸하라

02 삶을 더 빛나게 하는 심리학

Lesson 05 **심리학으로 세상을 묘사하다**   82

분명히 봤는데 기억나지 않는 까닭 | 권유의 방식 | 환경이 당신에게 미치는 영향 | 무지의 산물, 편견 | 무엇이 이상행동을 일으키는가?

Lesson 06 **심리학으로 삶을 더 빛나게 하다**   102

기회는 다시 오지 않는다 | 행동이 삶의 질을 결정한다 | 내 삶에 이로운 행동 | 환경이 성격을 만든다

03 생활 속 심리학

Lesson 07 **사람은 누구나 독특하다**   116

인격이란 무엇인가? | 아홉 가지 성격 | 성격 특성을 발휘하라 | 내 안의 또 다른 나 | 가면의 뒤를 보라!

Lesson 08 **삶을 결정하는 성격**   134

네 가지 기질 | 삶을 무너뜨리는 신경증 | 자신의 영혼을 갉아먹는 완벽주의자들 | 틀을 깨야 성공한다 | 우리는 모두 다른 세상 속에서 산다

Lesson 09 **행동 뒤에 숨은 심리**   151

동기가 행동을 만든다 | 나를 행동하게 하는 최후통첩 | 생각하고 행동할 것인가, 행동하면서 생각할 것인가? | 나만의 행동기준 | 행동의 밑바닥에 가치관이 있다

Lesson 10 **의식과 잠재의식**   167

사람은 생각의 산물이다 | 나는 못 할 일이 없다 | 안 된다고 생각하면 진짜 안 된다 | 의식의 전환으로 감정을 다루다 | 내 안의 잠자는 거인을 깨워라

04 나를 위한 심리학

Lesson 11 진짜 나를 찾아서   186

자아인지: 나에게 내리는 객관적 평가 | 사고의 패턴: 창의적인 사고를 막는 장해물 |
인지 부조화: 내 심리는 내가 조절한다 | 인지 편향: 지금 내 생각이 과연 옳을까?

Lesson 12 감정에 속지 않기   202

관찰만 해도 셜록 홈스가 될 수 있다 | 몸으로 하는 말이 더 진실하다 | 사람과 세상을
바라보는 힘 | 가짜 정보에 속지 마라 | 모두 잠들었을 때 나만 깨어 있는 행복 | 작은 동
작에 숨은 커다란 비밀들

Lesson 13 모두가 즐거운 인간관계를 위해   227

나를 세일즈하라 | 그를 이해하는 법 | 좋은 첫인상은 어떻게 만들어지는가? | 인간관
계의 세 가지 법칙 | 사교 강박증에서 벗어나기

Lesson 14 상대를 알아야 이길 수 있다   247

나이가 다르면 심리도 다르다 | 포장으로도 감출 수 없는 성격 | 대화 속 작은 디테일에
주목하라 | 정말 나를 위해서일까? | 좋은 사람이 나쁜 일을 저지르는 이유

Lesson 15 더 나은 삶을 위한 심리학   263

우리는 천편일률인 세상에 살고 있다 | 대화의 방식을 바꾸면 원하는 것을 얻는다 | 겁
내지 말고 한발 먼저 나서라 | 성공의 시작은 목표다 | 세상을 바꿀 수 없다면 세계관을
바꿔라

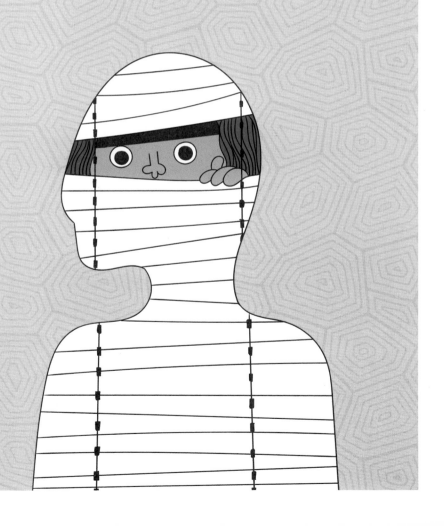

제1부

언제
어디서나
심리학

심리학으로
세상을
보다

지각 : 세상을 보는 눈을 틔워라

■■ 옛날 인도의 왕이 기르는 코끼리를 타고 거리 구경을 나섰다. 그는 나무 그늘에 앉아 더위를 식히는 맹인들을 보고 가까이 불러서 물었다. "너희들은 코끼리를 본 적 있느냐?" 맹인들은 머리를 조아리며 이구동성으로 한 번도 본 적 없다고 말했다. 왕은 크게 한 번 웃더니 말했다. "그렇다면 오늘 내 코끼리를 직접 만질 수 있게 해주지. 대신 만져본 후에 코끼리가 어떻게 생겼는지 소상하게 설명해야 한다." 맹인들은 왕의 분부대로 조심스럽게 팔을 뻗어 코끼리를 만지기 시작했다. 잠시 후 그들은 자신이 만져본 코끼리의 모습을 이야기했다. 가장 먼저 코끼리의 귀를 만진 맹인이 "폐하, 코끼리

라는 동물은 곡식의 쭉정이나 티끌을 골라내는 키처럼 생겼습니다"라고 말했다. 그러자 코끼리의 다리를 만진 맹인이 "아닙니다. 코끼리는 커다란 기둥처럼 생겼습니다"라고 말했다. 이어서 코끼리의 등을 만진 맹인은 넓은 평상처럼 생겼다고 했고, 꼬리를 만진 맹인은 굵은 밧줄 같다고 했다. 서로 자기 말이 옳다고 우기는 맹인들을 본 왕은 크게 웃었다. "제각기 코끼리의 한 부분을 만져보았을 뿐인데, 마치 전체를 아는 양 구는구나!"

불교 경전에 등장하는 이 우화는 '자신이 아는 만큼만 이해하고 고집하는 태도'를 깨우쳐준다. 동시에 우리는 이 이야기를 통해 '지각 perception, 知覺'을 이해할 수 있다. 코끼리를 한 번도 본 적 없는 맹인들은 손을 뻗어 닿는 부분만 만지고서 코끼리의 전체 모습을 묘사했다. 물론 그들의 묘사는 모두 틀렸고, 이는 곧 그들의 지각이 잘못되었다는 의미다.

지각이란 무엇일까? 지각은 사물이나 사건에 대해 발생한 감각 정보를 조직하고, 판단 및 해석하는 일종의 '가공과정'이다. 지각을 이해하려면 먼저 '감각sense, 感覺'을 이야기해야 한다. 감각이란 사물의 개별 속성을 인식하는 것으로 맹인들이 손으로 코끼리를 만지는 것이 여기에 해당한다. 그런 후에 자신의 경험이나 생각에 근거해서 코끼리의 모양을 해석하는 과정이 바로 지각이다. 정리하자면 지각은 사람의 감각기관에 직접 작용한 사물이 뇌를 이용한 사고에 반영된 것이라 할 수 있다.

━━━ 엄마가 바구니에서 과일 하나를 꺼내 보이면서 아이에게 말했다. "이건 사과라는 과일이야. 공처럼 동그랗고, 껍질은 빨간색이지." 엄마는 사과를 아이의 코 가까이에 대고 "달콤한 향기가 나지?"라고 물었다. 그러고는 먼저 사과를 한 입 베어 먹고, 아이에게 건네 먹도록 했다. 아이는 신이 난 목소리로 "맛있다! 달콤하고 새콤해!"라고 소리쳤다. 이번에는 엄마가 바구니에서 레몬 하나를 꺼냈다. "이건 레몬이야. 껍질은 예쁜 노란색인데, 만져 보면 오톨도톨해, 그렇지?" 이어서 과도로 레몬을 잘라서 아이에게 냄새를 맡아보게 하고, 한 입 먹어보라고 했다. 몇 초 후 아이는 입술을 삐죽거리더니 곧 울음을 터트렸다. 엄마는 얼른 아이를 안고 달랬다. "너무 셔? 괜찮아. 사실은 레몬도 아주 맛있는 과일이란다." 며칠이 흐른 후 엄마는 다시 과일 가게에 다녀왔다. 아이는 엄마가 든 비닐봉지 안에 공처럼 동그랗고 빨간 것이 있는 걸 보았다. 달콤한 향기도 나는 것 같았다. "사과다!" 엄마는 고개를 끄덕이며 말했다. "그래, 사과야! 그리고 레몬도 샀단다." 하지만 아이는 레몬이라는 말을 듣자마자 입술을 삐죽거리며 말했다. "셔! 맛없어!"

이 이야기에서 아이는 비닐봉지 안의 물건이 '공처럼 동그랗고, 빨간색이며, 달콤한 향기가 난다'를 근거로 그것이 사과라고 판단했다. 그런데 레몬도 샀다는 이야기를 듣고는 금세 기분이 나빠졌고, 심지어 먹지도 않았으면서 입안에서 신맛을 느꼈다. 이것이 바로 지각이다.

━━━ 아프리카 청년 켄지Kenge는 어렸을 때부터 줄곧 밀림 속 피그미족 마

을에서 살았다. 어느 날 그는 피그미족의 생활과 문화를 연구하러 온 인류학자 콜린 턴불Colin Turnbull과 동행하게 되었다. 두 사람은 함께 차를 타고 밀림을 벗어나 나무를 벌목해 탁 트인 지점을 지나갔다. 이때 켄지의 눈에 저 멀리 떼를 지어 움직이는 무언가가 들어왔다.

"박사님, 저기 움직이는 것들은 무슨 곤충인가요?"

"곤충이 아니라 물소라네."

물소? 저렇게 작은데 물소일 리 없어……. 턴불이 자신을 놀린다고 생각한 켄지는 몇 번이나 무슨 곤충이냐고 물었지만 그때마다 같은 대답이 돌아왔다. 두 사람이 탄 차가 '그것'에 가까워지면서 켄지는 자신이 곤충이라고 생각했던 것이 점점 커지는 걸 보고 크게 당황했다. 마침내 최대한 가까운 지점에 도착했을 때 켄지는 그것이 정말 물소라는 사실을 인정하지 않을 수 없었다. '이상하네, 그렇게 작았는데 왜 이렇게 커졌지? 누군가 주술을 썼을지도 몰라!'

이 이야기에서 턴불은 '아주 작아 보이는' 그것이 곤충이 아니라 물소임을 금방 알아차렸다. 이는 생활 속 경험이 그에게 알려준 것으로 지각에 해당한다. 반면에 평생 울창한 밀림 속에서 산 켄지는 그렇게 먼 거리에서 무언가를 본 적이 없어서 멀리 있는 사물은 작게 보인다는 사실을 알지 못했다. 경험이 없었기에 당연히 곤충이라고 생각한 것이다.

사람은 지각을 통해 세상을 제대로 인식한다. 우리는 물체가 가까울수록 크게 보이고, 멀수록 작게 보인다는 걸 안다. 복잡하게 마구 어질

러진 방 안에서도 필요한 걸 골라낼 수 있다. 젓가락을 물컵에 꽂으면 휜 것처럼 보이지만 실제로는 그렇지 않음을 알고 있다. 이런 것들이 바로 지각이 우리에게 제공하는 지식이자 지혜다.

물질이 의식을 결정한다

중국고추협회 회장 쩌우쉐샤오鄒學校에 따르면 고추는 명나라 말기에서 청나라 초기 무렵에 중국에 처음 들어왔다. 그러니 중국인이 고추를 먹은 지 이미 400년이 넘었다. 옛날에는 외국에서 고추를 들여올 때 바닷길을 이용하기도 했으므로 지금도 몇몇 지방에서는 고추를 후자오湖椒, 판자오番椒[1]라 부르기도 한다. 현재 고추는 중국인의 식생활에 없어서는 안 될 중요한 요소가 되었는데 매운맛으로 유명한 촨차이川菜, 즉 사천요리에서는 더욱 그러하다. 촨차이는 특히 젊은 사람들에게 인기가 많으며, 외국에도 중국을 대표하는 음식으로 널리 알려졌다. 알다시피 고추의 매운맛은 캡사이신이라는 물질이 만든다. 캡사이신은 가까이만 가도 눈이 맵고 재채기가 나는 물질이지만 사람들은 그 매운맛의 매력에서 좀처럼 헤어 나오지 못한다.

매년 세계 곳곳에서 열리는 각양각색의 고추 먹기 대회는 사람들이 얼마나 고추의 매운맛에 매료되었는지 잘 보여준다. 위로는 70대 노인

---

[1] 중국에서는 고추를 '매운 산초'라는 의미로 라자오(辣椒)라고 부른다. 라자오의 방언인 후자오의 후(湖)는 물, 판자오의 판(番)은 외국이라는 의미다.

부터 아래로는 10대 청소년까지 다양한 사람들이 대회에 참가한다. 물론 고추는 비타민 C가 풍부해서 몸에 무척 좋은 식품이다. 하지만 이것만으로는 사람들이 왜 그토록 이렇게 자극적인 맛을 좋아하는지 설명할 수 없다.

━━ 태어나서 줄곧 중국의 북쪽 지방에서 산 천양은 대학에 입학하면서 난생처음 고향을 떠나 남쪽의 청두成都에서 살게 되었다. 그의 가족은 매운맛을 싫어해서 고추를 먹지 않았고, 요리할 때 쓰는 고추는 모두 맵지 않은 것이었다.

천양은 청두에서 대학을 다니며 처음 매운맛을 접했다. 학교 식당에서 파는 음식은 대부분 너무 매웠고, 덜 맵다는 음식도 입맛에 맞지 않아서 고생을 좀 했다. 하지만 달리 방법이 없으니 별수 없이 먹었는데, 먹다 보니 고추의 매운맛이 나쁘지 않았고 곧 즐기기 시작했다. 1년 후 천양은 아무런 거부감 없이 자연스럽게 매운 고추를 먹었고, 밥을 먹으러 갈 때마다 아예 매운 고추 양념을 가지고 다녔다.

사실 매운맛은 미각이 아니다. 기본 미각인 단맛, 신맛, 짠맛, 쓴맛과 달리 우리 입안에는 매운맛을 느끼는 미뢰味蕾가 없다. 우리가 느끼는 매운맛은 온도와 연관된 일종의 통각痛覺이다. 그래서 부모들은 매운 음식이 유해하다고 보고 아기에게 먹이지 않는다. 성인 중에도 매운 음식을 너무 많이 먹으면 토하거나 설사하는 사람들이 있다. 사실 맵다고 느끼는 자체가 몸에서 보내는 일종의 경고다. 고추가 캡사이신을

통해 위험 신호를 보내는데도 사람들은 부지런히 매운맛을 찾아다닌
다. 대체 이유가 뭘까?

한 연구팀이 멕시코인이 매운 음식을 접하는 과정을 관찰했다. 멕시
코에서 매운 고추는 거의 모든 요리에 들어가는 기본 요소다. 멕시코
의 아이들은 2~6세에 처음 고추를 접하고, 5~8세가 되면 직접 고추를
더 가져다가 요리에 넣어 먹는다. 물론 좋아하지 않으면 거부할 수 있
지만 대부분 멕시코 가정은 음식에서 고추의 매운맛을 무척 중요하고
당연하게 여긴다. 멕시코와 달리 어렸을 때는 되도록 매운 음식을 먹
지 못하게 하는 나라도 있다. 또 식구들은 매운 걸 싫어하는데 유독 혼
자만 좋아하는 사람도 있고, 그 반대 경우도 있다.

미국 워싱턴 대학University of Washington 의 생물학자 조슈아 툭스베리
Joshua J. Tewksbury 박사는 캡사이신이 곰팡이 감염을 방지하는 작용을 한
다는 가설을 내놓았다. 미국의 인류학자 린다 페리Linda Perry 박사는 툭
스베리의 가설에 동의하면서도 고추가 방부제 역할을 한다는 증거는
없다고 했다. 그녀는 고추가 작용하는 곰팡이는 일부일 뿐이며, 사람
들은 곰팡이 감염을 예방하려고 고추를 먹는 게 아니라 그저 맛이 좋
아서 먹는 거라고 보았다. 이 문제와 관련해 두 가지 이론이 더 있다.
첫 번째 이론은 '롤러코스터 효과'다. 이는 소극적인 경험을 반복해서
위험하지 않다고 여기면 더 적극적인 경험을 추구하고, 갈수록 더 자
극적인 경험을 얻고자 한다는 이론이다. 실제로 얼마 전에 먹은 것보
다 훨씬 더 맵고 자극적인 음식을 찾곤 하지 않는가? 두 번째 이론은

고추가 내인성 아편상펩티드^{endogenous opioid peptides}2의 분비를 촉진한다는 데 주목한다. 반복적으로 고추의 매운맛을 접하면 이 천연 진통제가 더 많이 분비된다. 사람들이 고추를 먹으면서 느끼는 쾌감은 달리면 달릴수록 기분이 좋아지는 '러너스하이^{Runner's High}'와 유사하다.

미국 펜실베이니아 대학^{University of Pennsylvania}의 심리학자 폴 로진^{Paul Rozin}에 따르면 사람의 감각은 '신체 감각'과 '의식 감각'으로 나눌 수 있다. 신체 감각은 사람의 감각기관이 느끼는 것이지만 의식 감각은 여기에 그 사람의 이성이 더해진 것이다. 사람들이 고추의 매운맛에 빠진 이유는 단순히 '매워서'가 아니라 고추가 주는 쾌감 때문이고, 이는 곧 '물질이 의식을 결정한다'는 의미다.

감각은 진실한가?

흰 배경 앞에 검은 물체를 두면 시야 안 각 부분의 반사 계수^{reflection coefficient, 反射係數}가 서로 다르므로 흑백의 대비가 도드라진다. 또 칠흑같이 어두운 밤에 손을 뻗으면 자기 손가락이 잘 보이지 않는데 이는 시각 대비가 완전히 사라졌기 때문이다. 심리학에서 다루는 시각 대비는 빛이 공간에 분포되는 정도가 달라 발생하는 시각 경험이다. 여기에는 명암 대비^{contrast effect}와 색채 대비^{color contrast}가 있다.

---

2 뇌에서 자연적으로 생성되며 아편처럼 통증을 없애주는 화학 물질. 엔도르핀(endorphin), 엔케팔린(enkephalin), 카나비노이드(cannabinoid) 등이 있다.

━━ 프랑스 파리의 한 카펫 공장에서 한 직원이 카펫이 색이 미묘하게 달라진 것을 발견했다. 그들은 해당 카펫에 들어가는 검은색 실의 염료가 이염되었는지 의심했고, 정확한 원인을 파악하기 위해 화학자를 찾아갔다. 수차례의 실험과 연구 끝에 원인이 밝혀졌다. 카펫의 색이 달라진 까닭은 검은색 실 주변의 다른 색에 발생한 시각 대비 때문이었다. 염료와는 아무 관련이 없었다.

물체의 색은 주변 물체의 색으로부터 영향을 받아 색조가 변한다. 예를 들어 회색 고리를 빨간색 배경 위에 두면 녹색으로 보이고, 노란색 배경 위에 두면 파란색으로 보인다. 그래서 방직이나 날염 분야에서는 시각 대비를 고려해 상품을 제작한다. 이는 곧 시각 대비를 통해 발생하는 감각이 반드시 진짜라 할 수 없으니 무심코 넘기지 말고 유심히 관찰할 필요가 있다는 이야기다.

대비는 생활 곳곳에 있으며, 우리는 모두 많거나 적게 대비를 경험한다. 마른 사람과 뚱뚱한 사람이 함께 있으면 마른 사람은 더 말라 보이고, 뚱뚱한 사람은 더 뚱뚱해 보인다. 전에는 병이 의심될 정도로 말

랐던 사람이 정상 체중이 되면 오랜만에 만난 친구들은 그가 뚱뚱해졌다고 생각한다. 이런 현상들이 모두 시각 대비가 만드는 착각이다. 또 사탕을 먹고 나서 사과를 먹으면 사과가 별로 달지 않은데 이는 미각 대비가 만든 결과다. 미각 대비를 알고 나면 음식을 먹을 때 주의하게 된다. 무엇을 먼저 먹고, 무엇을 나중에 먹어야 원래의 맛을 해치지 않고 맛있게 먹을 수 있는지 깨우치는 것이다. 무더운 여름날에 실외에 있다가 실내로 들어오면 그렇게 시원할 수가 없다. 만약 에어컨을 켜두었다면 '서늘하다고' 느낄지도 모르는데 이는 온도 대비다. 후각 대비도 있다. 좁은 공간에서 누군가 갑자기 음식을 먹는다면 다른 사람들은 평소보다 음식 냄새가 역하다고 느낄 것이다.

대비는 '동시 대비'와 '연속 대비'로 나눌 수도 있다. 동시 대비는 몇 가지 자극이 동시에 하나의 감각수용체에 작용해서 발생하는 감각 변화다. 동시 대비가 만들어내는 감각은 진짜가 아니다. 대표적인 사례로 1868년에 오스트리아 물리학자 에른스트 마흐Ernst Mach가 발견한 '마흐 밴드 효과Mach Band Effect'를 들 수 있다. 사람들은 명암이 교차하는 지점에서 밝은 곳은 더욱 밝게, 어두운 곳은 더욱 어둡게 느낀다. 이는 서로 다른 밝기의 경계선이 약화하는 주관적인 경계 대비 효과다. 밝기가 다른 띠가 서로 인접했을 때, 띠의 경계에서 색이 더 진하거나 더 밝게 보인다. 이는 한 영역에 있는 감각수용체가 이웃한 감각수용체를 측면억제lateral inhibition하기 때문에 발생하는 현상이다. 실제로는 밝은 곳이 더 밝아지거나, 어두운 곳이 더 어두워지지 않았으며 단지 대비

후에 발생한 '사실과 다른' 감각일 뿐이다. 연속 대비는 자극이 차례로 하나의 감각수용체에 작용할 때 발생하는 감각 변화다. 앞에서 언급한 미각 대비가 여기에 해당한다.

━━ 샤밍네 화장실 수도꼭지가 고장 났다. 며칠째 계속 물이 똑똑 떨어졌는데 낮에는 그래도 괜찮았는데 밤만 되면 물 떨어지는 소리가 크게 들렸다. 어느 날 샤밍이 출장을 떠나면서 며칠 동안 아내 혼자 있게 되었다. 샤밍은 떠나기 전에 아내에게 이번 출장에서 돌아오면 집의 수도관을 전부 손보겠다고 말했다. 사실 아내는 고장 난 수도꼭지에 크게 신경을 쓰지 않는 사람이었다.

혼자 보낸 첫날, 낮에는 동네가 시끌시끌하고 집안일로 바빠서 집 수도꼭지에서 물이 떨어진다는 사실도 잊었는데 밤이 되어서 혼자 자려니 화장실에서 나는 '똑, 똑⋯⋯' 소리가 너무 무섭게 들렸다. 나중에는 화장실에 귀신이 있는 게 아닌가 싶어 그 앞을 지나가지도 못했다. 다음 날 아내가 전화로 하소연하자 샤밍이 안심시켰다. "낮에는 주변이 시끄러워서 물 떨어지는 소리가 안 들리는 거야. 밤에는 조용하니까 소리가 더 크게 들리는 거고. 사실 낮이나 밤이나 소리는 똑같아. 그러니까 무서워할 필요 없어." 그날 밤, 아내는 남편의 말을 생각하면서 마음을 가라앉히고 잠들었다. 어서 남편이 돌아와 말끔히 수리하기를 바라면서.

대비는 우리의 감각을 속이고 혼란스럽게 만든다. 대비가 만들어내는 감각을 똑바로 보고 판단해서 속임수에 넘어가지 않도록 하자.

인성의 본질과 약점

━━ 더운 여름, 친구 몇몇이 강에 가서 물놀이를 하기로 했다. 그들은 시원한 강물에 뛰어들어 수영도 하고, 장난치면서 신나게 놀았다. 그러다가 한 여자아이가 슬리퍼를 잃어버렸고, 친구들이 함께 찾아보았지만 아무리 찾아도 끝내 나오지 않았다. 얼마 후 그들은 물놀이를 마치고 강가로 올라왔다. 주위는 온통 자갈이었는데 타는 듯 뜨거운 여름 햇살에 발이 닿으면 델 정도로 뜨거웠다. 하지만 도로로 나가려면 반드시 이 자갈길을 지나가야 했다. 슬리퍼를 잃어버린 여자아이는 혹시 여분의 슬리퍼가 있냐고 물었지만 모두 신고 있는 것 외에는 없었다. 슬리퍼를 벗어서 빌려주면 자기 발에 화상을 입을 상황이니 누구 하나 선뜻 나서지 않았다. 평소 다른 사람들에게 도움을 받는 일에 익숙한 여자아이는 무척 화가 났다. 그녀는 지금까지 함께 놀았던 친구들을 향해 어쩌면 나를 이렇게 무시할 수 있냐며 너희들의 도움 따위는 필요 없다고 고래고래 소리를 질렀다. 잠시 후 한 친구가 그녀에게 자기 슬리퍼를 벗어 주고 맨발로 자갈길을 걸어갔다. 익살스러운 표정으로 마치 철판구이가 된 기분이라고 농담하면서. 모두 자갈길을 건너 도로로 올라온 후에 여자아이가 슬리퍼를 돌려주며 감사하다고 말하자 친구는 이렇게 말했다. "내가 오늘 너를 도운 건 네가 나의 친구라서야. 하지만 세상 사람들이 전부 너에게 잘해줘야 하는 의무는 없어. 너를 꼭 도와야 하는 사람은 없다고!" 이후 이 여자아이는 친구의 말을 명심하고 자신에게 도움을 준 사람들에게 늘 감사하며, 도움을 받으면 꼭 보답하고자 했다.

━━ 류징과 장제는 친한 친구 사이다. 류징은 달걀을 좋아하지 않아서 밥에 달걀이 나오면 전부 달걀을 잘 먹는 장제에게 주었다. 처음에 장제는 류징이 달걀을 주면 늘 고맙다고 말했지만 시간이 흐르면서 당연한 일이 되었다. 한번은 류징과 장제, 그리고 류징의 다른 친구, 이렇게 셋이서 함께 밥을 먹었다. 이때 류징은 제 몫으로 나온 달걀을 장제가 아니라 다른 친구에게 주었다. 이 일로 기분이 나빠진 장제는 식사를 마친 후 류징과 싸웠으며 두 사람은 절교했다. 장제는 이 달걀이 원래 류징의 것이고, 누구에게 줄지 결정할 권리가 류징에게 있다는 생각 자체를 하지 못했다.

이상의 두 이야기가 우리에게 전달하는 의미는 같다. 우리는 종종 다른 사람이 보이는 선의에 익숙해져 당연한 일로 받아들이곤 한다. 그래서 이 '마땅히 그래야만 하는 일'이 일어나지 않으면 상대방이 자신에게 큰 잘못을 저질렀다고 생각한다. 인성의 본질은 곧 이기利己다. 너무 익숙해지면 도무지 감사할 줄을 모른다.

인성의 본질이 이기라면, 인성의 약점은 걱정이다. 살다 보면 걱정할 일이 반드시 생긴다. 걱정이 생기면 초조, 괴로움, 두려움 등 부정적인 감정이 발생하는 건 당연한 일이다. 사실 어떤 일이 생겼을 때 적당한 정도의 걱정은 일을 해결하거나 완성하는 데 도움이 된다. 하지만 과도한 걱정은 불필요한 고민과 혼돈을 더해서 오히려 일을 방해한다.

━━ 올해 결혼해 신혼인 천루 부부는 집에서 밥을 거의 해 먹지 않는다. 아침과 점심은 직장에서 먹고, 저녁은 친구들과 밖에서 먹거나, 배달음식을

01

이용해 해결한다. 천루는 기본적으로 밥하는 일을 극도로 무서워한다. 자기가 하는 것도 무섭지만 다른 사람이 주방에서 밥하는 걸 보기도 어렵다. 사실 이는 어렸을 때의 경험과 관련이 있다. 어린 천루는 어머니가 주방에서 식사를 준비하면 늘 옆에서 놀았다. 그때마다 어머니는 "저쪽으로 가 있어. 뜨거운 기름이 튈 거야. 다치면 안 되니까 저기 멀리 가 있어!"라고 말했다. 천루는 한 번도 뜨거운 기름에 데지 않았지만 어머니의 말로 뜨거운 기름이 얼마나 끔찍하고 무서운 것인지 알 수 있었다. 뜨거운 기름에 대한 공포감은 천루가 성인이 될 때까지 따라다녔다.

이 이야기의 천루는 '밥하기'를 생각하면 자연스럽게 '뜨거운 기름'이 떠오르는 사람이다. 뜨거운 기름은 곧 상처를 의미하고, 이러한 인식이 과도한 걱정을 만들어 결국 밥하기를 '불가능하게' 만들었다. 걱정은 언제 어디서나 어떤 일에서든 발생하며 피할 수 없는 감정이다. 어차피 피할 수 없다면 회피하기보다 똑바로 바라보는 편이 낫다. 그 존재를 인정하기만 해도 과도한 걱정을 극복할 수 있다. 그렇지 않으면 걱정이 끊이지 않을 것이다.

인성의 본질은 약점으로 가득하지만 심리학은 우리가 그것을 인식하는 길을 알려준다. 심리학을 배우고 그 이론을 생활 속 각종 현상에 적용하자. 심리학 지식으로 자신을 완성하고 더 나은 사람이 되려고 노력하자. 이것이 바로 심리학의 가치다!

심리학으로 문을 열다

정신분석의 창시자 지그문트 프로이트 Sigmund Freud 는 인간의 정신구조를 원자아id, 原自我, 자아ego, 自我, 초자아super ego, 超自我로 보았다.

프로이트의 저서 『자아와 원자아 The Ego and the Id 』에 따르면 원자아는 욕망 충족의 역할을 담당하며, 그 목적은 쾌락 추구다. 원자아는 본능에 근거한 만족을 위할 뿐, 법률이나 도덕은 개의치 않는다. 만약 누군가 원자아에 너무 충실하다면 자신의 행복과 쾌락을 추구하기 위해 타인이나 사회에 해로운 일을 저지를 것이다. 자아는 원자아와 초자아의 중간에서 이성을 바탕으로 보호와 중개의 역할을 담당한다. 현실 상황과 환경을 근거로 원자아의 요구가 과도하면 제한하고, 합리적이면 만족한다. 프로이트는 원자아와 자아의 관계를 말과 마부에 비유했다. 말은 본능적으로 빠르게 달리려고 하고, 마부는 말에게 제대로 된 방향을 알려준다. 마찬가지로 자아도 원자아를 제대로 된 방향으로 이끌어 가려고 하지만 원자아는 아마 말을 듣지 않을 것이다. 그러면 서로 부딪혀 대립과 갈등이 발생하고 이런 상황은 한쪽이 굴복할 때까지 계속된다. 마지막으로 초자아는 양심, 사회도덕과 법, 그리고 이상으로 인간의 정신구조에서 가장 빛나는 일면이다. 초자아의 행위는 모두 고상하고 아름다우며, 가장 높은 곳에서 자아를 이끌고 원자아를 제어한다. 마치 한 집안의 가장, 기업의 최고 지도자 같은 역할이다. 프로이트는 원자아, 자아, 초자아, 이 세 가지가 평화롭게 서로 잘 지내야 비로소 '건강하다'고 할 수 있으며, 그렇지 않으면 왜곡된 인격이 출현할 거라고 했다.

아기일 때, 우리의 정신세계는 원자아의 지배를 받으므로 오직 본능에 따라 행동한다. 하지만 성장 과정에서 주변 환경과 사람들의 영향을 받아 규칙을 준수하고 인정과 도덕을 깨우치면서 원자아를 제어하게 된다. 높은 도덕 기준과 궁극적인 목표가 생기고 나면 초자아가 작용한다. 그러나 자신에 대한 요구가 느슨해지면 곧 원자아가 작용해서 제멋대로 쾌락을 추구한다. 양자의 비중을 조절하는 것이 바로 자아다. 자아의 조절을 통해 우리는 비로소 도덕과 법률의 기초를 위배하지 않으면서도 욕구를 만족할 수 있다.

꾸준히 더 나은 인격을 만들려고 노력하고, 삶 자체에 숨은 풍부하고 다채로운 이치를 깨우치자. 그러면 그토록 힘들게 찾아 헤맸던 행복과 즐거움이 돈이나 명예가 아니라 평범한 삶 속에 숨어 우리가 찾아오기를 기다리고 있음을 발견할 것이다. 바로 그 순간, 단순하고 소박한 삶 속에서 행복과 즐거움을 얻을 수 있다.

살다 보면 고난과 유혹을 피할 수 없다. 이때 심리학 지식이 자신의 내면을 발견하게 돕고, 정신세계를 더욱 강하게 만들며, 행복을 찾고 도덕적 가치를 저버리지 않게 도와줄 것이다. 심리학은 부정적인 감정의 간섭을 극복하고 스트레스의 무게에서 벗어나게 해준다. 무엇보다 지금의 괴로움이 외부세계에서 비롯되지 않았으며, 자신의 정신상태가 반영된 결과임을 일러준다. 심리학은 자신의 정신세계로 나아가는 문이며, 내면의 비밀을 발견하는 열쇠다.

LESSON 02

삶과 심리학은
떼려야 뗄 수 없는
관계다

감정으로 세상과 소통하다

━━ 젊었을 때 남편과 사별하고 두 아들과 함께 사는 여자가 있었다. 두 아들 중 장남은 소금을 팔았고, 차남은 우산을 팔아 생계를 꾸렸다. 아들들은 어머니의 자랑거리였다. 혼자 힘들게 키웠지만 고생이 헛되지 않아서 모두 제 앞가림 잘하고 효심도 지극했다.

그런데 어느 날 한 이웃이 이렇게 말했다. "그 댁의 아들들은 참 안되었네요. 큰아들은 소금을 팔고, 작은아들은 우산을 팔다니요. 비가 오지 않으면 작은아들이 돈을 벌지 못할 것이고, 비가 오면 큰아들이 돈을 못 벌 텐데요." 화가 났지만 따지고 보면 틀린 말도 아니었다. 소금을 파는 큰아들은 햇볕에 소금을 말려야 하는데 비가 오면 말리지 못하니 장사가 잘될 리 없었다. 하지만 비가 안 오면 작은아들의 우산이 팔리지 않을 것이다. 생각하면 생각할수록 속이 상했다. 이날부터 어머니는 비가 오면 큰아들의 장사를 걱정하고, 맑으면 작은아들의 장사를 걱정했다. 그러니 매일 걱정이 그치지 않았다.

늘 수심에 잠겨 있는 어머니를 본 두 아들은 처음에 그녀가 돌아가신 아버지를 그리워한다고 생각했다. 하지만 곰곰이 생각해보니 아버지가 돌아가신 지 벌써 수년이 지났는데 어머니가 이렇게까지 하실 리 없었다. 그래서 아들들은 직접 어머니에게 이유를 물었다.

말하기 꺼리던 어머니는 아들들이 재차 묻자 하는 수 없이 털어놓았다. 이야기를 전부 들은 두 아들은 약속이나 한 듯 크게 웃었다. "아이고, 어머니. 그러면 이렇게 생각하세요. 비가 오면 작은아들의 장사가 잘될 거고, 맑으면 큰아들의 장사가 잘되겠다고요. 그러면 비가 오든, 날이 맑든 둘 중 하나는 돈을 벌어 올 테니까요!" 이 말을 들은 어머니도 크게 웃으며 자신이 너무 바보 같았다고 부끄러워했다.

감정은 심리의 척도다. 심리 상태가 좋으면 좋은 감정과 긍정적인 태도로 세상을 보지만 심리 상태가 나쁘면 나쁜 감정과 부정적인 태도로 세상과 마주한다.

감정은 우리의 일상에 매우 중요한 역할을 담당한다. 무슨 일이 생겼을 때, 각도를 바꿔서 바라보면 생각만큼 아주 좋거나 나쁘지 않음을 알게 된다. '새옹지마塞翁之馬'라 하지 않았던가! 19세기의 유명한 철학자인 프리드리히 니체Friedrich Wilhelm Nietzsche는 감정 관리를 잘하는 사람이었다. 일생을 자기반성으로 채웠다고 해도 과언이 아니다. 그는 연이어 몇 주 동안 쉬지 않고 자신의 감정을 일기에 기록하기도 했다. "내 생각과 감정을 엿보면서 경건하고 조용히 그것을 탐구할 때, 나의 내면은 격렬한 갈등이 일어난 것처럼 번잡하고 소란스러워진다. 방 안을 채운 공기는 흔들리고 갈라진다. 마치 어떤 생각, 어쩌면 매 한 마리가 하늘을 관통해 태양을 향해 날아가는 것처럼……." 감정을 돌아보는 건 일종의 능력이다. 일상에서 자신의 감정을 돌아보려고 노력한다면 마음이 한결 평온해지고 성격이 밝아질 것이다.

흔히 EQ라고 하는 감성지수emotional quotient는 한 사람의 감정, 기분, 의지, 강인함 등 다양한 품성을 모두 아우르는 개념이다. 자신의 감정을 제어하고 감정의 힘을 이용해서 목표를 달성하는 일은 무엇보다 중요하다. 이것이 가능한 사람은 EQ가 높으며 이런 사람들은 인간관계가 양호하고 자기관리에 철저하다.

태도와 행위

미국의 사회심리학자 대니얼 뱃슨Daniel Batson은 실험을 통해 '태도가 행위를 결정하지 않는다'라는 가설을 증명했다. 그는 피실험자에게 두 가지 수행 과제를 제시했다. 하나는 현금으로 일정 금액의 수고비를 받을 수 있지만 다른 하나는 수고비도 없고 게다가 무척 지루한 일이었다. 그리고 다른 피실험자와 조를 이뤄 두 가지 과제를 완성해야 하는데, 그는 수행 과제의 내용을 모르니까 각자 할 일은 피실험자가 알아서 정하라고 덧붙였다. 다시 말해 피실험자들은 자신이 첫 번째 과제를 하고, 두 번째 과제는 상대방에게 떠넘기는 행위가 공정하지 않은 부도덕한 일임을 알고 있었다. 하지만 놀랍게도 피실험자의 80%가 첫 번째 과제를 했다. 나중에 뱃슨이 동전을 던져서 결정하는 방법을 제시하기도 했지만 역시 무시하고 자신에게 이로운 행위를 했다.

피실험자들은 첫 번째 과제를 자신이 하면 부도덕하다고 인지했다. 그러므로 만약 태도가 행위를 결정한다면 두 번째 과제를 했을 것이다. 하지만 실험 결과는 정반대였다. 도덕적으로는 인지했으나 실제 상황에서는 자신의 태도에 등을 돌리고 완전히 반대되는 행위를 선택한 것이다.

태도가 행위를 결정하지 않는다면 양자는 어떤 관계일까? 혹시 거꾸로 '행위가 태도를 결정'하는 것은 아닐까?

주변을 둘러보면 분명히 이런 사람이 있을 것이다. 그들은 흡연이 백해무익하며 건강에 치명적이라는 사실을 잘 알고 있다. 이런 태도는 흡연에 대한 공포를 조성하지만 동시에 '어떨지 한번 피워볼까?'라는 호기심도 있다. 기어코 피운 후에는 '딱 한 번뿐인데 뭐, 중독된 것도 아니잖아!'라고 자신을 다독거린다. 하지만 얼마 지나지 않아 자신이 담배에 중독되었음을 발견한다. 이때 그들은 다시 한번 자신을 안심시킨다. "담배 피우는 사람이 그렇게 많은데 실제로 병에 걸리는 사람은 많지도 않은 것 같아. 아니라면 흡연자로 병원이 발 디딜 틈이 없어야 할 텐데 그렇지도 않잖아? 그러니까 이건 확률 문제라고!" 처음에 흡연에 대한 태도는 그들의 흡연 행위를 막지 못했다. 오히려 흡연 행위가 흡연에 대한 태도를 변화시킨 것이다!

기분이 가라앉고 즐겁지 않지만 일부러 표정을 밝게 하면 기분이 훨씬 좋아질 때가 있다.

▬ 샤오리는 갓 입사했을 때 업무에 익숙하지 않아 일을 완벽하게 처리하지 못했다. 상사가 매우 꼼꼼한 사람이라 매일같이 가슴을 졸였지만 누구도 이를 눈치채지 못했다. 샤오리가 언제나 미소를 짓고, 동료들에게 친절했기 때문이다. 상사가 질책해도 억울하거나 속상한 티를 내지 않고 항상 비판을 겸허히 받아들인다는 자세를 취했다. 샤오리는 표정뿐 아니라 모든 행동을 매우 즐겁고 긍정적으로 했다. 그랬더니 일을 제대로 못해서 떨리고 초조했던 기분도 훨씬 좋아졌다. 시간이 흘러 샤오리는 업무에 익숙해졌고, 상사도 그를 달리 보았다.

행위가 태도를 만든다는 이론은 교육현장에서도 증명된다. 부모들은 아이들에게 텔레비전을 보면 눈이 나빠진다, 게임을 너무 많이 하면 머리가 아프다 등 많은 이야기를 한다. 그들이 이런 이야기를 하는 까닭은 아이가 텔레비전 시청이나 게임에 대한 올바른 태도를 형성하고, 이 태도가 그들의 행위에 영향을 미치기 바라기 때문이다. 하지만 이 방법은 효과가 그리 크지 않다. 텔레비전을 적게 보고 게임 시간을 줄여도 태도가 행위에 영향을 미쳤다기보다 혼날까 봐 무서워서인 경우가 더 많다. 지혜로운 부모는 아이들이 텔레비전을 많이 보고 게임을 많이 했을 때의 폐해를 아이가 직접 경험하게 내버려둔다. 그래서 스스로 '텔레비전과 게임은 좋지 않은 것'이라는 태도를 형성하게 만든다.

한 번도 만나지 못한 나를 만나다

살면서 종종 나도 나를 모르겠다는 생각이 들곤 한다. '진짜 나'를 모르니 자신을 과소평가 혹은 과대평가하는 실수를 저지르고, 이 때문에 곤란한 상황에 빠지는 일도 심심찮게 발생한다. 우리는 어쩌면 살면서 단 한 번도 만난 적 없는 '진짜 나'를 만나고, 알고, 이해해야 한다. 이는 자기비하나 체념이 아니라 수용과 완성을 위한 일이다.

■■■ 직언을 서슴지 않았던 위징魏徵이 세상을 떠나자 당唐 태종太宗 이세민李世民은 큰 슬픔에 잠겨 한탄했다. "사람이 구리로 거울을 만들어서 의관을 단정히 하듯, 옛일을 거울로 삼으면 나라의 흥망을 볼 수 있고, 사람을 거울로 삼으면 자신의 잘잘못을 알 수 있다. 이제 위징이 죽었으니 나는 거울을 잃었구나!"

위징이 없었다면 당 태종은 독선과 독단으로 가득 차 폭정을 휘두르는 황제가 되었을지도 모른다. 죽음을 두려워하지 않고 거침없이 황제의 잘못을 지적하는 위징이 있었기에 당 태종은 늘 자신을 돌아보고 경계했으며 정확한 결정을 내릴 수 있었다.

당 태종의 말은 현대를 사는 우리에게도 그대로 적용된다. 그의 말처럼 우리는 타인의 눈을 통해 진짜 나를 이해할 수 있다. 그들의 눈은 진짜 나를 볼 수 있는 거울이다. 거울은 거짓말을 하지 않으며 언제나 가장 진실한 모습을 보여준다. 유명한 중국 작가인 바진巴金 역시 서재 안에 거울을 걸어놓고, 수시로 거울 속 자신을 보면서 목표를 수없이 되뇌었다고 한다.

진짜 나를 만나려면 타인의 눈을 거울로 삼는 동시에 '자기반성'을 수행해야 한다. 자기반성은 내면 깊은 곳의 진짜 나와 연결되는 길을 만든다. 눈코 뜰 새 없이 바쁜 일상이지만 마음을 차분하게 가라앉히고 자신과 주변 환경을 천천히 하나씩 되짚으면서 정리하는 시간을 갖자. 좋고 유리한 점은 무엇인지, 나쁘고 불리한 점은 무엇인지, 내면 깊은 곳에서 나는 소리에 집중하면 차츰 진짜 나를 이해하고, 더 나은 자아를 만들 수 있다. 이때 용감하게 진짜 나를 마주하는 태도가 중요하다. 어떤 사람들은 타인의 입에서 나오는 말로 자신을 인식할 뿐, 감히 스스로 내면을 들여다보고 진짜 나를 만날 용기를 내지 못한다. 세상에서 나보다 나를 더 잘 아는 사람은 없음을 명심하자. 진짜 나를 만나고, 알고, 이해해야 머릿속을 채운 잡다한 번뇌가 사라지고, 삶이 더 풍요로워질 것이다. 바로 그때 삶이 자신의 손안에 있음을 온몸으로 느낄 수 있다.

꿈이 들려주는 이야기

분명히 꿈을 꾸었는데 무슨 꿈인지 기억이 안 날 때가 있다. 꿈은 매우 신기한 심리 현상으로 현실과 비현실이 모두 담겨 있다. 그래서 현실 속 상황과 사람들이 등장하면서도 내용의 흐름이나 장면의 이음새, 논리 등은 모두 혼란스러워서 대체 무슨 이야기인지 알 수 없는 경우가 많다.

━━ 중국 춘추시대^{春秋時代}, 낮잠을 자던 장자^{莊子}가 꿈을 꾸었다. 꿈속에서 나비가 된 그는 즐겁게 꽃밭을 훨훨 날아다니며 행복한 시간을 보냈다. 그런데 꿈에서 깨어보니 자신은 나비가 아니라 사람이었다. 그 순간, 장자는 '내가 나비가 된 꿈을 꾸었는지, 나비가 장자라는 사람이 된 꿈을 꾸는 건지' 알 수 없다는 생각이 들었다. 이로부터 '호접지몽^{胡蝶之夢}'이라는 말이 나왔다.

심리학자들은 꿈이 인간의 정신세계를 보여주는 중요한 단서라고 여긴다. 즉 내면의 진짜 생각이 꿈을 통해서 드러난다는 의미다. 자신의 진짜 생각이 무엇인지 정확히 알기 어렵다면 꿈을 통해 내면을 꼼꼼히 들여다볼 수 있다. 설령 진짜 생각을 알아도 이런저런 이유로 드러내고 싶지 않을 때가 있는데, 이때에도 꿈에서만큼은 여실히 드러나게 마련이다. 다음은 『성경』에 나오는 이야기다.

■ 이집트의 왕이 이상한 꿈을 꾸었다. 꿈에서 강가에 서 있던 그는 크고 살진 소 일곱 마리가 풀을 뜯는 모습을 보았다. 그런데 잠시 후 작고 비쩍 마른 소 일곱 마리가 나타나더니 크고 살진 소 일곱 마리를 모두 잡아먹었다. 희한한 꿈 때문에 불안해진 왕은 요셉을 찾아와 풀이해달라고 했다. 왕의 이야기를 들은 요셉은 말했다. "크고 살진 소는 7년 동안 풍년이 든다는 의미입니다. 하지만 작고 비쩍 마른 소에 잡아먹혔으니 이는 이후 7년 동안 흉년이라는 뜻입니다. 그러면 풍년인 7년 동안 비축한 곡식을 모두 소진하게 될 것입니다."

사실 요셉의 꿈 풀이는 어떠한 근거도 없고 입에서 나오는 대로 말한 것처럼 보인다. 하지만 심리학적으로 보면 이 꿈은 당시 이집트 왕의 위기와 불안을 반영했고, 요셉은 이를 잘 포착해 풀이했다.

고대 중국에서도 꿈을 매우 중요하게 생각했다. 『주공해몽周公解夢』은 오래전부터 중국 민간에 내려오는 꿈 풀이 책이다. 동주東周의 국공國公이 썼다고 알려진 이 책에는 꿈이 어떻게 미래의 길흉화복을 보여주는지 상세히 설명되어 있다.

■ 『좌전左傳』[3]에 이런 이야기가 있다. 춘추시대 송宋의 경공景公이 죽자 두 아들 득得과 계啓가 왕위를 놓고 싸웠다. 어느 날 밤, 득은 꿈에서 계가 머리를 북쪽으로, 발을 남쪽으로 향하고 문밖에 누워 있는 모습을 보았다.[4]

---

3 공자(孔子)의 『춘추(春秋)』를 좌구명(左丘明)이 해석한 책.
4 중국은 예로부터 시신을 매장할 때 머리를 북쪽으로 두는 '북침(北枕)'을 지켰다.

게다가 자신은 까마귀가 되어 계의 몸 위에 앉아 있었다. 잠에서 깬 득은 이 꿈이 자신이 왕위에 오른다는 예지몽이라며 무척 기뻐했다.

당唐을 세운 이연李淵도 반란을 일으켜 수隋를 칠지 고민하던 때에 예지몽을 꾸었다. 꿈에서 그는 침대에서 떨어졌는데 일어나려고 보니 온몸에 구더기가 우글거렸다. 구더기들은 살을 파고들더니 순식간에 이연을 먹어치웠다. 그는 이 꿈이 안 좋은 징조라고 여겨서 군사행동을 주저하며 좀처럼 결단을 내리지 못했다. 그런데 꿈 이야기를 들은 부하 중 한 명이 완전히 다른 해석을 내놓았다. "침대에서 떨어진 것은 '폐하陛下'[5]를 의미합니다. 또 구더기에 잡아먹힌 것은 앞으로 수많은 백성이 국공에 기대어 산다는 뜻입니다. 이야말로 길몽이 아니겠습니까?" 이 말을 들은 이연은 즉시 군사를 동원해 반란을 일으켜서, 수를 무너뜨리고 당을 세웠다.

지금도 많은 심리학자가 꿈이 만들어지는 메커니즘과 의미를 연구 중이며, 이에 관한 다양한 학설이 나오고 있다. 그러나 꿈이 사람의 심리 활동과 연관된 것만큼은 조금도 의심할 여지가 없다.

---

[5] 황제와 황후를 향한 존칭으로 한자를 풀이하면 '궁전에 오르는 계단 밑'이라는 의미다.

LESSON 03

심리가
행위를
결정한다

군중심리: 부는 바람에 나를 잃지 않기를

한 미국 심리학자가 재미있는 심리실험을 했다. 그는 교실에 모인 학생들에게 자신이 세계적으로 이름이 알려진 화학자라고 소개한 후 투명한 액체가 들어 있는 유리병 하나를 보여주었다. 심리학자는 이것이 그가 최근에 새로 개발한 화학 약품인데 냄새가 공기 중으로 빠르게 퍼져 나가지만 후각이 매우 뛰어난 사람만 그 냄새를 맡을 수 있다고 설명했다.

심리학자는 조심스러운 손길로 병의 뚜껑을 열고, 학생들에게 호흡을 잘 조절해서 냄새를 느껴보라고 했다. 후각이 매우 뛰어난 사람만 맡을 수 있는 냄새라고 다시 한번 강조하는 것도 잊지 않았다. 잠시 후 학생들이 '특이한 냄새', '달콤한 냄새' 등을 맡았다고 이야기하기 시작했다. 몇 분이 더 흐른 후 교실 안의 모든 학생이 냄새를 맡았다고 이야기했고, 이는 곧 그들이 모두 후각이 매우 뛰어난 사람이라는 의미였다.

그제야 심리학자는 자신은 화학자가 아니며, 병 속의 액체는 복도에 있는 정수기에서 받아온 물이라고 털어놓았다.

일상에서도 이와 유사한 일이 없지 않다. 아니, 꽤 자주 일어나는 편이고 앞으로도 계속 그럴 것이다. 이것은 일종의 심리 현상, 바로 '군중심리'다.

군중심리는 개인의 지각, 판단, 인식이 다른 사람들의 행위에 영향을 받아 대중여론에 부합하는 판단을 내리거나 다수의 행위방식을 그대로 따르는 심리 현상이다.

미국 작가 제임스 서버James Thurber는 다음과 같은 생생한 묘사로 군중심리를 이야기했다.

━━ 거리에서 한 사람이 갑자기 달리기 시작했다. 연인과의 약속에 늦어서일까? 아니면 다른 이유가 있는 걸까? 어쨌든 그는 동쪽으로 힘껏 내달렸다. 곧이어 신문팔이 소년이 신이 나서 달렸고, 체격 좋은 신사도 급한 일이 있는 양 달리기 시작했다……. 10분도 채 지나지 않았는데 거리의 모든 사람이 달리고 있었다. 이때 온갖 소리로 시끄러운 와중에도 유난히 또렷이 들리는 말이 있었다. "둑이 터졌어요!" 대체 누가 이 말을 외쳐 사람들을 공

포에 몰아넣은 걸까? 전차를 탄 노부인일 수도, 교통경찰일 수도, 어쩌면 장난꾸러기 소년일 수도 있다. 누가 처음 외쳤는지, 정말 무슨 일이 일어났는지 아무도 몰랐지만 거리의 수많은 사람이 동쪽으로 뛰고 있었다. 뛰는 사람들 사이에 "동쪽으로!", "동쪽이 강에서 제일 멀어!", "동쪽이 가장 안전해"라고 외치는 소리가 들렸다…….

한 사람의 행동이 거리에 있는 모든 사람에게 영향을 미치다니, 언뜻 들으면 말도 안 되는 것 같다. 하지만 이것이 바로 군중심리이고 실제로 일어나는 일이다. 대부분의 사람은 어떤 일을 하거나 결정을 내려야 할 때, 혼자 달라서 '튀는' 상황을 꺼린다. 또 많은 사람이 내린 결정이라면 분명히 틀리지 않을 거라 믿는다. 그래서 기꺼이 대중과 같은 결정을 내리는 것이다.

흔히 하는 '대세를 따라서'라는 말도 사실은 군중심리다. 모두가 그렇게 생각하면 나도 그렇게 생각하고, 모두가 그렇게 하면 나도 그렇게 한다는 이야기다. 이는 무슨 대단한 결단이 아니라 주관이 없고, 자신을 믿지 못한다는 의미일 뿐이다.

군중심리는 개성을 없앤다. 요즘 중국의 많은 학부모가 아이의 특기나 소질 계발에 열을 올리지만 대부분 다른 사람이 하니까 나도 하는 거지 아이에게 정말 천부적인 재능이 있어서가 아니다. 그러니 아이가 정규 교육과정에 집중할 시간이 부족해지고, 너무 다양한 분야를 하는 바람에 뭐 하나 제대로 하지도 못한다. 이러한 군중심리는 아이의 개성을 없애고, 이도 저도 아닌 결과를 낳을 뿐이다.

군중심리 탓에 집단 구성원들의 일치성이 나날이 높아지는데, 이는 곧 어떤 행위를 한 사람이 누구인지 드러나지 않는 '익명성anonymity'으로 이어진다. 문제는 이 때문에 사람들이 원칙에 반하는 일, 예컨대 무단횡단, 새치기, 쓰레기 불법 투기 등을 스스럼없이 한다는 사실이다. '법은 대중을 벌하지 않는다'라는 기이한 믿음 탓에 이런 교양 없고 저속한 행위들은 아무리 단속해도 도무지 근절되지 않는다.

군중심리가 만드는 또 다른 부작용은 변화와 혁신을 위한 용기를 잃게 하는 것이다. 대부분의 정책 결정자가 '소수가 다수를 따르는' 방식을 고수하는데, 여기에는 위험을 떠안는 데 따르는 부담과 공포가 숨어 있다. 이런 사고방식은 새로운 생각과 방식의 싹을 억누르고 말살한다.

이처럼 부작용이 큰 군중심리는 발생 원인 또한 무척 다양하다. 일반적으로 사람들은 자신이 속한 집단 안에서 남들과 다른 모습이기를 원하지 않는다. 튀는 행동을 하면 고립될지도 모른다고 생각하기에 행위, 태도, 의견 등을 모두 다수와 일치시키고 그로부터 '내가 틀리지 않았다'라는 안정감을 얻는다. 즉 군중심리는 집단의 보이지 않는 압력에서 시작되며 개인이 진짜 생각과 희망에 상반되는 행위를 하게 만든다.

━━ 한 물리학자가 완전히 새로운 방식으로 고체 헬륨의 열전도율을 측정했다. 그런데 측정값이 기존 방식으로 측정한 값보다 무려 500배나 높았다. 그는 자신의 측정값을 발표했다가 괜히 사람들의 놀림감이 될까 봐 두려워 발표하지 않았다. 얼마 후 다른 과학자 역시 새로운 방식으로 고체 헬륨의

열전도율을 측정했다. 그는 물리학자의 측정값과 똑같은 결과를 발표해서 학계의 엄청난 주목을 받고 명성을 얻었다.

이 소식을 들은 물리학자는 크게 후회하며 '기존 생각'에서 벗어나 '혁신'을 추구했다면 자신이 그 영광을 차지했을 거라고 한탄했다. 그가 말한 기존 생각이 바로 일종의 '군중심리'다.

사람에 따라 군중심리의 영향을 받는 정도도 다르다. 일반적으로 내향적이고 자신감이 없는 사람, 학력이 낮은 사람, 나이가 어린 사람, 사회 경험이 적은 사람이 그 반대의 경우보다 더 영향을 많이 받는다.

사회심리학자 솔로몬 애시Solomon Asch의 군중심리 실험에서 독립성을 유지하며 타인을 따라 행동하지 않은 사람은 피실험자의 4분의 1에서 3분의 1 정도에 불과했다. 이는 곧 군중심리가 아주 흔한 심리 현상 중 하나라는 의미다.

군중심리가 만든 각종 행위는 일, 생활, 학습 등 다양한 방면에서 찾아볼 수 있다. 상사의 생각이 분명히 잘못되었음에도 직원들은 뒷일이 두려워 입을 닫고, 마음과 달리 찬성 의사를 드러낸다. 여기에는 '나만 그런 게 아니라 다른 사람들도 그렇다고 하니까'라는 마음이 짙게 깔려 있다. 하지만 이런 때 자신의 태도와 뜻을 고수한다면 오히려 더 크게 발전하고 성장할 수 있다.

자기지각: 나에게 가장 좋은 일

왜 차를 사야 하나? 지금 경제 상황에서 차를 사는 게 옳을까? 산다면 어떤 차를 사야 할까? 대출을 받으면 부담이 어느 정도일까……? 차를 한 대 사더라도 이렇게 많은 생각을 해야 한다. 하지만 정작 자신에 대해서는 크게 생각하지 않고 살아가는 사람이 많다.

우리는 살면서 다양한 역할을 맡는다. 부모님 앞에서는 자녀, 남편이나 아내 앞에서는 배우자, 아이들 앞에서는 부모가 된다. 이처럼 자신이 맡은 다양한 역할들을 제대로 이해해야 상황에 적합하고 올바른 처세를 할 수 있는데, 심리학에서는 이를 '자기지각self-awareness'이라고 한다.

자기지각이란 자신의 행위 및 행위가 발생한 상황을 통해서 내면의 바람, 동기, 태도, 감정 등 각종 심리 상태 및 인격 특성을 이해하는 것이다. 간단히 말해서 자기지각은 '자신을 인식하는 과정'이다. 우리는 자기지각을 통해서 스스로 장단점을 정확하게 파악하고, 나아가 자신에게 가장 적합한 일을 선택할 수 있다.

━━ 마크 트웨인Mark Twain은 많은 명작을 쓴 미국 소설가다. 하지만 그는 소설가로 명성을 얻었으면서도 늘 사업가가 되려고 했고, 실제로도 몇 차례 사업을 벌였다. 가장 먼저 인쇄기 사업에 투자했는데 사기를 당하는 바람에 19만 달러나 손해를 보았다. 그 후에 친구와 함께 야심 차게 출판사를 차렸지만 두 사람 모두 경험이 없어서 실패로 끝났다. 손실액은 거의 10만 달러에 달했다. 두 번의 경험으로 큰 빚만 남았지만 그는 여전히 꿈을 포기하지 않았으며 기어코 다시 동업으로 서점을 열었다. 트웨인의 아내 올리비아는 남편이 문학적 재능은 누구 못지않지만 사업가로는 전혀 재능이 없음을 진작부터 알고 있었다. 그녀는 남편을 붙잡고 이제 사업 같은 건 하지 말고 제발 집필에 전념하라고 사정했다. 올리비아의 간곡한 권유 덕분에 마크 트웨인은 마침내 사업가가 되겠다는 꿈을 접고 다시 글을 쓰기 시작했다.

마크 트웨인이 전혀 재능이 없고 연이어 실패하는데도 사업을 계속한 까닭은 그가 자신을 제대로 인식하지 못했기 때문이다. 노자老子는 『도덕경道德經』에서 '남을 아는 자는 지혜롭고, 자신을 아는 자는 명철하다'라고 했다. 자신을 제대로 인식하지 못하면 스스로 잘하고 못하는 부분을 알 수 없고, 이는 곧 판단 착오로 이어진다. 다행히 마크 트웨인은 현명한 아내 덕분에 자신의 천부적인 재능을 깨닫고 소설가로 큰 성공을 거두었다.

벤저민 프랭클린Benjamin Franklin은 '아무리 귀한 보물이라도 잘못된 자리에 두면 쓰레기에 불과하다'라고 말했다. 사람이라고 그렇지 않겠는가? 밑 빠진 독에 물 붓기처럼 잘하지도 못하는 분야에 에너지를 투입하는 외골수는 삶이 녹록지 않다. 잘못된 위치에 서 있으면 삶은 실패의 연속일 수밖에 없고, 실패는 의지를 갉아먹어 사람을 평생 외롭고 고단하게 만들 것이다.

반대로 자기지각을 잘하는 사람은 선택을 마주했을 때, 대단히 침착한 태도로 임해서 잘못된 선택을 하지 않으며 진정으로 자신에게 가장 알맞은 길을 선택한다.

━━ 상대성 이론으로 세계적인 명성을 얻은 과학자 알베르트 아인슈타인 Albert Einstein이 이스라엘 정부로부터 편지를 받았다. 이 편지에서 이스라엘의 총리 다비드 벤구리온David Ben-Gurion은 아인슈타인에게 차기 이스라엘 대통령이 되어달라고 부탁했다. 모든 사람이 그가 이스라엘 대통령이라는 영예로운 자리를 거절할 리 없다고 생각했지만 뜻밖에도 아인슈타인은 총리의 부탁을 거절했다. 그가 보낸 답장에는 이렇게 쓰여 있었다. "나는 평생 객관적 사물과 관계를 맺어왔습니다. 다른 쪽으로는 전혀 재능이 없어요. 또 정치, 행정, 공평과 공정에 대해서도 잘 알지 못하고 사람들과 많이 어울려보지도 못했습니다. 그러므로 이 중책을 받아들일 수 없습니다."

더 큰 명예와 명성의 유혹을 마주했을 때, 아인슈타인처럼 뛰어난 자기지각을 유지하는 일은 결코 쉽지 않다. 그는 자신에게 부족한 점이 무엇인지 정확하게 알고 있었을 뿐 아니라, 자신이 잘하는 일은 오직 연구임을 잊지 않았다. 그랬기에 정확한 선택을 내리고 평생 과학에 매진해 인류에 커다란 공헌을 했다.

구소련의 한 심리학자는 이렇게 말했다. "자신이 하고 싶은 것, 혹은 해야 하는 것이 아니라 가장 잘할 수 있는 일을 해야 한다. 사령관이 되지 못하면 총을 들어야 하고, 총을 들 수 없으면 삽이라도 들어야 한다. 삽을 드는 일로 명성을 얻을 수 있다면 사령관이 되는 편보다 훨씬 나은 선택이다." 가장 잘할 수 있는 일이란 가장 능숙한 일이며, 이것이 바로 해야 할 일이다. 누구나 장단점이 있다. 그런데 굳이 단점을 들고 나와서 장점을 들고나온 타인과 경쟁한다면 실패는 당연한 결과다. 그러므로 제3자의 눈으로 자신을 심사, 평가해야 한다. 어떤 장점이 있는지, 흥미를 느끼는 부분은 어디인지, 무엇을 할 때 결과가 가장 좋은지 살피자. 그런 후에 이를 꾸준히 연마하고 발전시킨다면 희열과 행복이라는 보상을 얻을 수 있다.

자기지각이 잘되는 사람은 자신뿐 아니라 타인도 올바로 볼 수 있고, 나아가 자신을 둘러싼 세상 전체를 명확히 인식할 수 있다. 열심히 성실하게 자기지각을 훈련하자. 이는 당신을 가장 좋은 일, 가장 적합한 일로 이끌 것이다.

새장효과: 당신을 후퇴하게 만드는 심리적 관성

어떤 사람이 예쁜 새장 하나를 샀다. 그는 새를 기를 생각이 없었고,

거실에 빈 새장만 걸어둬도 크게 이상하지 않다고 생각했다. 집에 놀러 온 친구가 왜 빈 새장을 걸어두었냐고 물었을 때, 그는 아주 길고 열정적인 설명으로 더 이상의 질문과 의혹을 차단하는 데 성공했다. 하지만 그것도 한두 번이지 비슷한 일이 몇 번 되풀이되자 더는 견딜 수 없는 지경에 이르렀다. 방문객들의 입은 다물게 해도 얼굴에 드러나는 이해할 수 없다는 표정까지 완전히 없애기는 어려웠다. 그가 생각하기에 이 문제를 해결하는 방법은 단 하나, 새장 안에 새 한 마리를 집어넣는 것뿐이었다. 어쩌면 그냥 새장을 버리는 편이 더 손쉬웠을지 모른다. 하지만 그는 이미 이 새장의 '포로'가 되었기 때문에 새를 사는 방법 외에 다른 생각은 하지 못했다.

심리학에서 '새장효과Birdcage effect'는 우연히 필요 없는 물품을 소유하면 그에 어울리는 새로운 물품을 사서 구색을 갖추려는 심리적 수요가 발생하는 현상을 가리킨다. 그 결과 자기도 모르는 사이에 필요하지도 않은 물건이 자꾸 늘어난다. 새장효과는 한번 발생하면 곧 '심리적 관성psychological inertia'으로 자리 잡는다.

──── 집안 사정으로 이사하게 된 샤오장은 사용하던 물건 대부분을 팔고, 가구까지 싹 정리했다. 이제 꽤 비싼 값을 주고 산 멋진 책상 하나만 남았다. 샤오장은 중고품으로 팔아봤자 제값을 받을 수도 없으니 친한 이웃인 샤오칭에게 선물하기로 마음먹었다. 샤오칭은 무척 기뻐하며 샤오장의 책상을 받았고, 몇 번이나 감사 표시를 했다.
며칠 후 샤오칭의 서재에 이 멋진 책상이 들어왔다. 그런데 아무리 봐도 원래 집에 있던 낡고 오래된 의자가 책상과 전혀 어울리지 않아 눈에 거슬렸다. 고민하던 샤오칭은 결국 500위안을 들여 이 책상과 잘 어울리는 가죽 회전의자를 샀다. 그랬더니 마음이 그렇게 편할 수가 없었다.

어느 날 친구가 샤오칭의 집에 놀러 왔다. 샤오칭은 새로 꾸민 서재를 자랑스레 보여주었고, 친구는 들어서자마자 책상과 의자가 너무 멋지다며 칭찬을 늘어놓았다. "서재가 정말 멋지다. 책장만 바꾸면 더할 나위 없이 좋겠는걸!" 이 말을 듣고 보니 책장이 너무 오래되고 낡아서 볼품없었다. 샤오칭은 또 돈을 들여 새 책장을 마련했다.

얼마 후 또 다른 친구들이 샤오칭의 집을 방문했다. 그들 역시 서재를 구경하면서 모든 것이 완벽하다며 칭찬을 아끼지 않았다. 그런데 그중 한 명이 이렇게 말했다. "다 좋은데……, 빛이 여기까지 잘 안 들어오는지 조금 어둡네. 벽을 터서 높고 기다란 창문을 만들면 훨씬 밝을 거야." 샤오칭은 이 말이 틀리지 않다고 생각해서 또……, 이런 식으로 샤오칭은 더 멋진 서재를 만들기 위해 끊임없이 돈을 쓰고 분주하게 움직였다. 모두 샤오장이 선물한 그 멋진 책상에서 시작된 일이었다.

샤오칭의 행동은 전형적인 새장효과를 보여준다. 그는 필요하지도 않았던 멋진 책상이 생기자 그에 어울리는 다른 물건들을 연이어 구매했으며 그 때문에 내내 바빴다.

새장효과를 무조건 잘못된 거라고 볼 수는 없다. 모든 사물과 현상에는 양면이 있는 법이니 새장효과에도 긍정적인 일면이 있다. 예컨대 중요한 행사를 치르는 도시는 그에 걸맞게 자연환경과 경관, 심지어

인문환경까지 개선 및 향상된다.

그러나 새장효과가 개인의 심리적 관성으로 자리 잡으면 부정적인 영향이 더 크다. 아주 비싼 옷을 한 벌 사면 그에 어울리는 구두를 사고 싶다. 그러고 나면 옷과 구두에 어울리는 가방을 사고 싶고, 더 멋지게 보일 모자도 하나 장만하고 싶다……. 이런 심리적 관성은 당신을 '완벽을 위한' 고난 속에 빠뜨릴 테니 백해무익하다.

■■■ 중국 남조南朝 시대에 상商의 군주 주紂가 아름다운 상아 젓가락 한 벌을 만들라고 명령했다. 이를 본 숙부 기자箕子는 크게 걱정했다. 주왕이 상아 젓가락을 쓰기 시작하면 곧 흙으로 빚은 그릇을 쓰지 않고 무소의 뿔과 옥으로 만든 그릇을 쓰려 할 것이다. 그러면 거기에 산해진미를 담고 싶을 것이다. 그런 후에는 산해진미를 즐기는 데 어울리지 않는 옷을 죄다 버리고, 화려한 비단으로 만든 옷을 입으려고 할 것이다. 화려한 옷을 입으면 화려한 곳에 살기를 바랄 것이 분명하다. 기자는 생각할수록 그 좋지 않은 결과가 눈에 선해 걱정으로 잠을 이룰 수 없었다. 그리고 5년 후 기자의 예상대로 주왕은 왕좌에서 쫓겨나 비참한 최후를 맞이했다.

이러한 심리적 관성은 사람을 물질의 노예로 만들어 악순환에 빠뜨린다. 새로운 물건이 생겼는데 뭔가 께름칙하던 차에, 옆에서 누가 한마디라도 거들면 더는 억누르지 못하고 바로 행동에 옮기게 되는 식이다. 그렇다면 어떻게 해야 새장효과의 부정적인 영향을 효과적으로 제어할 수 있을까? 소크라테스의 이야기에서 그 힌트를 얻을 수 있다.

━━ 소크라테스는 물건 사는 일을 별로 좋아하지 않았다. 그런데 제자 몇 명이 자꾸 근처의 시장에 한번 가보라고 권했다. "시장에 가면 좋은 물건이 정말 많습니다. 재미있는 것, 맛있는 것, 아름다운 것이 전부 모여 있어요. 가서 보시면 분명히 좋아하실 겁니다." 소크라테스는 영 내키지 않았지만 제자들의 성화에 한번 가보기로 했다.

시장에 다녀온 다음 날, 제자들은 스승을 둘러싸고 어제 시장에서 무엇을 샀는지 이야기해달라고 졸랐다. 소크라테스는 엄숙한 얼굴로 말했다. "어제 시장에 갔을 때, 정말 큰 수확이 있었다네. 세상에 나에게 필요 없는 물건이 그렇게나 많다는 걸 깨달았지!"

소크라테스는 어리둥절해서 바라보는 제자들을 향해 이야기를 이어갔다. "사람들이 풍족하고 사치스럽게 살려고 고된 노동을 해야 한다면 행복으로부터 점점 멀어질 거야. 행복은 사실 매우 단순하다네. 그저 필요한 물건이 부족하지 않고, 불필요한 물건이 없으면 행복한 삶이라 할 수 있어. 사람으로서 만족을 알고, 일하면서는 부족함을 알아야 하네. 또 진리를 구할 때는 만족을 몰라야 해!"

일상에서 자신도 모르게 물질의 노예가 되는 일을 경계하고, 새장효과에 빠지지 않도록 해야 한다. 심리적 관성은 당신의 뒤 허리춤을 끈질기게 붙잡고 늘어져서 끊임없이 후퇴하게 만들 것이다.

실패의 힘: 실패는 기회다

━━ 천창은 업무 특성상 자주 출장을 간다. 무슨 징크스인지 기차표를 살 때마다 지정 좌석표가 아닌 일반 표를 사지만 가는 길은 그리 힘들지 않다. 장거리든 단거리든 막상 기차에 오르면 꼭 빈자리를 발견해서 앉아 가기 때문이다. 천창이 자리를 찾는 방법은 매우 단순하고, 다소 미련스럽다. 그는 참을성을 가지고 모든 칸을 일일이 살피며 비어 있는 자리를 찾는다. 그래서 항상 첫 번째 칸부터 마지막 칸까지 샅샅이 뒤질 준비를 단단히 한 후 자리를 찾기 시작한다. 미련해 보이기는 해도 나름 꽤 효과가 있어서 마지막 칸까지 가기 전에 빈자리를 찾는 일이 대부분이다. 그는 어떻게 빈자리를 잘 찾아낼까? 사실 천창처럼 모든 칸을 하나하나 전부 확인하면서 빈자리를 찾는 사람은 거의 없다. 그는 여러 차례 경험을 통해 전체 기차에서 몇 개 칸만 붐빈다는 사실을 발견했다. "일반 표를 산 승객은 대부분 한두 칸 둘러보고서 자리가 없으면 그냥 포기하죠. 이 칸에 빈자리가 없으니 다른 칸도 마찬가지일 거로 생각합니다. 그게 아니라 이 칸에 사람이 많으니까 다른 칸에는 사람이 없다고 생각해야 하는데 말이죠. 어쩌면 생각했지만 한 칸씩 전부 확인할 엄두를 못 냈을 수도 있고요."

미국 영화감독 우디 앨런Woody Allen은 '한 번도 실패하지 않았다는 것은 새로운 일을 전혀 시도하고 있지 않다는 신호다'라고 말했다. 성공과 실패는 동전의 양면과 같다. 변증법적 태도로 '실패'를 바라보고, 그것을 성공의 전주곡이자 하나의 기회로 삼아야 한다. 실패를 어떤 방식으로 보고 회피하지 않을 것인가는 개인뿐 아니라 기업의 성장 과정에도 매우 중요한 문제다.

━━━ 중국의 전자제품 제조업체 레노버 그룹Lenovo, 聯想은 초기에 중국과학원中國科學院에서 20만 위안을 지원받아 사업을 시작했다. 하지만 얼마 못 가 큰돈을 벌겠다는 욕심에 서두르다가 8만 위안을 사기당했다. 이제 막 사업을 시작한 레노버는 이 일로 치명상을 입고 큰 곤경에 빠졌다. 1995년에는 홍콩 법인에서 경영관리 및 생산, 재무 분야에서 큰 문제가 발생했다. 실망한 투자자들이 손을 떼겠다고 나서는 와중에도 레노버는 이 위기를 만든 원인을 냉정하게 분석하고, 홍콩 법인과 베이징 법인을 과감하게 합병해서 가까스로 위기에서 벗어났다. 그리고 1998년에 레노버는 다시 한번 큰 위기에 봉착하는 등, 20년 역사 속에서 실패와 좌절이 끊이지 않았다. 문제 하나가 해결되면 기다렸다는 듯이 다른 하나가 터지는 식이었다. 하지만 레노버는 늘 현명하게 문제의 핵심을 찾고, 최대한 빠르게 해결하는 등 현명한 선택을 했다. 그랬기에 이름 한 번 알리지 못하고 조용히 사라진 수많은 벤처기업과 달리 세계 IT업계를 좌우하는 큰 기업으로 성장할 수 있었다.

레노버와 마찬가지로 MS 역시 한때 가시밭길을 걸었지만 빌 게이츠Bill Gates는 실패가 성공의 기초라고 믿었기에 덤덤하게 사업을 계속했다. 그는 다른 회사에서 실패의 경험이 있는 사람들을 고용했는데, 이들의 경험을 빌려 실패의 전철을 밟는 일을 피하기 위해서였다. 게이츠에게 가장 큰 영향을 준 사람은 포드 자동차Ford Motor Company의 창업자 헨리 포드Henry Ford와 GM의 CEO 앨프리드 슬론Alfred Sloan이었다. 그는 사무실에 포드의 사진을 걸어놓고 보면서 용기와 힘을 얻는 동시에, 그의 실수를 떠올리며 경계심을 잃지 않았다. 저렴하고 편리한 교통수단을 만들기를 꿈꾼 포드는 마침내 자동차 시대를 열어 '자동차 왕'이라 불렸지만 기존 생각을 너무 고집한 나머지 발전을 멈추었다. 그 결과 20년 후에 포드 자동차는 GM에 왕좌를 내주고 말았다. 게이츠는 매일 벽에 걸린 포드의 사진을 보면서 그에게 존경을 표하는 동시에 그의 실패를 마음에 새겼다고 한다.

누구나 성공하기 바라지 실패를 맛보고자 하는 사람은 없다. 하지만 성공으로 가는 길 위에서 실패는 절대 피할 수 없는 관문이다. 기왕에 그렇다면 실패를 소중한 자산으로 보는 편이 낫지 않겠는가?

━━ 실베스터 스탤론Sylvester Stallone은 젊었을 때 너무 가난해서 제대로 된 양복 한 벌 사 입을 돈도 없었다. 하지만 그는 늘 배우가 되어 영화에 출연하고, 스타로 전 세계에 이름을 떨치기를 바랐다. 당시 할리우드에는 영화제작사가 500여 개 있었는데 스탤론은 직접 쓴 시나리오를 들고 하나씩 전부 방문했다. 하지만 단 한 군데서도 연락이 오지 않았다. 무려 500여 개 제작사로부터 거절당했지만 스탤론은 포기하지 않고 다시 처음부터 제작사 순회를 시작했다. 열심히 자신을 홍보했지만 안타깝게도 결과는 처음과 다르지 않았다. 세 번째 순회도 마찬가지였다. 그는 이를 악물고 다시 네 번째 제작사 순회를 시작했다. 그리고 마침내 네 번째 순회의 350번째 제작사에서 시나리오를 놓고 가면 한번 읽어보겠다는 말을 들었다. 며칠 후 스탤론은 다시 방문해달라는 연락을 받았다. 제작사 사장은 스탤론에게 영화를 만들

기로 했다며 남자 주인공을 맡아달라고 말했다. 이 영화가 바로 그 유명한 〈록키Rocky〉다.

성장하려면 실패를 피할 수 없다. 그러니 일이 뜻대로 안 된다고 울상만 짓지 말고 각도를 바꾸어 생각해보자. 실패는 지금 당신이 무엇을 잘못했는지, 어느 부분이 부족하거나 개선해야 하는지, 또 무엇을 하거나 하지 말아야 할지 알려준다. 실패의 경험과 그로부터 얻은 교훈은 미래의 성공 확률을 높여줄 것이다.

미국의 경영학자 피터 드러커Peter Drucker는 이렇게 말했다. "누가 무슨 일을 하든 언제나 실수 속에서 배우려고 해야 한다. 사람은 실수를 통해 많은 경험을 하므로 실수를 많이 할수록 더 크게 발전할 수 있다. 나는 실수를 저지르지 않은 사람은 절대 높은 자리에 올라서는 안 된다고 생각한다." 혼다Honda Motor를 창업한 혼다 소이치로本田宗一郎 역시 "많은 사람이 성공을 꿈꾼다. 하지만 나는 반복된 실패와 반성이 있어야만 비로소 성공할 수 있다고 믿는다"라고 말했다.

심리학으로
부정적 감정을
떨쳐내다

불안: 도무지 즐겁지 않은 당신에게

━━ 리쥐안은 낙제생이었다. 마을 친구들 10여 명은 모두 고등학교 3학년이지만 그녀 혼자 낙제해서 아직 2학년이다. 수학에 워낙 기초가 없어서 다시 배우는 과정인데도 여전히 성적은 별로였다. 시골 마을이었지만 리쥐안은 집안 형편이 꽤 좋은 편이었다. 그녀에게 기대가 큰 부모님은 딸을 만나러 기숙사에 자주 오고, 이런저런 물건을 사주면서 꼭 대학에 들어가서 집안을 빛내야 한다고 신신당부했다. 그들은 큰 기대로 그녀를 압박했고, 부담은 나날이 커졌다.

리쥐안은 걱정 때문에 수업 시간에도 집중하기 어려웠다. 대학에 떨어지면 어떡하지? 안 그래도 낙제하는 바람에 망신살이 뻗쳤는데 대학까지 못 들어가면 어떻게 얼굴을 들고 다닐까? 그녀는 '대학에 들어가서 집안을 빛내기 위해' 나름대로 노력을 멈추지 않았다. 수업 시간에 열심히 하는 건 당연하고, 방과 후에도 밤늦게까지 자습하다가 기숙사의 불이 꺼지면 어둠 속에서 창문 넘어 새어 들어오는 가로등 불빛에 책을 봤다. 매일 이렇게 생활했더니 수면 부족으로 종일 머리가 멍했고, 책을 봐도 머리에 들어오지 않았다. 하지만 시간이 아까워 제대로 쉬지도 못했다.

시험 때가 되면 '다른 사람보다 못 보면 어쩌지?'라는 생각이 머릿속을 헤집고 다니는 통에 너무나 괴로웠다. 시험 날이 가까워질수록 부담이 점점 커져서 극도로 긴장하는 바람에 정작 시험에서는 제 실력을 발휘하지 못했다. 그러니 성적 하락은 당연한 결과였다. 대학 입시가 가까워지자 이번에는 '대학에 떨어지면 어쩌지?'라는 생각이 머리에서 떠나지 않았다. 호흡을 가다듬으며 할 수 있다고 조용히 되뇌었지만 막상 수업이 시작되면 집중하지 못했다. 일단 생각이 시작되면 긴장이 극에 달해 급기야 자기 손으로 머리를 툭툭 치고, 손등을 꼬집는 등 이상행동까지 보였다. 어서 마음을 가라앉히고 공부해야 한다고 생각했지만 좀처럼 냉정해질 수 없었다.

이야기에 등장하는 리쥐안은 전형적인 불안 심리를 보여준다. 보통 불안에 휩싸인 사람은 리쥐안처럼 심리적 반응^{걱정, 초조, 당혹, 부담, 긴장 등} 혹은 발작성 반응^{동작 반복, 좌불안석, 통곡 등}을 보인다. 누구나 특정한 목표를 달성하거나 바라는 바를 이루려고 하면 긴장하기 마련이다. 이런 일반적인 긴장과 달리 불안에는 이렇다 할 객관적 원인이 없다.

종일 가슴이 두근거리고, 정신이 반쯤 나간 것처럼 멍해서 도무지 어떤 일에도 집중하기 어려울 때가 있다. 할 일은 없는데 이상하게 마음이 급하고, 그러다가 갑자기 기분이 크게 가라앉아 무기력해지고, 별거 아닌 일에 불같이 화를 내기도 한다. 하지만 아무리 생각해봐도 원인을 찾을 수가 없다. 이런 불안은 자신이 조만간 뭔가 좋지 않은 상황에 놓인다거나, 어떤 불행한 일이 닥칠 것 같아서 걱정하기 때문에 생겨난 감정이다. 그러니까 일종의 '근거 없는 공포'인 셈이다.

대부분 불안은 스트레스와 관련이 깊다. 성별, 나이, 직업 등과 관계없이 누구나 다양한 이유로 각종 스트레스를 받는다. 리쥐안의 경우는 대학 입시가 스트레스의 가장 큰 원인이었다. 해고된 사람은 생활비 지출이, 회사원은 사내에서 벌어지는 치열한 경쟁이, 공무원은 곧 있을 감사가, 대학생은 졸업 후 진로가 스트레스의 원인이다. 각종 원인으로 비롯된 이런 스트레스를 효과적으로 제어 및 제거하지 못하면 당연히 불안해질 수밖에 없다.

━━ 샤오페이는 대우와 복지가 상당히 좋은 대기업에서 일한다. 또 곁에는 똑똑하고 착한 여자친구가 있다. 다른 사람이 보기에 샤오페이는 이미 성공한 삶을 살고 있지만 정작 본인은 괴롭기 그지없다.

매달 적지 않은 월급을 받지만 이상하게도 어깨 위에 놓인 부담은 점점 무거워만 졌다. 급기야 숨조차 제대로 쉬기 어려운 지경이 된 지 오래다. 그는 자신이 매일 팽이처럼 무의미하게 뱅글뱅글 도는 것 같았다. 좋은 직장이지만 조금이라도 방심했다가는 순식간에 도태되기 때문에 정말 죽을 둥 살 둥 일해야 했다. 몸이 피곤하고 스트레스가 많다 보니 여자친구를 만나도 짜증만 났다. 그러고는 또 그녀에게 미안해서 괴로워했다. 샤오페이는 자신을 괴롭히는 스트레스에서 벗어나려고 음악 감상이나 운동 등 좋다는 걸 이것저것 시도해보았다. 하지만 그때뿐이고 출근하면 다시 이전과 마찬가지로 거대한 스트레스에 짓눌려 불안에서 헤어 나오지 못했다.

스트레스는 어디에나 있고, 우리는 모두 서로 다른 정도의 불안을 느낀다. 이런 부정적 감정은 백해무익하므로 최대한 빨리 벗어나야 한다. 다음은 심리학자들이 권하는 방법이다.

첫째, 긍정적인 마음가짐이다. 일할 때 득과 실에 너무 주목하지 말고, 좀 더 편하게 마주하자. 너무 심각해서 오히려 실패하는 일도 있다. 긍정적인 마음가짐으로 대하면 일이 더 쉽게 풀리고, 불안을 덜 수 있다.

둘째, 원인에서 멀어지기다. 불안을 감지하면 회피하지 말고, 똑바로 보면서 원인을 찾자. 원인이 된 일에서 잠시 벗어나 더 잘할 수 있는 일에 시간과 에너지를 투입하다 보면 불안이 사라질 것이다.

셋째, 릴렉스다. 불안해지면 견뎌내려고 하지 말고 얼른 가장 편한 공간으로 가야 한다. 그곳에 차분하게 앉아서 크게 심호흡하고, 전신의 긴장을 풀어보자. 이때 자신이 아름답고 자유로운 공간 속에 있다고 상상하면 좋다.

넷째, 약물치료다. 일상의 불안이 심해지면 불안장애가 된다. 이미 이 상태가 되었다면 당장 의사를 찾아가 상담하고, 처방에 따라 약을 복용해 하루빨리 건강을 되찾아야 한다.

01

우울: 천천히 무너지는 내면

■ 샤오란은 직장생활을 6년이나 했지만 일하는 내내 힘들고 괴로웠다. 심할 때는 바로 앞에 앉아 있으면서도 집중할 수 없어 상사의 업무 지시를 제대로 듣지 못할 정도였다. 수년째 불면증에 시달렸으며, 작년에는 4년을 사귄 남자친구와도 헤어졌다. 뭐 하나 제대로 되는 일이 없다 보니 결국 퇴사를 선택했고, 지금은 일을 쉬고 있다. 그래도 상황은 크게 나아지지 않았다. 샤오란은 자신이 쓸모없는 존재며, 가족이나 친구도 자신을 이해하지 못한다고 생각했다. 생각이 깊어지면서 자살이라는 단어까지 떠올렸다. 이러면 안 되겠다 싶어 의지와 용기를 북돋워준다는 책을 몇 권 사서 읽었지만 다 소용없었다.

■ 장쥐안은 3년 넘게 사귄 남자친구와 좋지 않게 헤어졌다. 그런 탓에 늦은 밤까지 잠들지 못했고 잠들어도 곧 눈이 딱 떠졌다. 옛일을 떠올리면 숨도 제대로 쉬어지지 않았다. 보름 넘게 잠을 제대로 자지 못하자 머리가 깨질 것 같은 두통이 시작되었다. 밥이 잘 먹히지 않아서 뼈가 앙상할 정도로 말랐으며 누가 봐도 제정신이 아니었다.

■ 올해 일흔 살이 된 저우 선생은 여유롭게 생활하고 있다. 장성해서 가정을 이룬 자녀들도 모두 사업이 잘되어 별 탈 없이 산다. 그런데도 저우 선생은 전혀 즐겁지 않았다. 최근 반년 사이에 급격하게 우울해졌는데 아무래도 무슨 불치의 병에 걸렸을 것 같아서다. 원래 온화한 성격이었던 그는 요

즘 걸핏하면 짜증을 부리고 작은 일에도 식구들과 언쟁을 벌인다. 식구들도 점점 그를 상대하지 않으려 한다. 지금 저우 선생은 젊었을 때 저지른 잘못을 하나씩 곱씹으며 그 화가 식구들에게까지 미칠까 걱정한다. 그래서 밖에도 안 나가고, 집에서도 안절부절못하며 먹지도 자지도 않아서 얼굴이 크게 어두워지고 생기를 잃었다. 말이 줄고, 행동이 느려졌으며, 표정은 멍했다. 저우 선생은 이렇게 사느니 죽는 게 낫다고 생각하고, 감전으로 자살을 시도했으나 두꺼비집의 스위치가 내려가는 바람에 실패했다.

샤오란, 장쥐안, 저우 선생은 모두 우울이라는 감정에 빠져 있다. 우울은 살면서 부딪히는 곤경과 난관 탓에 발생하는 부정적 감정이다. 우울감이 심해지면 질병으로 발전하는데 이것이 바로 우울증이다. 우울증을 앓는 사람은 기분이 가라앉고, 세상에 대한 흥미가 사라지며, 비관적으로 변한다. 그래서 뭐 하나 주동적으로 할 생각도 힘도 없다. 사고가 느리고 둔하며, 불면증에 시달리면서 자책과 자기 비난을 반복한다. 또 각종 질병에 걸렸을까 봐 걱정하고, 실제로 몸이 안 좋아지기도 한다.

우울감은 본인과 주변인에게 무서운 결과를 가져올 수 있으므로 절대 가벼이 여겨서는 안 된다. 심한 우울증은 자살 생각이 들게 할 뿐 아니라 실제로 사람을 죽인다. 동서고금을 막론하고 우울증으로 자살을 선택한 유명인이 적지 않다.

── 1961년, 유명 작가 어니스트 헤밍웨이 Ernest Hemingway 가 권총 자살했

다. 평소 남성적이고 강한 성격으로 알려진 그였지만 말년에 여러 가지 병을 앓으면서 장기간 우울증을 앓은 것으로 밝혀졌다. 당시는 우울증 및 그 치료에 대한 사회적 인식이 없었던 때라 비극을 막지 못했다.

━━ 평생 자유와 낭만을 추구하며 산 중국 작가 싼마오三毛는 남편 허시荷西가 세상을 떠나자 크게 절망했다. 엎친 데 덮친 격으로 갱년기에 들어서면서 싼마오는 자신의 감정을 제대로 추스르지 못하는 지경에 이르렀고, 죽는다는 말을 입에 달고 다녔다. 하지만 가족과 친구 중 누구 하나 그녀의 심리상태에 주의를 기울이지 않았다. 1990년 싼마오의 자살 소식이 전해졌을 때 가족, 친구, 그리고 그녀를 열렬히 사랑한 독자들은 큰 충격에 빠졌다.

━━ 르포르타주『골드바흐의 추측Goldbach conjecture』을 쓴 작가 쉬츠徐遲 역시 우울증으로 병원에서 뛰어내렸다. 두 번째 결혼이 실패로 끝난 후 쉬츠는 집안에 틀어박혀서 신문도 안 읽고, 텔레비전도 안 봤으며, 아래층으로 내려가지도, 손님을 만나지도 않았다. 오랫동안 이렇게 살아온 그는 비극적인 자살로 삶을 끝냈다.

세계보건기구WHO는 인류에게 가장 큰 부담을 초래하는 10대 질환 중 하나로 우울증을 꼽으면서 이미 전 세계에 수억 명에 달하는 우울증 환자가 있다고 발표했다. 우울증은 마치 생활 속 유해요소처럼 모르는 사이에 우리 삶에 깊이 침투해 있다. 생각해보자. 대체 언제부터 '우울하다'라는 말이 입버릇처럼 된 걸까?

평소에 우울감이 자신을 덮치지 않도록 주의하고, 설령 이미 우울감에 빠졌더라도 즉각 벗어나려고 애써야 한다. 다음은 그 구체적인 방법이다.

첫째, 객관적인 자기 평가다. 세상에 완벽한 사람은 없다. 그러므로 자신을 너무 과대평가하지도 과소평가하지도 말고, 정확하게 인식할 줄 알아야 한다. 긍정적인 눈으로 자신의 장점을 찾고, 자존감과 자신감을 잃지 말자. 특히 자신을 타인과 비교하는 행위는 절대 금물이다. 긍정적이고 건강한 마음가짐은 자신감을 키우고, 삶을 더 즐겁고 행복하게 만들 것이다.

둘째, 좋아하는 일을 해야 한다. 사람은 좋아하는 일을 할 때 가장 큰 행복을 느끼고, 이를 통해 자신감을 찾아 반짝반짝 빛날 수 있다.

셋째, 낙관적인 태도가 필요하다. 사는 게 마음대로 안 되고 실패와 좌절을 겪더라도 낙관적인 태도를 잃지 말자. 힘든 상황에서 흑백논리는 아무런 도움이 되지 않으므로 조금 더 융통성을 발휘해 상황의 밝은 면을 보아야 한다.

넷째, 사교 범위를 넓혀야 한다. 사람은 사회적 동물이므로 자신만의 작은 세상에 틀어박혀 사는 건 스스로 자신을 학대하는 행위다. 힘들더라도 최대한 많은 친구와 만나라. 특히 긍정적인 에너지와 활력이 넘치는 친구라면 더 좋다. 그로부터 세상의 밝고 아름다운 면을 느껴보자.

다섯째, 털어놓기에 익숙해져야 한다. 일이 잘 안 풀리고 비관적인 생각이 들 때는 즉각 누군가에게 감정을 털어놓아야 한다. 가족이나 친구에게 호소해도 좋고, 말하는 김에 크게 한번 울어서 우울감을 남김없이 내보내야 한다.

여섯째, 규칙적인 생활이 중요하다. 일찍 자고 일찍 일어나며, 규칙적으로 운동하고, 시간에 맞춰 일하거나 공부하자. 그러면 복잡하기 짝이 없던 생활이 훨씬 정리되고, 균형과 안정감을 느낄 수 있다. 규칙적으로 생활하면 에너지를 좀 더 유의미한 일에 투자할 수 있으므로 커다란 성취감을 얻는다.

일곱째, 강한 의지가 필요하다. 일생이 고난의 연속이어도 의지가 강한 사람은 크게 흔들리지 않고 덤덤하게 상황을 넘긴다. 평소에 의지를 강하게 다져놓으면 역경과 좌절을 만나도 자신을 잘 제어할 수 있다. 정신을 똑바로 차리고 신념을 굽히지 않으며 곧 '꽃 피고 새 지저귀는 따뜻한 봄날'이 올 거라고 굳게 믿어야 한다.

여덟째, 치료를 병행하면 훨씬 효과적이다. 심한 우울감으로 자신을 제어하기 어렵다면 적극적으로 의사를 찾아가 치료를 받아야 한다. 우울증은 '마음의 감기'다. 감기에 걸리면 의사의 처방을 받듯이 우울증이 생기면 주저하지 말고 치료하자.

원한: 영혼을 집어삼키는 독사

━━ 무슨 이유에서인지 단단히 화가 난 헤라클레스^{Heracles}가 울퉁불퉁한 산길을 걷고 있었다. 그는 길 위에 작게 부풀어 오른 주머니 하나가 떨어진

걸 보았는데 기이하게 생긴 모양새가 보기 싫어 있는 힘껏 발로 걷어찼다. 그러자 주머니는 더 크게 부풀어 올랐다. 헤라클레스는 힘이 세기로 유명한 자신이 찼는데도 흠집 하나 없이 오히려 더 커진 주머니를 보고서 바짝 약이 올랐다. 그래서 이번에는 굵은 몽둥이를 하나 가지고 와서 주머니를 몇 차례 크게 내리쳤다. 하지만 주머니는 치면 칠수록 더 커져서 급기야 헤라클레스가 가던 길을 완전히 막아버렸다. 당황한 헤라클레스가 멍한 채로 있는데 한 노인이 가까이 와서 이렇게 말했다. "이보게, 더는 그 주머니를 건드리지 말게. 아예 완전히 잊고 최대한 멀리 떨어지는 게 좋을 걸세. 저 주머니는 '원한'이라는 건데 자네가 건들지만 않으면 처음 봤을 때처럼 다시 작아질 거야. 하지만 기어코 건드린다면 자네와 끝까지 싸워 이길 정도로 커진다네."

실제로 원한은 그렇다. 처음에는 아주 작으므로 무시하면 갈등이 원만히 해결되고, 원한도 자연스레 사라진다. 하지만 그냥 넘기지 못해서 기어코 건드리면 배가 되어 당신에게 돌아온다. 인간관계에서도 그렇다. 서로 상대에게 원한을 품고, 번갈아가며 앙갚음해도 양쪽 모두 전혀 기분이 나아지지 않는다. 도리어 원한만 더 커질 뿐이다.

━━ 중학교 2학년인 위안위안은 공부를 열심히 하고 예의도 바르지만 친구들에게는 인기가 없다. 위안위안이 친구와 언쟁을 벌이면 늘 앙심을 품고 다른 친구들에게 험담을 늘어놓기 때문이다. 또 친구 사이에 서로 물건을 빌려주고 같이 쓰는 건 자연스러운 일인데도 위안위안은 꼭 돈을 건네서 오

허려 빌려준 사람을 불편하게 만들었다. 무엇보다 위안위안은 자신을 험담하는 친구를 절대 그냥 두지 않았다. 더러운 물을 떠 와서 머리 위에 붓고, 친구가 아끼는 책이나 공책에 크게 낙서를 해 못 쓰게 했다. 그러고는 놀라서 울음을 터트리는 친구를 보면서 몰래 킥킥거렸다. 반대로 자신에게 도움을 준 친구에게는 반드시 보답했다. 재채기할 때 티슈 한 장을 건넨 친구에게 아주 비싼 공책을 선물하는 식이었다.

이런 행동을 본 친구들은 그가 매우 '괴상한 아이'라며 가까이하지 않았다. 친구들이 모두 자신을 본체만체하자 위안위안은 몹시 외롭고 슬펐다.

원한이 생기면 자신을 기분 나쁘게 만든 사람을 공격적으로 대하게 된다. 또 걸핏하면 상대방의 말을 오해하고, 혹시 말 속에 다른 뜻이 숨은 건 아닌지 늘 경계한다. 이런 상황이 계속되면 속이 점점 좁아져서 인간관계도 잘 풀릴 리 없다. 사실 위안위안은 타인의 사랑과 존중을 갈구하지만 잘못된 방식으로 행동하는 사람이다. 안타깝지만 주변을 둘러보면 위안위안 같은 사람이 꽤 많다. 자잘한 일까지 시시콜콜하게 따지면서 빈틈없이 일을 처리하는 그들은 누군가 자신에게 상처를 입히면 절대 잊지 않고 반드시 되돌려준다. 문제는 이런 원한이 타인뿐 아니라 자신까지 다치게 한다는 데 있다.

두 사람 사이에 오해나 질투로 갈등이 발생했을 때 보통 한쪽이 먼저 앙갚음하면 다른 한쪽 역시 똑같이 되돌려주려고 한다. 보복과 복수를 주고받으면서 적의는 날로 커지고, 방식은 더 맵고 독해져서 양쪽 모두 상처를 입는다. 그럼 원한이 생겨도 실제로는 아무 행동도 하지 않고 꾹 참아야 하는 걸까? 아니, 그렇게 하면 상대방은 괜찮을지 몰라도 자신은 끝없는 고통에 빠질 것이다. 원한은 영혼을 집어삼키는 독사처럼 인성을 왜곡해 자멸로 이끌기 때문이다.

어떻게 해야 이 끔찍한 원한을 없애버릴 수 있을까? 다음은 심리학 자들이 제안하는 방법이다.

첫째, 관용과 인내가 필요하다. 타인을 향한 관용은 당신에게 더 새로운 기회를 만들어준다. 관용적인 사람에게 원한이 생길 리 없고, 이런 사람의 삶은 언제나 따뜻한 햇볕 아래에 있다. 또 인내는 물러남이 아니라 내면의 힘을 보여주는 것이니 혹시 상대방이 얕잡아 볼까 봐 걱정할 필요 없다. 원한을 잊고, 관용적인 태도를 유지하면 사람들과 잘 지내며, 호감과 신뢰, 나아가 지지와 도움까지 얻을 수 있다.

둘째, 갈등과 충돌을 이성적으로 해결할 줄 알아야 한다. 사람 사이에는 인식과 생각의 차이가 존재하므로 갈등과 충돌을 피할 수 없다. 이때 앙갚음, 보복, 복수 따위로는 어떤 문제도 해결할 수 없으며 도리어 갈등을 악화시킬 뿐이다. 이성적인 방법으로 갈등과 충돌을 정확하게 처리해야만 비로소 간과옥백干戈玉帛, 즉 적대가 우호로 바뀐다.

분노: 남의 잘못으로 자신을 징벌하는 어리석음

━━ 아디파는 다른 사람에게 화가 날 때마다 얼른 집으로 돌아와 자기 집 과 땅 주변을 세 바퀴씩 뛰었다. 그는 매우 성실한 농부로 꾀부리지 않고 열

심히 일한 덕분에 나중에는 집이 커지고 땅도 많아졌다. 그래서 뛰어야 하는 거리도 점점 늘어났지만 누군가에게 기분이 나빠지면 꼭 잊지 않고 그렇게 했다.

사람들은 모두 이상하게 여겼다. 대체 왜 뛰는 거야? 하지만 아무리 물어도 아디파는 이유를 알려주지 않았다. 노인이 되었을 때 그는 근방에서 가장 큰 집과 땅을 가진 사람이 되었다. 그런데도 아디파는 이 기이한 습관을 버리지 않았는데, 다만 예전만큼 체력이 따라주지 않으니 뛰지는 못하고 걸었다. 집 주변과 가진 땅을 전부 돌고 나면 해가 져서 어두컴컴했고, 늙은 아디파는 밭에 앉아 한참 숨을 골랐다.

어느 날 손자가 집과 땅을 세 바퀴씩 도는 이유를 물었다. 아디파는 잠시 생각에 잠겼다가 마침내 입을 뗐다. "나는 젊었을 때부터 다른 사람에게 화가 나서 싸우고 싶어지면 꼭 그렇게 했단다. 뛰면서 생각했지. '내 집과 땅이 이렇게 작은데 다른 사람과 싸울 시간이 어딨어? 싸울 시간에 가서 열심히 일하는 게 낫지!' 그리고 나면 화가 훨씬 누그러져서 내 시간과 힘을 일하는 데 쓸 수 있었단다." 할아버지의 말을 들은 손자는 다시 물었다. "그럼 할아버지, 지금은 우리 마을에서 제일 부자인데 왜 아직도 그렇게 하세요?"

아디파는 손자를 바라보고 웃으면서 말했다. "너한테 부끄럽지만, 나이가 이렇게 들었는데 아직도 가끔 화가 날 때가 있구나. 그러면 나는 또 걸으러 간단다. 걷고 또 걷다 보면 '재산이 이리 많은데 굳이 다른 사람한테 화를 낼 필요 없지……'라는 생각이 들거든."

  사람이 살면서 모든 일이 마음먹은 대로 되는 건 불가능하다. 마음과 달리 좀처럼 일이 잘 안 풀리기도 하고, 전혀 예상하지 못한 난관에 부딪힐 때도 있다. 화는 어떤 사람이나 일이 자기 뜻과 다르거나, 자신에게 해를 끼쳤을 때 생겨나는 감정이다. 많으면 하루에도 몇 번씩 화가 치솟는데, 긍정적인 부분이라고는 전혀 없으니 아디파처럼 현명하게 잘 다뤄서 빠르게 잠재울 줄 알아야 한다. 살아 있는 부처라 불리는 대만의 증엄證嚴 스님은 '화는 다른 이의 잘못으로 자신을 벌하는 것'이라고 했다.

화가 건강을 해친다는 건 누구나 다 아는 사실이다. 화를 내면 가슴 뜀, 아드레날린 과다 분비, 혈관 수축, 혈액 내 저밀도 지방단백질LDL 증가, 뇌파에 저진폭 속파fast wave 출현 등의 증상이 생긴다. 또 화를 내면 위궤양, 십이지장궤양, 고혈압, 관상동맥질환, 뇌출혈, 오심, 불면증, 각종 암 등 17개 질병의 진행이 가속화된다는 연구결과도 있다.

화가 얼마나 나쁜지는 옛사람들도 알았다. 당의 명의 손사막孫思邈은 『양생명養生銘』에 '넘치는 화가 원기를 빼앗는다'고 했고, 청淸의 명의 임폐금林佩琴은 『유증치재類證治裁』에 '분노가 간을 해하여 만드는 병증이 30여 가지도 넘는다'고 했다. 또 청 말의 대학자 염경명閏敬銘은 '화내지 말아야지'라는 뜻의 '불기가不氣歌'라는 노래를 지어 수시로 불렀다고 한다.

다른 이가 화나게 해도 나는 화내지 말아야지, 그가 내게 무슨 상관이라고 화를 내나.

화를 내면 그의 꼬임에 넘어가는 거야, 그러다가 병이 나면 누가 책임질까? 의원을 불러 고치려고 해도 화병은 쉽게 낫지도 않는다네.

화가 내게 미치는 해는 얼마나 크고 무서운가, 그 병으로 죽을 수도 있으니. 지금 화를 맛보았으니, 화내지 말자, 화내지 말자, 절대 화내지 말자.

일상에서 우리를 화나게 하는 일은 너무나 많다. 가장 아끼는 책을 친구가 못 쓰게 만들었을 수도 있고, 붐비는 버스에서 옆 사람이 새로 산 구두를 밟았을 수도 있고, 줄을 서고 있는데 누군가 새치기했을 수도 있다. 이런 모든 일이 화를 낼 이유가 되지만 그렇다고 화를 내면 무엇 하겠는가? 굳이 화를 낼 필요가 있는가? 화를 내봤자 기분이 나아지지도 않고, 타인의 잘못으로 자신을 벌할 뿐이다. 동료 사이에 진짜 아무것도 아닌 사소한 일로 틀어져서 맹렬히 공격해도 결국 두 사람 다 상처 입은 패자가 된다. 실수를 저질러 업무에 차질을 빚은 부하직원을 잡아먹을 듯이 호통 쳐도 문제는 전혀 해결되지 않는다. 화를 낼 일과 상황은 끊이지 않고 계속 발생할 테고 그때마다 화를 내면 상하는 건 자신뿐인데 굳이 그래야겠는가?

강조하건대 타인의 잘못으로 자신을 벌하지 말자! 화날 때마다 '불기가'를 불렀던 염경명의 지혜를 배워야 한다. 어떻게 하면 그처럼 화를 억누르고 평상심을 유지할 수 있을까? 다음 방법들이 도움이 될 것이다.

첫째, 마음을 좀 더 넓게 써보자. 화를 제어하고 원만한 사회생활을 하려면 다양한 사람과 이런저런 일들을 너그러이 받아들일 수 있는 넓은 도량이 필요하다. 늘 타인의 장점을 더 많이 보아야 한다. 그의 단점을 찾으려고 한다거나 잘못을 물고 늘어질 생각은 아예 접는 편이 좋다. 혹시 오해로 말미암은 비난을 받더라도 '이에는 이, 눈에는 눈' 식으로 처리하지 말고, 좀 더 관용적이고 이성적인 눈으로 상황을 바라보자. 그러면 참기 어려운 상황이 벌어져도 너무 과하게 분노해서 스스로 자신을 해치는 일이 없을 것이다.

둘째, 내면의 수양이 필요하다. 평소 수양이 잘되어 있는 사람은 인내할 줄 알고, 주어진 상황에 만족하며 그 안에서 즐거움을 찾는다. 또 화가 날 만한 일이어도 감정이 크게 요동치거나 이성을 잃지 않으므로 상황의 핵심을 꿰뚫어 볼 수 있다.

셋째, 자기조절을 연습해야 한다. 평소에 자기조절을 훈련해두면 화가 났을 때 감정을 잘 조절할 수 있다. 위인들이 비논리적이거나 비원칙적인 상황에 부딪혔을 때 화를 내지 않고 유머러스하게 넘긴 방법을 배우면 좋다. 그러면 화내지 않고도 상대를 제압하고 효과적으로 뜻을 전달할 수 있다.

비관: 삶은 원래 풍부하고 다채로운 것

━━ 중국 허베이河北 농촌에 사는 샤리는 올해 스물다섯 살로 2년 차 교사다. 대학에 다닐 때는 운동을 무척 좋아해서 시합이 있을 때마다 큰 활약을 한 덕에 친구들에게 인기도 많고 활발한 편이었다. 하지만 직장생활을 하면서 샤리는 세상에 노력만으로는 안 되는 일이 꽤 많음을 알게 되었고, 자신의 직업이 점점 마음에 들지 않았다. 자신감마저 잃은 그녀는 꿈도 의미도

없는 인생을 살고 있다고 생각했다. 이성 문제도 골치 아팠다. 고등학교 동창 하나가 샤리를 쫓아다녔는데 영 눈에 차지 않았다. 그는 대학 졸업 후에 취직했지만 돈을 많이 벌지 못했다. 또 거의 7~8년이나 쫓아다니면서 무조건 샤리의 뜻에 고분고분하게 따르는 태도도 별로였다. 그와 미래를 함께하면 아마 평생 집 한 채도 사기 어려울 테니, 안락하고 부유한 삶은 물 건너갔다고 봐야 한다. 이런 생각을 하다 보면 눈앞이 온통 암흑으로 뒤덮인 것 같았다. 사실 샤리를 쫓아다니는 사람이 하나 더 있었다. 그는 외모도 준수하고 돈도 잘 버는 괜찮은 남자였다. 샤리도 그걸 알지만 이상하게 함께 있으면 언젠가는 그가 자신을 떠날지도 모른다는 불안감이 엄습했다. 그렇게 되면 샤리는 모두 잃고 빈손으로 살게 될 것이다. 그녀는 점점 자신감을 잃고, 희망도 즐거움도 없이 살면서 스스로 자신의 삶을 갉아먹고 있었다.

이 이야기의 샤리는 전형적인 '비관주의자'다. 그녀가 바라보는 자신의 삶은 연못에 가득히 고인 물처럼 생기와 희망이 없다. 하지만 객관적으로 볼 때 그녀의 삶은 큰 문제가 없으며 나쁜 점보다 좋은 점이 훨씬 많다. 단지 샤리의 비관적인 마음이 모든 걸 상실하게 했을 뿐이다.

▬ 성격이 완전히 반대여서 형은 만사를 비관적으로, 동생은 만사를 낙관적으로 보는 쌍둥이가 있었다. 어느 해 겨울, 쌍둥이의 생일이 가까워지자 부모님은 두 아들의 극단적인 성격을 바꾸기 위해 서로 다른 선물을 준비했다. 형의 선물은 새 자전거, 동생의 선물은 말똥 한 통이었다.

생일날 아침, 형제는 식탁 앞에 앉아 선물을 기다렸다. 잠시 후 형이 먼저 예쁘게 포장된 커다란 상자를 열었다. 그런데 새 자전거를 보자마자 울음을 터트리더니 꺽꺽거리며 간신히 부모님에게 말했다. "밖에 눈 오는 거 안 보이세요? 그리고 저는 자전거를 탈 줄도 모른다고요. 자전거 타다가 넘어져서 죽기라도 하라고요?" 전혀 예상하지 못한 반응에 당황한 부모님은 어떻게 해야 큰아들을 달랠지 몰랐다. 그 와중에 동생이 선물을 뜯었다. 그가 말똥이 담긴 통을 열자 온 집안에 고약한 냄새가 진동했다. 하지만 동생은 크게 흥분해서 큰 소리로 부모님을 향해 외쳤다. "제 선물은 말이군요! 어딨어요? 빨리 주세요!"

비관적이냐 낙관적이냐는 전부 어떠한 삶의 태도를 선택하는가에 달렸다. 이야기 속의 형은 매사를 부정적으로 바라보기 때문에 새 자전거를 받고도 그것의 나쁜 점만 생각했다. 반대로 낙관주의인 동생은 말똥을 받더니 그렇다면 분명히 말 한 마리가 자신을 기다리고 있을 거라고 확신했다.

한 미국 의사가 환자들에게 약을 주었다. 이 약은 진짜가 아니라 플라세보 효과placebo effect를 일으키려고 물과 설탕, 그리고 식용색소로 만든 가짜 약이었다. 만약 환자들이 약효를 믿는다면, 그러니까 환자들이 이 약을 긍정적으로 생각하면 치료 효과가 뚜렷할 것이다. 실제로 원래 성격이 낙관적인 환자들은 이 플라세보 약을 먹은 후 90% 이상이 증상이 호전되었다. 심지어 말끔히 나은 사람도 있었다. 그렇다면 비관적인 사람은 어땠을까? 따로 언급하지 않아도 알 것이다.

한 철도 노동자가 작업 중 부주의로 냉동차에 갇혔다. 어쩌지? 지금 여기서 나가지 못하면 얼어 죽을 거야! 20시간이 채 되지 않아서 발견된 그는 냉동차 안에서 얼어 죽어 있었다. 의사도 그가 확실히 '동사했다'고 확인했다. 하지만 사고 조사 결과, 냉동차의 냉기 스위치가 내려져 있었다는 사실이 밝혀졌다. 그러니까 이 철도 노동자의 죽음과 냉동차는 어떠한 관련도 없었다. 그의 죽음은 외부 환경이 아니라 심리 상태가 만든 결과였다. 그는 사람이 냉동차에 오랜 시간 있으면 살 수 없다고 확신했고, 비관적인 태도는 그를 죽음으로 내몰았다.

우리는 살면서 많은 일을 경험한다. 그중에는 즐거운 일도 있고, 슬픈 일도 있다. 낙관적인 사람이 되고 싶은가? 그렇다면 사물의 좋은 일면을 볼 줄 알아야 한다. 만족을 알고, 통이 크며, 너그러워야 한다.

━━ 루스벨트의 집에 도둑이 들어 현금과 귀중품을 싹 털어갔다. 소식을 들은 친구들은 즉각 편지를 써서 그를 위로했다. 대부분 안타까운 일이지만 별수 없으니 훌훌 털고 잊어버리라는 내용이었다. 루스벨트는 이렇게 답장을 썼다. "따뜻한 위로의 말, 정말 고맙네. 나와 아내는 잘 지내고 있으니 걱정하지 않아도 돼. 실은 매일 밤 신에게 감사 기도를 드리고 있어. 우선 재물만 잃었을 뿐, 다치지 않아서 감사하네. 또 재산 전부가 아니라 일부분만 잃은 것도 감사하다네. 마지막으로, 이건 사실 가장 큰 행운인데 말이야, 그 도둑이 내가 아니어서 정말 감사하지 뭔가!" 이것이 바로 통이 크고 너그러운 낙관주의자의 태도다. 만약 루스벨트가 비관주의자였다면 분명히 도둑맞은 일로 크게 상심하고 분노했을 것이다.

비관적인 사람은 살면서 볼 수 있는 아름다운 풍경을 못 보고 지나친다. 그 바람에 풍부하고 다채로운 삶이 한없이 단조롭고 무미건조해진다. 비관적인 감정을 없애려면 다음을 기억하자.

첫째, 비관의 문제점을 인식하라. 비관적인 사람은 보통 감정 기복이 큰 편이며, 이는 건강, 인간관계 할 것 없이 모든 상황에서 부정적으로 작용한다. 비관적인 마음에 휩싸인 사람은 스스로 동굴을 파고 들어가 일반적인 생활의 궤도에서 벗어난다. 그러므로 우선 비관이 얼마나 자신의 삶에 부정적인 영향을 미치는지 스스로 깨달을 필요가 있다. 이 단계가 선행되어야 마음속 깊은 곳에 박힌 부정적인 생활 태도를 없애 버릴 수 있다.

둘째, 사물의 빛나는 면을 발견하라. 모든 사물은 양면성이 있다. 우리는 그중에서 밝고 빛나는 면에 더 주목해서 비관적인 감정에 빠지지 않도록 해야 한다.

셋째, 책을 많이 읽어라. 책은 긍정적이고 낙관적인 삶의 태도를 배울 수 있는 가장 좋은 방법이다. 한 작가에 국한하지 않고, 다양한 인생의 백태를 보아야만 시야를 넓히고 다양한 각도로 문제를 보는 능력을 기를 수 있다.

충동: 내 안의 악마를 박멸하라

━━━ 파촉巴蜀을 평정한 유비劉備는 장비張飛를 파서巴西 태수로 임명했다.

이에 장비는 줄곧 랑중閬中에 주둔했다. 후에 관우關羽가 동오東吳의 손권孫權에 의해 죽임을 당했다는 소식을 들은 장비는 크게 상심해서 밤낮으로 눈물을 흘렸다. 비통함에 통곡하다가 피를 토하는 일도 여러 번 있었다. 수하의 장수들은 장비가 조금이라도 슬픔을 잊을 수 있도록 옆에서 술을 권했다. 하지만 장비는 술에 취하면 크게 난폭해지는 사람이었다. 유비도 이를 알고 술을 멀리하라고 엄명할 정도였다. 아니나 다를까 술에 취한 장비는 매일 부하들을 호되게 매질했고, 그중 몇 명은 심지어 장비에게 맞아 죽기까지 했다. 또 어느 날은 술에 취해서 동오 쪽을 바라보며 대성통곡을 하다가 반드시 관우의 복수를 하겠다고 고래고래 소리를 질렀다.

221년에 유비가 제위에 오른 뒤, 장비는 더 큰 벼슬에 봉해졌다. 하지만 여전히 관우의 죽음을 잊지 않은 장비는 더는 참지 못하고 유비에게 달려가 통곡하며 울분을 토했다. 왜 관우의 복수를 미루는지, 세 사람이 함께했던 도원결의桃園結義를 잊었느냐며 유비를 원망했다. 유비는 경거망동을 삼가라고 했지만 장비는 제대로 듣지도 않고 이렇게 말했다. "다른 이들이 어찌 우리 세 사람이 쌓은 형제의 정을 안단 말입니까? 황제께서 저들의 말을 듣고 관우의 복수를 하지 않는다면 저 혼자라도 가겠습니다. 복수에 성공하지 못하면 돌아오지 않겠습니다!"

사실 유비는 진작부터 관우의 복수를 계획했으며 다만 때를 기다리는 중이었다. 그런데 장비가 이렇게까지 말하자 그 역시 더는 복수를 미룰 수 없다고 생각하고, 동오 토벌을 결심했다.

드디어 동원령이 떨어지자 장비는 급히 출정을 준비했다. 그는 수하의 장수들에게 사흘 안에 부하들이 입을 흰 갑옷과 흰 깃발을 만들라고 명령했다.

관우를 애도하기 위해서였다. 그러자 조달을 책임진 장수 범강范疆과 장달張達은 사흘은 턱없이 부족하니 출정을 며칠만 미뤄달라고 간청했다. 이를 들은 장비는 불같이 화를 내며 "만약 사흘 안에 하지 못하면 내가 직접 너희의 목을 벨 것이다!"라고 소리쳤다.

범강과 장달은 장비의 말이 괜한 으름장이 아님을 알고 있었다. 사흘 안에 다 해내지 못하면 그들은 죽임을 당할 것이 분명했다. 이에 두 사람은 함께 장비를 죽이고, 그의 머리를 베어 수하 군사들과 함께 동오로 달아났다.

이 이야기에서 장비가 형제의 정을 나눈 관우의 복수를 하려고 한 것은 전혀 잘못되지 않았다. 진짜 문제는 그의 충동적인 성격이었다. 천하를 호령했던 맹장 장비는 그 충동적인 성격 탓에 너무도 허무한 죽음을 맞았다.

━━ 두 달 전, 저는 명문대를 다니는 대학생이었습니다. 졸업을 앞두고 사회에 나가 능력을 펼칠 준비가 되어 있었죠. 가족과 국가가 제게 거는 기대가 크다는 걸 알고 있었습니다. 저 역시 뜨거운 피로 조국의 현대화 건설에 크게 공헌해서 가치 있는 삶을 살고자 했습니다. 제가 다닌 학교는 윈난雲南에서 가장 유명하고 수준이 높아서 취업 전망도 밝았습니다. 교수님, 선배님들도 모두 그렇게 이야기했죠. 그래서 뉴스에 나오는 '대학생 취업 스트레스' 같은 걸 느껴본 적도 없습니다.

여기까지 쓰고 나니 정말 괴롭군요. 그들……, 네 명의 피해자 역시 저와 마찬가지로 부모와 형제가 있는 사람이고, 역시 수년간 어려운 공부를 했으며, 미래에 기대가 큰 사람들이었습니다. 저는 대체 어떻게 그토록 쉽게 그들을 해할 수 있었을까요? 무릇 모든 일에는 원인이 있는 법입니다. 또 세상일에는 내부요인과 외부요인이 있는데 내부요인이 더 큰 영향을 미치죠. 그래서 저는 매일 열심히, 아주 열심히 생각하고 있어요. 내 안에 있는 원인, 이런 일이 일어나게 된 데 대한 좀 더 합리적인 해석을 찾으려고요. 하지만 지금은 더 혼란스러워졌습니다. 카드놀이를 하다가 벌어진 말다툼으로 저는 살인자가 되었습니다. 고작 그런 이유였죠. 지금 제3자의 눈으로 보면 이것이 얼마나 황당하고, 무지하며, 비통하고 또 잔혹한 일인지…….

이상의 내용은 마자쒜馬加爵가 감옥에서 쓴 참회문이다. 2004년 중국 사회는 '마자쒜 살인사건'으로 큰 충격을 받았다. 마자쒜의 충동은 친구들끼리 카드놀이를 하다가 벌어진 말다툼을 끔찍한 살인사건으로 바꾸어놓았다. 장래가 촉망되던 청년 마자쒜는 동창 네 명을 죽여 구속되었으며, 얼마 후 사형당했다.

충동은 이성을 잃게 만든다. 그래서 충동에 휩싸여서 한 모든 행동은 정신을 차리고 보면 전부 후회막급이다.

충동은 거칠고 경솔한 행동, 뒷일을 생각하지 않는 무모한 행동을 부른다. 이는 가장 무력한 동시에 가장 파괴적인 감정이며, 본인과 주변 사람에게 미치는 부정적인 영향은 상상 이상이다.

"충동은 악마다"라는 말이 있다. 2006년 월드컵에서 지네딘 지단 Zinedine Zidane은 마르코 마테라치Marco Materazzi가 모욕적인 말을 하자 참지 못하고 머리로 상대방의 가슴을 들이받았다. 주심은 지단을 레드카

드로 퇴장시켰고, 지단은 자신의 월드컵 역사를 불명예스럽게 마쳤다.

지금 우리는 경솔과 경박함이 난무하는 사회에 살고 있다. 모두 감정이 조금이라도 상하면 너무 쉽게 충동적으로 변한다. 길에서 서로 발을 밟았네, 안 밟았네 하면서 큰 소리로 싸우는 사람도 있고, 꽤 오래 함께 일했으면서 아무것도 아닌 일로 주먹다짐까지 하는 사람도 적지 않다. 또 타인이 자신에게 조금이라도 피해를 주면 수단과 방법을 가리지 않고 되돌려주며, 심지어 불공정한 사회에 복수하겠다며 비열하고 불법적인 행위를 서슴지 않기도 한다.

충동의 희생양이 되지 않으려면 애초에 충동이 들지 않게 해야 한다. 다음은 충동을 억제하는 방법이다.

첫째, 이성적으로 감정을 조절해서 최대한 빨리 냉정해져야 한다. 충동은 터져 나오는 감정으로, 올 때도 갑자기 오고 갈 때도 갑자기 간다. 그러니 그 순간만 억누를 수 있다면 손쉽게 사그라뜨릴 수 있다. 일반적으로 두 가지 방법이 있는데 하나는 인내, 다른 하나는 양보다. 강한 감정이 튀어나오려고 하면 냉정해지라고 자신을 억누른 다음에 신속하게 사건의 인과관계를 분석해야 한다. 그런 후에 다시 적절한 방법으로 감정을 표현하면 충동을 효과적으로 없애는 동시에 의사를 더 정확하게 전달할 수 있다.

둘째, 충동은 일단 터져 나오면 억제하기가 여간 어렵지 않다. 그러므로 아직 출현하지 않았을 때, 혹은 이제 막 출현했으나 아직 온도가 크게 오르지 않았을 때 즉각 적절하게 조처해서 주의를 다른 데로 돌리면 충동이 더 커지는 상황을 면할 수 있다. 예컨대 완전히 무관한 일을 생각하거나, 다른 일에 집중하면 좋다. 머리는 바쁘게 손발은 쉬지 않게 하면 분노와 충동이 일으키는 스트레스와 부담에서 벗어날 수 있다. "눈에 보이지 않으면 속 시끄러울 일도 없다"는 말을 기억하자.

셋째, 냉정해진 후에 더 나은 해결 방법을 생각하는 것도 좋은 방법이다. 의견충돌이나 갈등, 마음에 들지 않는 일이 발생했을 때 이성적으로 정확하게 처리하는 방법을 배워야 한다. 다음의 단계에 따라 차분히 생각해보자. ①이 일이 발생한 정확한 원인이 무엇인가? 양측은 어느 부분에서 대립하는가? ②문제를 해결하는 방법에는 어떤 것들이 있는가? ③그중 한쪽이 받아들이기 어려운 방법은 무엇인가? ④그중 양쪽이 모두 받아들일 방법은 무엇인가? ⑤가장 좋은 해결 방법은 무엇인가?

넷째, 평소에 참을성을 기르고 자기절제력을 키우는 훈련을 하자. 평온하고 차분한 마음가짐, 인내심을 기를 수 있는 취미, 예를 들어 산책, 식물 기르기 등을 하면 효과적이다.

다섯째, 충동적인 언행을 삼가려면 수시로 자신을 일깨워야 하는데, 내적 수양뿐 아니라 외부 자극도 꽤 효과적이다. 청의 정치가인 임칙서林則徐는 서재에서 가장 잘 보이는 곳에 '화내지 말자'라고 쓴 종이를 붙여놓고, 수시로 보면서 충동적으로 화를 내는 자신을 경계했다고 한다. 우리도 그렇게 해보면 어떨까? 충동을 억제할 만한 짧은 문구를 써서 잘 보이는 곳에 두고 자신을 일깨워보자.

제2부

삶을 더
빛나게 하는
심리학

심리학으로
세상을
묘사하다

분명히 봤는데 기억나지 않는 까닭

▬ 정흥은 매일 자전거를 타고 출퇴근한다. 집과 직장이 별로 멀지 않고, 체력도 기를 수 있기 때문이다. 매일 저녁 회사에서 집으로 자전거를 타고 돌아오는 길은 너무나 익숙한 풍경이고 늘 똑같았지만 어느 날 화가 치솟는 일이 생겼다. 동서 방향의 길에서 정흥은 보통 지선도로를 이용한다. 간선도로는 매일 출퇴근 시간에 차량이 너무 많아 교통체증이 심하기 때문이다. 이는 정흥이 버스를 타고 출퇴근하지 않는 다른 이유이기도 했다. 그런데 그날은 유달리 많이 막혔고, 간선도로로 가던 차들이 자꾸만 지선도로로 넘어왔다. 다들 눈치껏 조심해서 가고 있는데 간선도로를 가던 차 한 대가 빠

른 속도로 달려와 정홍 앞으로 급하게 끼어들었다. 하마터면 자전거와 함께 길바닥으로 나동그라질 뻔한 아찔한 순간이었다. 정홍이 워낙 자전거를 잘 타서 다행이지, 안 그랬으면 아마 큰 사고가 났을 것이다. 자기 때문에 사람이 다칠 뻔했는데도 차 주인은 미안하다는 수신호 하나 없이 그냥 가버렸다. 정홍은 무척 화가 나서 나중에 신고할 요량으로 차 번호를 보고 외웠다. 그런데 잠시 후 집에 도착해서 식구들에게 이 일을 이야기하는데, 어찌 된 일인지 차 번호가 전혀 생각나지 않았다.

영화에는 교통사고를 당한 주인공이 다쳐서 병원으로 후송된 후 조사하러 온 경찰에게 상대 차량의 번호를 이야기하는 장면이 자주 등장한다. 그런데 정홍은 왜 차 번호를 기억하지 못했을까? 분명히 번호판 위의 글자와 숫자를 눈여겨보았는데도 말이다. 사실은 영화 속 주인공이 아니라 정홍 쪽이 더 일반적이고 현실적인 경우다. 한 심리학자가 피실험자에게 0.5초 동안 네 줄로 된 문자 조합을 보여주었다. 각 줄은 알파벳 4개로 구성되었다. 실험 결과 피실험자들은 0.5초 동안 본 문자 16개 중에서 최대 4~5개를 기억했다. 심리학에서는 사람의 기억을 감각기억sensory Memory, 단기기억short-term memory, 장기기억long-term memory으로 나눈다. 감각기억은 오감으로 받아들인 자극을 매우 짧은 시간 동안 저장하여 기억하는 방식이다. 감각기억은 용량이 매우 적고, 유지시간 역시 무척 짧다. 그래서 정홍은 분명히 그 차 번호를 보고 외웠지만 집에 돌아온 후에는 잊어버렸다.

감각기억은 감각 수용체에 따라 조금씩 다르다. 유지시간으로 보면 시각은 0.5초를 넘지 않지만 청각은 2초 정도도 가능하다. 반면에 용량은 시각이 청각보다 더 커서 동시에 여러 대상을 볼 수 있지만 동시에 여러 소리를 듣기는 힘들다.

이처럼 유지시간도 짧고 용량도 적은 감각기억이 굳이 필요할까? 감각기억이 존재하는 이유는 뭘까? 지금 교실에서 수업 중이라고 상상해보자. 눈은 교과서 위의 글자에 가 있고, 귀로는 선생님 말씀을 듣고 이해한다. 동시에 주변 환경의 작은 움직임이나 상태도 느낄 수 있다. 예컨대 옆자리 친구가 책을 넘기는 소리도 들리고, 의자가 예전만큼 편하지 않은 걸 느끼며, 오늘 기온이 어제와 비슷하다는 생각도 하고, 열린 창문을 통해 넘어 들어오는 짙은 꽃향기도 맡을 수 있다. 이런 감각들은 실제 존재하지만 마치 존재하지 않는 양 크게 신경 쓰이지 않는다. 그런데 이때, 지각생 한 명이 문을 열고 들어왔고, 당신은 고개를 들어 그를 보았다. 사실 당신은 이미 교실 밖에서 나는 발소리를 듣고 누군가 곧 교실로 들어오겠다고 생각했다. 바로 이때 감각기억이 작용한 것이다. 발소리에 대한 감각기억은 당신이 무의식적이고 자동적으로 책 보는 동작을 멈추고 눈을 돌려 지각생을 바라보게 했다. 인간은 자신을 둘러싼 수많은 정보와 자극을 매우 짧은 시간 동안 기억할 수 있다. 우리는 감각기억을 통해 언제든 주변 환경의 변화를 인지할 수 있으며, 자극이 사라진 후에도 짧게나마 자극을 기억하며 그 특징을 감지한다.

모든 기억은 감각기억으로부터 시작된다. 감각기억을 통해 기억된 정보 중에 기억해야 하는 것, 이후에도 필요한 것은 단기기억이나 장기기억으로 저장되고, 그렇지 않은 것은 소실된다. 이는 일종의 '정보 처리 과정'으로 감각기억을 유지하기 위해 반복적으로 대상과 접촉하거나 연상하는 등의 의식적인 노력으로 이루어진다.

　정리하자면 기억력을 향상하는, 그러니까 수많은 감각기억 중 원하는 걸 오래 기억하고 싶다면 '주의력'을 훈련해야 한다. 아마 다들 경험을 통해서 '기억하고 싶으면 대부분 기억하지만, 기억하고 싶지 않으면 어떻게 해도 기억하지 못한다'는 사실을 알고 있을 것이다. 어떤 대상이나 일을 기억하고 싶다면 그것에 더 충분히 주목하고 신경 쓰면 된다. 그렇게 하지 않으면 제대로 기억할 수 없으며 사람마다 다른 기억의 차이를 만들 수 있다.

권유의 방식

　제2차 세계대전이 끝나갈 무렵, 용맹하게 싸운 미국은 일본을 연이어 격파했다. 분명 좋은 일이지만 미군 장성들에게 새로운 걱정이 생겼다. 승전보가 날아올 때마다 병사들이 벌써 전쟁이 이미 끝나고 승리자가 된 양, 긴장을 푸는 모습이 눈에 확연히 보였기 때문이다. 이대로 그냥 두면 병사들이 마땅히 갖춰야 할 투지를 잃을 테고, 이는 미국이 지닌 가장 큰 이점을 잃는다는 의미였다. 그래서 장성들은 병사들의 투지와 사기에 영향을 주지 않으면서 '미국이 반드시 일본을 무너뜨리겠지만 아직 약간의 어려움이 있고 시간이 필요하므로 끝까지 더 많은 역량을 발휘해야 한다'는 메시지를 전달하기로 의견을 모았다. 그러나 그들은 어떻게 해야 효과적으로 이 메시지를 전달할 수 있을지 몰랐다. 괜히 방법이 잘못되어 병사들의 사기에 영향을 줄까 두려워 장성들은 심리학자들에게 도움을 구했다.

　심리학자들은 이 문제를 해결하기 위해 먼저 실험을 하나 했다. 그들은 병사들을 두 그룹으로 나누고, 임의로 1그룹과 2그룹이라고 불렀다. 1그룹 구성원에게는 단방향 전달, 즉 미국이 승기를 잡았으며 모든 요소가 미국에 유리하므로 적어도 2년 안에 완벽한 승리를 거둘 수 있다고 알렸다. 2그룹 구성원에게는 양방향 전달, 즉 미국의 군사력 우세 같은 유리한 요소와 함께 병사들의 투지와 끈기 부족 같은 불리한 요소도 함께 언급했다. 더불어 일본에도 죽음을 두려워하지 않는 정신력 같은 강점이 있으니 만만히 볼 수만은 없다고 넌지시 언급했다. 그리고 종합적으로 분석한 결과 일본의 패배가 거의 확정적이기는 하나 적어도 2년은 더 끈질기게 버틸 테니 당장 전쟁이 끝나지는 않을 거라고 알렸다.

단방향 전달과 양방향 전달은 어느 한쪽이 좋다고 말할 수 없었다. 예컨대 관련 지식과 경험이 많지 않은 병사들에게는 단방향 전달이 더 효과적이었다. 반면에 충분한 군사 지식과 경험이 있는 병사들은 제공된 정보의 타당성을 잘 따져보고 스스로 결론을 내릴 수 있으므로 양방향 전달이 더 효과적이었다.

단방향 전달과 양방향 전달의 효과는 구체적 상황을 면밀하게 분석해서 사용했을 때 극대화한다. 앞서 소개한 이야기에서 태도를 바꾸라고 권유받는 병사들은 수신자, 권하는 쪽은 전파자가 된다. 심리학자들은 실험을 통해 수신자의 지식과 경험 수준이 단방향 전파와 양방향 전파의 효과를 결정한다는 사실을 발견했다. 수신자의 기존 태도도 중요했다. 전쟁이 분명히 곧 끝날 거라고 여겼던 사람들은 기존 태도와 전달된 정보가 일치하지 않았는데, 이런 경우에는 양방향 전달이 더 설득력 있었다. 그들은 양쪽 정보를 모두 듣고 나름의 판단을 내려 기존 태도를 바꾸었다. 반면에 전쟁이 끝나려면 아직 멀었다고 여겼던 사람들은 기존 태도와 전달된 정보가 일치하므로 단방향 전달로 설득했을 때, 더 큰 확신을 얻었다.

■■■ TFBOYS는 현재 중국 젊은이들에게 가장 큰 사랑을 받는 아이돌 그룹

이다. 중학생 하오메이 역시 그들의 열성 팬이다. 침실 벽 한가득 TFBOYS 멤버들의 사진이 걸려 있고, 그들이 부른 노래는 일상의 필수요소다. 한편 부모님은 하오메이의 학교 성적이 좋지 않아 걱정이 이만저만이 아니다. 1년만 더 있으면 고등학교 시험을 볼 텐데 성적이 도통 오르지 않으니 답답해 죽을 노릇이다. 자신들이 많이 배우지 못해 도움을 주지 못하는 것 같아서 엄마는 딸에게 가정용 학습기 한 대를 사주려고 했다. 하지만 하오메이가 반대하고 나섰다. 엄마가 사와도 자기는 절대 사용하지 않을 거라면서 말이다. 이렇게 해서 가정용 학습기는 안 사는 쪽으로 이야기가 끝났다. 그런데 어느 날 하오메이가 엄마에게 가정용 학습기 한 대를 사달라고 말했다. 엄마는 무엇이 딸의 태도 변화를 일으켰는지 너무 궁금했다. 대체 누가 우리 딸을 이렇게 바꿔놓았지? 얼마 후 엄마는 이 가정용 학습기의 광고 모델이 바로 딸이 죽고 못 사는 TFBOYS이고, 이런 이유로 하오메이가 태도를 바꾸어서 가정용 학습기를 사겠다고 나섰음을 알게 되었다.

이야기에 등장하는 하오메이는 해당 상품의 광고 모델이 가장 좋아하는 아이돌이라는 이유로 태도를 바꾸었다. 아이돌의 스타성이 소비자의 구매 의사까지 변화시킨 것이다. 여기에서 우리는 전파자의 매력이 권유의 영향력 및 설득력에 직결된다는 사실을 알 수 있다. 하오메이에게는 부모의 권유보다 아이돌의 영향력이 더 컸으므로 갑자기 태도를 바꾸어 자기가 먼저 가정용 학습기를 사겠다고 나섰다.

전파자의 신뢰도 역시 권유의 효과에 영향을 미친다. 콜라가 몸에 좋지 않다고 말한 친구, 콜라가 건강에 해로울 수 있다고 말한 전문가,

두 사람 중 우리는 아마 후자 쪽을 더 믿을 것이다. 이 밖에 수신자가 전파자로부터 진정성을 느낀다면 권유가 훨씬 수월해진다. 반대라면 당연히 쉽지 않다.

환경이 당신에게 미치는 영향

▬▬ 어린 맹자孟子는 어머니와 함께 묘지 근처에 살았다. 어느 날 맹자의 어머니는 아들이 친구들과 묘지 주변에서 놀다 오더니 꼭 상갓집 상주처럼 곡하는 흉내를 내는 걸 보고 깜짝 놀랐다. 어머니는 이곳이 아이를 키우기에 적합하지 않다고 생각하고 당장 시장 근처로 이사했다. 그런데 얼마 후 이번에는 맹자가 상인들이 물건을 파는 걸 보고 배워 따라 했다. 어머니는 이곳도 아니라며 다시 맹자를 데리고 서당 옆으로 이사했다. 이후 맹자는 서당에 다니는 서생들이 학업에 힘쓰고 예의 바르게 행동하는 모습을 따라 했다. 맹자의 어머니는 그제야 아이에게 가장 좋은 곳을 찾았다고 생각했고, 모자는 오랫동안 이곳에서 살았다.

맹모삼천지교孟母三遷之教로 보건대 맹자의 어머니는 환경이 사람에게 미치는 영향이 얼마나 큰지 아는 사람이었음에 틀림없다. 그녀는 아들인 맹자의 교육을 위해서 수차례 이사했고, 마침내 가장 좋은 곳을 찾아냈다.

의사와 심리학자로 구성된 연구팀이 오랫동안 원숭이들과 함께 생활한 소년을 관찰, 연구했다. 현지 주민이 발견했을 때 소년은 실오라기 하나 걸치지 않았고 몸 전체에 털이 수북이 나 있었다. 걸을 때는 두 손을 발처럼 사용해서 네 발로 걸었고, 사지를 이용해 높이 도약하는 등 꼭 원숭이처럼 움직였다. 소년은 정신병원으로 보내졌다가 그 후에 다시 다른 병원으로 옮겨져서 보살핌을 받았는데 처음에는 원숭이처럼 바나나만 먹으면서 굉장히 난폭하게 행동했다. 하지만 시간이 흐르자 그는 점점 두 발 직립보행에 익숙해졌고, 보통 사람들이 먹는 음식물을 먹었다. 사람들과 교류가 많아지면서 성격도 예전보다 훨씬 온순해졌다. 존이라는 이름도 생겼다. 연구팀은 존이 약 여덟 살이며, 가족과 함께 숲속에 갔다가 어떤 이유에서인지 고립되었다고 추정했다. 원숭이들은 그를 새끼 원숭이로 인지하고 키웠으며, 존은 원숭이의 생활 습성을 배우며 자랐다.

'원숭이 소년' 이야기는 환경이 인간에게 얼마나 많은 영향을 미치는지 보여준다. 잘 알려진 '늑대 소년'도 같은 종류의 이야기다. 환경은 사람을 바꾸고, 인격 형성에 큰 영향을 미친다. 유명한 미국 심리학자인 에릭 에릭슨Erik Erikson은 "인간은 성장하면서 외부세계와 상호작용한다. 인격은 환경과 상호작용하면서 형성된다"고 말했다.

━━ 서한西漢 시대에 광형匡衡이라는 사람이 있었다. 그는 공부를 좋아했지만 워낙 가난해서 책을 사 볼 돈이 없었다. 다행히 책이 많은 이웃이 있어 틈

만 나면 그 집에 가서 책을 빌려와 읽었다. 비록 자기 책은 아니지만 그렇게라도 읽을 수 있으니 다행이었다. 다만 매일 저녁 해가 지면 어두워서 책을 읽지 못해 속상했다. 등잔 하나 살 돈도 없이 찢어지게 가난한 탓이었다. 어느 날 밤, 광형은 벽의 갈라진 틈으로 이웃집의 등잔불 빛이 새어 들어오는 걸 발견했다. 그는 무척 기뻐하며 책을 더 잘 보기 위해 흙벽을 갉아 틈을 좀 더 벌렸다. 이렇게 어려운 환경에서도 광형은 배우고자 하는 열정을 잃지 않고 열심히 공부해 유명한 학자가 되었다.

흔히 하는 '역경을 딛고 성공한'이라는 말은 노력으로 어려운 환경을 극복하고 발전했다는 뜻이다. 그처럼 뼈를 깎는 노력과 강한 의지가 있어야만 강해질 수 있다. 사람이 환경의 영향을 꼭 일방적으로 받는 것만은 아니다. 광형처럼 자신의 의지로 환경의 부정적인 영향을 거부하는 사람도 있다.

모든 사람은 각자의 인격이 있으며, 인격은 끊임없이 변화하는 환경 속에서 만들어진다. 유아기의 인격 중에 남아서 발전을 거듭해 완전해지는 부분이 있는가 하면, 수준이 낮고 불안정해서 도태되는 부분도 있다. 인격은 다음의 몇 가지 특징이 있다.

첫째, 개성이다. 인격은 유전, 교육수준, 환경 등의 요소로 결정되는데 이런 요소는 사람마다 모두 다르므로 인격 또한 각기 다르다. 그중에서도 환경이 인격에 미치는 영향이 매우 중요하다.

둘째, 안정성이다. 이는 개인 행위의 특징이 매우 습관적으로 반복된다는 의미다. "강산은 바뀌어도, 본성은 바뀌지 않는다"는 말을 떠올리면 이해하기 쉬울 것이다.

셋째, 통합성이다. 사람은 매우 복잡한 존재고, 사람의 행위는 무척 다양하고 복합적이다. 이처럼 다원화된 인격은 단순히 물리적 축적의 결과라기보다는 다양한 요소의 유기적인 총합으로 봐야 옳다.

넷째, 기능성이다. 이는 "성격이 운명을 만든다"는 말로 이해하면 좋다. 개인의 인격은 그 사람의 희로애락, 성공과 실패를 만드는 근원이다.

다섯째, 적응성이다. 인격은 한번 정해지면 절대 바뀌지 않는 것이 아니다. 물론 짧은 시간에는 안정성이 두드러진다. 하지만 일생을 두고 보면 완전히 새로이 형성되는 일도 가능하다. 특히 외부 환경의 영향을 받으면 인격에 변화가 발생할 수 있다.

사회는 거대한 용광로처럼 서로 다른 인격을 가진 수많은 사람을 만들어낸다. 환경 요소는 스스로 제어할 수도 있지만 그로부터 큰 영향을 받을 수도 있다. 그러므로 환경이 자신의 인격 형성에 미치는 커다란 영향을 항상 염두에 두어야 한다. 꾸불꾸불한 쑥도 곧은 삼 가운데서 자라면 저절로 곧아지고, 흰 모래도 진흙 가운데 있으면 모두 검어진다는 사실을 잊지 말자.

무지의 산물, 편견

━━ 이유는 알 수 없으나 스승은 두 제자, 그러니까 샤오얼과 샤오싼 중에 샤오얼을 훨씬 더 예뻐했다.

어느 날 아침, 샤오얼과 샤오싼의 방 안에서 책 읽는 소리가 들리는가 싶더니 얼마 지나지 않아 곧 소리가 사라졌다. 스승이 무슨 일이 있는가 싶어 고개를 내밀고 방 안을 슬쩍 보았더니 샤오얼이 책상 위에 엎드려 자고 있었다. 그는 쏟아지는 잠을 못 이기고 앉은 채 자는 제자가 귀여워서 미소를 지었다. 하지만 그 옆에서 샤오싼도 똑같이 책상에 엎드려 자는 모습을 보는 순간, 화가 치민 나머지 뛰어 들어가서 등을 한 대 세게 내리쳤다. 자다 날벼락을 맞은 샤오싼은 귀신을 본 듯 깜짝 놀라 뒤로 나동그라질 뻔했다. 그러거나 말거나 스승은 매섭게 꾸짖기 시작했다. "너는 어찌 책만 보면 자느냐? 샤오얼을 보아라. 자면서도 책을 보고 있지 않느냐?"

이야기 속의 스승은 매우 재밌는 사람이다. 그는 똑같은 상황을 마주했지만 대상에 따라 다른 태도를 보였다. 우리가 일상에서 흔히 볼 수 있는 편견이다. 편견이 있으면 객관적인 태도를 유지하기 어려우며 타인의 행위를 자기가 생각하는 대로만 바라보고 판단하게 된다. 안타깝게도 편견은 드문 일이 아니며, 특히 사람들과 어울릴 때 자주 발생한다. 먼저 상대방에 대해서 나름의 '정의를 내리고', 이 정의에 근거해서 그의 각종 행위를 평가하는 식이다.

━━ 비 내리는 오후 카페 안, 서로 모르는 두 여성이 나란히 놓인 테이블에서 각각 차를 마셨다. 그중 한 명이 우산을 테이블 옆에 두었는데, 다른 한 명이 다 마시고 먼저 일어서면서 아무 생각 없이 그 우산을 집어 들었다. 그러자 우산 주인은 날카롭게 소리쳤다. "제 우산 가지고 뭐 하시는 거예요?"

우산을 집어 든 여성은 그제야 정신이 들어 난처한 표정으로 연신 사과했다. 그녀는 오늘 우산을 가지고 나오지 않았는데 깜빡 잊고서 자기 우산인 줄 착각했다고 해명했다. 허둥지둥 밖으로 나온 그녀는 가까운 마트에 가서 우산을 사야겠다고 생각했고, 사는 김에 아들이 쓸 것까지 같이 샀다. 그런 후에 집으로 돌아가려고 버스에 탔는데 무슨 우연인지 방금 카페의 그 우산 주인이 이미 버스에 타고 있었다. 우산 주인은 그녀가 우산 두 개를 들고 있는 모습을 보더니 비웃듯이 말했다. "오늘 수입이 꽤 짭짤하시네요!"

이야기 속의 우산 주인은 근거 없는 판단으로 우산 두 개를 들고 있는 여성이 좀도둑이라고 생각했다. 편견이란 특정한 이미지 혹은 허구의 정보에 근거해서 잘못된 판단, 혹은 실제 대상과 전혀 부합하지 않는 판단을 내리는 심리 현상을 가리킨다. 미국 사회심리학자 엘리엇 아론슨Elliot Aronson은 편견을 '오류가 있거나 완전하지 않은 정보를 개괄한, 특정 집단에 보이는 적대적이거나 부정적인 태도'로 해석했다. 편견은 발생 당시 즉각 교정하지 않으면 비난과 질시로 확대될 가능성이 크다.

━━ 젊은 유대인 한 명과 나이 든 유대인 한 명이 기차의 같은 칸에 탑승했다. 그날 손목시계를 깜빡 잊고 나온 젊은 유대인이 옆자리에 앉은 나이 든 유대인에게 말을 걸었다. "선생님, 지금 시간이 몇 시나 되었습니까?" 나이 든 유대인은 그를 물끄러미 바라보더니 끝까지 아무 말도 하지 않았다. "저……, 죄송합니다만, 혹시 지금 몇 시인지 말씀 좀 해주실 수 있나요? 제

가 급한 일이 있어서 시간을 알고 싶은데요." 이번에도 나이 든 유대인은 대답하지 않았다. "제가 시간을 꼭 알아야 해서 그렇습니다. 그런데 대체 왜 대답을 안 해주시는 거죠?" 나이 든 유대인은 그제야 입을 열었다. "이보게, 다음 역이 이 기차의 종착역이야. 자네는 내가 모르는 사람이고. 만약 내가 자네와 이야기를 나누면 유대인 전통에 따라 자네를 우리 집에 초대해야 하네. 그런데 나에게는 아주 아름다운 딸이 하나 있거든. 자네는 아주 잘생겼고 말이야. 둘이 만나면 분명히 사랑에 빠질 테고 결혼하겠다고 하겠지. 하지만 나는 내 딸을 손목시계 하나 못 사는 가난뱅이에게 주고 싶지는 않다고!"

우리는 종종 이전에 습득한 지식과 과거의 경험을 바탕으로 세상을 바라본다. 이미 지나간 지식과 경험으로 현재의 사람이나 상황을 판단

하면 당연히 괴리가 생길 수밖에 없다. 이야기에 등장하는 나이 든 유대인은 젊은이에게 손목시계가 없는 이유가 돈이 없어서라고 확신했다. 이것이 바로 편견이다. 이런 종류의 편견은 우리 일상 곳곳에 너무나 많다. 사업하는 사람은 전부 말만 번지르르하다, 여자들은 운전 실력이 형편없다……, 이런 생각들이 모두 편견이다.

편견은 자기 생각과 감정을 굳게 믿고, 강한 주관적 의식으로 문제나 상황을 바라보아서 생겨난다. 또 편견은 겉모습만 보고, 독단적으로 오로지 자신의 견해와 인식에 근거해서 만들어내는 관점이나 결론이다. 사실 편견은 누구에게나 있을 수 있다. 우선 각자의 세계관이 다르고, 이 외에 지각 수준, 애증의 정도, 호불호도 모두 다르므로 서로 다른 결론을 내리고 이로부터 편견이 생겨나는 것이다.

개가 짖는다고 다 도둑이 아니고, 수염을 길렀다고 다 예술가가 아니다. 19세기 초 영국의 비평가이자 수필가인 윌리엄 해즐릿^{William Hazlitt}은 "편견은 무지의 산물이다"라고 말했다. 일상 속 편견을 최대한 걷어내고, 온 힘을 다해 객관적이고 공정한 태도로 타인과 세상을 바라보아야 한다.

무엇이 이상행동을 일으키는가?

━━ 쏟아지는 카메라 세례 속에서도 늘 아름답고 우아한 왕세자비 다이애나^{Diana Frances Spencer}가 폭식증을 앓는다는 사실을 아는 사람은 거의 없었

다. 왕세자 찰스와 떠난 신혼여행에서 멋진 유람선에 탄 그녀는 하루에도 몇 번씩 폭식과 구토 발작을 반복했다. 윈저궁의 한 직원은 다이애나가 파이 조각을 급하게 입으로 밀어 넣는 모습을 여러 차례 목격했다고 말했고, 브리지 카드 모임에 참석한 친구들도 그녀가 혼자 사탕 큰 봉지 하나를 순식간에 먹어치우는 모습을 보고 깜짝 놀랐다. "폭식증은 정말 힘들었어요. 무서웠죠. 유람선에서는 하루에 거의 네 번 정도 발작이 일어났어요. 나는 눈에 보이는 음식이란 음식을 모조리 닥치는 대로 먹어 치웠어요. 그러고는 2분 후에 화장실로 달려가서 토했죠. 아주 힘들었어요." 다이애나의 전기에 따르면 그녀의 폭식증은 스무 살의 어린 나이에 왕세자 찰스와 약혼하면서 시작되었다. 이후 다이애나는 줄곧 극심한 고통에 시달렸다.

영국 왕실의 일원으로 살면서 다이애나의 삶은 늘 갈등, 걱정, 고통, 우울증이 함께 했고 폭식증은 나날이 심해졌다. 설상가상으로 찰스와의 결혼생활마저 금이 가기 시작하면서 증세는 더욱 심해졌다. 그녀는 한 인터뷰에서 이렇게 말했다. "대중은 동화에서처럼 왕비가 다가와서 손을 잡아주면 만물이 황금으로 변하고, 모든 걱정이 깨끗이 사라지기를 바라죠. 그들은 그 왕비가 잘 해내지 못할까 봐 얼마나 불안해하는지 알지 못해요. 관심도 없죠. 나는 나를 미워했어요. 찰스와 어울리지 않는 사람 같았거든요. 윌리엄을 가졌을 때 그런 생각이 더 심해졌죠. 너무 힘들었어요. 그래서 제가 계단에서 몸을 던진 거예요. 임신 중이라는 사실을 잊지 않고 있었죠." 이후에도 다이애나는 수차례 칼로 손목을 그어 자해했다.

영국의 왕세자비 다이애나는 심인성 폭식증을 앓았다. 섭식장애 중

하나인 폭식증의 의학적 정식명칭은 신경성 폭식증bulimia nervosa이다. 의학계에서는 이 질병을 '음식 섭취에 통제력을 잃고 과식이나 폭식을 반복하는 상태'로 정의한다. 환자는 살이 찔까 봐 두려워하며, 신체 및 체중 변화에 따라 자신을 평가한다. 외롭고, 무료하고, 슬프고, 분노하는 감정이 들면 폭식 행위가 일어나고, 먹다 먹다 복부 팽창으로 더는 견딜 수 없게 되어야 멈춘다. 아주 짧은 순간 만족감을 느끼지만 곧이어 죄책감과 걱정이 들어서 적합하지 않은 방식, 예를 들어 구토, 설사약 및 이뇨제 남용, 과도한 운동으로 먹은 음식을 싹 게워낸다. 폭식증 환자는 대부분 여성이며 뚱뚱하지 않고 정상 체중을 유지한다. 다만 체중 변화의 폭이 커서 짧은 시간에 4~7킬로그램 정도는 쉽게 왔다 갔다 한다.

폭식증을 앓는 사람은 대부분 다이애나처럼 각종 심리적 문제에 시달리고 있다. 그들은 열등감과 불안을 느끼며 늘 자신감이 부족하다. 대부분 상처 입은 경험이 많은데, 그 상처의 원인은 무척 다양해서 결혼일 수도 있고 아니면 또 다른 어떤 것일 수도 있다. 상처가 쌓이면서 음식이 그 스트레스에 대처하는 도구가 된 것이다.

폭식증 외에도 현실 속 다양한 이상행동은 모두 심리적 원인이 일으키는 농간이다. 예컨대 쇼핑중독, 도착증, 결벽증, 거식증 등이 전부 그러하다. 이 중 결벽증은 청결에 지나치게 집착하며, 불결을 병적으로 두려워하는 증상이다. 물론 청결과 위생을 중요하게 생각하는 건 문제가 되지 않지만 알다시피 모든 일에는 '정도'가 있는 법이다. 누구나 중요하게 생각하는 부분이 있는데 그것이 도를 넘어 심한 불안과 두려움을 동반한 증상이 되면 문제가 된다. 정상적인 일과 학습, 그리고 생활 전체에 영향을 미치기 때문이다.

━━ 원元 말기의 화가 예찬倪瓚은 심한 결벽증 환자였다. 그는 전문 관리자를 두어서 전용 문방사우를 하루에도 몇 번씩 씻고 닦게 했다. 또 집 앞에 있는 나무가 더러운 꼴을 보기 싫어서 매일 하인들을 시켜 몇 번씩 나무를 씻게 했는데, 하도 씻어대는 바람에 쑥쑥 잘 크던 나무 두 그루가 그만 죽고 말았다. 예찬은 사용하는 물도 굉장히 까다롭게 따졌다. 하인들이 물을 길어 오면 한쪽 어깨에 메서 앞뒤로 달린 물통 중에 앞쪽 통에 있는 물을 밥하는 데 쓰고, 뒤쪽 통에 있는 물은 발을 씻는 데 썼다. 뒤쪽 통에 있는 물에 하인의 방귀 냄새가 배었을까 봐서다. 사실 아무 의미 없는 일이었다. 물 긷는 곳

이 집에서 멀고, 다니는 길이 좋지 않아서 돌아오는 중에 몇 번씩 쉬어야 하는데 그러면서 물통의 위치가 수차례 바뀌기 때문이다. 만약 예찬이 이를 알았으면 까무러쳤을 것이다. 그의 집은 변소도 범상치 않아서 변소 아래에 나무판을 두고 그 위 가운데에 거위 털을 수북이 두었다. 이렇게 하면 똥을 누어도 거위 털이 날려 그 위를 덮으니 냄새가 전혀 나지 않았다.

어느 날 친구가 예찬의 집을 방문했는데 이야기를 하다 보니 밤이 늦어 하룻밤 묵고 가기로 했다. 즐거운 마음으로 자고 가라고 청한 것인데 그날 밤 그 사달이 날 줄은 누구도 상상하지 못했다. 이야기는 이러하다. 밤중에 예찬은 친구가 방에서 몇 번 기침하더니 가래를 뱉는 소리를 들었다. 불안해서 뜬눈으로 밤을 새운 예찬은 이른 아침 하인이 일어나자마자 얼른 가래가 어디에 떨어졌는지 찾아서 깨끗이 닦으라고 시켰다. 하인은 한참을 찾았는데도 찾지 못하자 그냥 나뭇잎 하나를 가리키며 그 위에 가래가 떨어졌다고 알렸다. 예찬은 더러워서 차마 똑바로 보지도 못하면서 어서 나뭇잎을 3리 바깥에 갖다 버리라고 했다. 이 모습을 본 친구는 매우 난처한 표정으로 급히 예찬의 집을 떠났다.

예찬은 결벽증 탓에 평생 홀로 살았다. 한번은 아름다운 기녀에게 반해서 집으로 데려왔다. 그런데 기녀의 몸이 더러울까 봐 도무지 마음이 놓이지 않아 목욕을 권했다. 하지만 다 씻은 후에도 여전히 불안해서 한 번 더 씻으라고 했다. 그렇게 몇 번을 반복해서 목욕한 기녀는 그날 밤 심한 감기에 걸려 크게 고생했다.

결벽증은 완전벽完全癖1이 만든 심리 장애로 일종의 강박증에 해당한다. 결벽증에 걸린 사람은 참 괴롭다. 그들은 어디에서도 행복하지 않고, 늘 긴장하거나 괴로움 속에 산다. 대부분의 시간을 위생과 청결을 따지는 데 쓰므로 삶을 즐길 시간도 없다. 사실 그들 역시 그렇게나 과하게 깨끗할 필요가 없음을 잘 알고 있다. 하지만 내면에서 우러나오는 강한 불안과 공포를 잠재우려면 어쩔 수가 없다.

---

1 불가능한 기준을 정해두고 반드시 지키려는 심적 경향이다. 완전을 추구하므로 적당한 수준에서 타협하지 못하고, 도달하지 못하면 좌절하거나 자책감에 빠진다.

심리학으로
삶을 더
빛나게 하다

기회는 다시 오지 않는다

우리는 살면서 두 가지 상황에 수차례 놓인다. 하나는 자기 앞에 놓인 것이 절호의 기회인지 확신이 서지 않는 상황이고, 다른 하나는 분명히 좋은 기회인 건 알겠는데 준비가 덜 된 것 같아서 계속 주저하는 상황이다. 두 가지 모두 그러다가 큰마음 먹고 용기를 내 나서보면 이미 기회가 물 건너간 경우가 대부분이다. 둘 다 참으로 어렵고 난감한 상황이지만 특히 후자는 더 속상하다. 애초에 몰랐으면 몰라도, 알았는데 괜히 머뭇거리며 망설이는 바람에 기회를 놓친다면 그것만큼 속상한 일이 또 있겠는가?

지식과 경험이 풍부한 철학자의 집은 다양한 걱정거리를 안고 찾아오는 사람이 끊이지 않았다. 하지만 철학자는 정작 자신의 문제를 해결할 방법을 찾지 못해 골머리가 아플 지경이었다. 사실은 최근에 한 여성이 그에게 호감을 드러내면서 결혼하고 싶다고 말했다. 아름다운 외모에 누구에게나 사랑받는 밝은 성격의 여성으로 철학자도 싫지는 않았다. 다만 워낙 이성적인 사고가 습관이 된 사람이라 결혼 문제까지도 주도면밀하게 사고한 후에 결정을 내리고자 했다. "생각할 시간을 좀 주시겠습니까? 청혼을 받아들일 경우와 거절할 경우의 장단점을 따져봐야 합니다."

여성은 철학자를 사랑하기에 생각이 끝날 때까지 기다리겠다고 말했다. 하지만 철학자의 생각은 무려 10년이나 계속되었다. 그는 결혼생활과 독신생활의 장단점을 이리 재고 저리 재더니 마침내 이 여성과 결혼하기로 마음먹었다. 철학자는 자신의 결정을 알리기 위해 여성의 집을 방문했으나 그녀는 이미 다른 남자와 결혼한 후였다. 큰 충격을 받은 그는 깊이 사고하느라 훌륭한 여성을 놓친 일을 두고두고 후회했다. 그리고 이 일을 계기로 기존의 사고방식을 버리고 더는 이론 분석에 집착하지 않았다. 철학자는 이제 무슨 일이든 그저 내면의 생각에 따라 할 뿐, 철저한 분석 따위는 다 쓸데없다고 여겼다. 시간이 흘러 죽음을 앞둔 철학자는 저서를 모두 불태우고 다음과 같은 유언 한마디를 남겼다. "인생 전반부는 주저하지 말아야 하고, 인생 후반부는 후회하지 말아야 한다." 기회가 왔는데도 과도한 분석에 집착하느라 기회를 잡지 못한다면 평생 후회하게 될 것이다.

사람의 일생은 각종 선택이 누적되어 이루어지며, 모든 일은 스스로 내린 선택의 결과라 할 수 있다. 그냥 쉴까, 텔레비전을 볼까? 계속 일할까, 쇼핑하러 갈까? 일찍 일어나서 운동할까, 늦잠이나 푹 잘까? 모두 선택이 필요한 일이다. 선택을 마주했을 때 최선의 대안을 선택하는 과정에 관한 이론이 바로 '의사결정론decision making theory'이다. 이 이론은 탄생한 후로 끊임없이 발전했는데, 같은 시기에도 학자마다 각각 추구하는 방향과 목표가 달라 다양한 관점과 모델이 존재했다. 초기에는 앞서 소개한 이야기의 철학자처럼 뭔가를 결정할 때는 긴 시간을 투자해서 공들여 분석해야 한다는 쪽이 우세했다. 하지만 그러려면 시간과 에너지가 많이 필요하고, 무엇보다 즉각 결정을 내려야 하는 상황에서는 적합하지 않아서 아무래도 실생활에 적용하기가 쉽지 않았다. 그래서 등장한 모델이 '제한된 합리성bounded rationality'이다. 이 모델을 주장하는 사람들은 결정을 내릴 때는 당시 상황에 유리하기만 하면 그만이지 너무 멀리 혹은 깊게 생각할 필요가 없다고 보았다. 이렇게 하면 시간과 에너지를 크게 절약할 수 있다. 또 어떤 사람들은 인류가 탄생한 후로 이렇게 오랫동안 생존할 수 있었던 비결은 특유의 '강한 적응성'이라며, 어떠한 선택을 내리든 결국 그것에 적응하게 되리라고 보았다. 그러므로 그저 가장 자연스러운 본능에 따르면 그만이지, 이성적인 분석 따위는 전혀 필요 없다고 생각했다.

의사결정론 안에서 논의되는 다양한 관점과 모델은 무엇이 옳고, 무엇이 틀렸다고 단언하기 어렵다. 사람이 어떠한 선택을 내리는 과정은 아주 복잡다단하기 때문이다. 한 가지 분명한 것은 어떤 선택이든 모두 동기의 영향을 받는다는 사실이다. 동기가 다르면 결정과 선택도 달라진다.

살면서 기회를 마주하면 주저하지 말고 용감하게 실천해야 한다. 너무 많이, 너무 오래 생각했다가는 다 놓치고 아무것도 손에 쥐지 못할 것이다. 하버드 대학의 한 교수는 학생들에게 이렇게 말했다. "기회가 왔다고 생각되면 용기를 내서 기회를 잡으세요. 주저하지 마세요. 여러분이 상상하는 완벽한 기회란 존재하지 않습니다!"

행동이 삶의 질을 결정한다

━━ 프랑스 리옹 근교의 작은 마을 오트리브Hauterives에는 팔레 이데알Palais Idéal, 바로 '꿈의 궁전'이 있다. 팔레 이데알은 건축물 자체도 탄성이 끊이지 않을 만큼 아름답고 매력적이지만 이곳을 만든 사람도 매우 흥미롭다. 19세기 사람인 페르디낭 슈발Ferdinand Cheval은 시골의 집배원이었다. 그는 매일 마을 몇 곳을 돌며 집마다 우편물을 배달했다. 무거운 가방을 들고 울퉁불퉁한 시골길을 걸으면 바닥에 나동그라지는 일이 다반사였다. 어느 날 또 돌부리에 걸려 넘어진 그는 바지를 툭툭 털며 일어났다. 그런데 그날따라 왠지 그 돌이 눈에 들어왔다. 슈발은 고개를 숙이고 유심히 돌을 관찰하다가 그 기이한 모양에 마음을 빼앗겼고, 돌을 가져가기로 했다. 안 그래도 무거운 가방에 제법 큰 돌까지 넣으니 길을 걷는 발걸음이 천근만근이었다. 가방 안에 있는 돌을 본 사람들은 대체 무슨 짓이냐며 당장 돌을 버리라

고 했지만 슈발은 말을 듣지 않았다. 그는 끝까지 돌을 가방에 넣은 채로 그 날 배달을 마쳤다. 이후에도 슈발은 길을 걷다가 마음이 가는 돌이 있으면 꼭 가방에 담아 집으로 가져오곤 했다.

시간이 흘러 집에 가져온 돌이 많아지자, 이 돌들을 이용해서 뭔가 만들고 싶다는 생각이 들었다. 다음 날부터 슈발은 가방이 아니라 바퀴가 하나 달린 손수레를 밀면서 우편물을 배달하기 시작했다. 더 많은 돌을 담아오기 위해서였다. 손수레에 담은 돌이 많아질수록 배달이 고되었지만 포기하지 않았다. 마음에 드는 돌을 많이 발견한 날은 더 즐겁기만 했다. 슈발은 낮에 각 마을을 돌며 우편물을 배달하면서 돌을 줍고, 저녁에는 아름다운 돌을 하나씩 올려서 자신만의 성을 짓기 시작했다. 건축학을 공부한 적 없으므로 오직 자기만의 방식으로 만들었다.

슈발이 매일 쉬지도 않고 성을 짓는 걸 본 사람들은 아무래도 미쳤나 보다고 손가락질했다. 하지만 슈발은 아랑곳하지 않고, 자신의 꿈을 짓는 일에 완전히 몰입했다. 그렇게 20여 년을 계속했다. 그동안 슈발은 자신의 집을 크게 둘러싼 건물의 외벽을 완성했다. 고딕, 비잔틴, 힌두……, 다양한 시대와 나라의 건축 양식을 섞은 독특한 형태였다. 하지만 주변 사람들은 여전히 슈발을 인정하지 않았고, 오히려 너무 편집적이고 유치하다며 그가 마치 지독히도 말 안 듣는 어린애 같다고 조롱했다. 그러던 어느 날 우연히 마을을 방문한 기자가 슈발과 그가 짓는 성을 소개하는 기사를 썼고, 이를 계기로 슈발과 팔레 이데알이 프랑스 전역에 널리 알려졌다. 슈발은 팔레 이데알의 입구에 있는 돌 하나에 다음과 같이 새겼다. '나는 꿈을 담은 돌이 얼마나 멀리 갈 수 있는지 궁금했다.' 지금도 볼 수 있는 이 글이 새겨진 돌은 그

옛날 가방을 메고 시골길을 걷던 슈발이 발에 걸려 넘어진 바로 그 돌부리였다.

슈발은 경탄스러운 자신감과 꾸준함으로 누구도 상상하지 못했던 아름다운 성을 완성했고 큰 명성을 떨쳤다. 누구나 인정하는 미덕을 바탕으로 한 좋은 행동은 삶의 질을 높인다. 반대로 나쁜 행동은 삶을 구렁텅이로 몰고 가 궤멸시킨다.

■■■ 18세기 이탈리아에서 이름을 날린 자코모 지롤라모 카사노바^{Giacomo Girolamo Casanova}는 모험가이자 작가, 바람둥이였다. 학생 때부터 도박을 시작한 카사노바는 인생의 굴곡 대부분이 도박과 관련되었다. 그의 전기에 따르면 카사노바에게는 나름의 도박 전략이 있었다. 일단 처음에는 돈을 적게 걸어본다. 그리고 이기면 다음 판에 같은 금액을 걸고, 지면 다음 판에 그 두 배를 거는데 이길 때까지 계속 두 배씩 판돈을 올리는 식이다. 처음에는 이 방법으로 꽤 큰돈을 벌었지만 얼마 지나지 않아 계속 지기만 했다. 급기야 애인을 걸고 도박을 하다가 돈과 애인을 모두 잃은 적도 있다.

카사노바는 나쁜 행동으로 인생을 망친 전형적인 인물이다. 살면서 무슨 일을 하려면 반드시 '세 번 생각하고 실행하기'를 기억하자. 실행에 옮기기 전에 '이렇게 하면 어떤 결과가 나올지'를 충분히 생각해볼 필요가 있다. 그래야만 자신의 인생길을 잘 계획하고, 좋은 행동이 만들어내는 좋은 결과를 기대할 수 있다.

내 삶에 이로운 행동

기 드 모파상^{Guy de Maupassant}은 프랑스의 유명한 작가다. 현실주의 Realism를 비판한 그는 인간의 본성과 현실을 다양한 방식으로 풍자하는 소설로 이름을 날렸다. 다음은 모파상의 단편 소설『목걸이^{La Parure}』의 줄거리다.

■ 아름다운 아가씨 마틸드는 어렸을 때부터 풍족하고 행복한 삶을 동경했지만 가난하고 평범한 교육부 직원 루아젤과 결혼했다. 그녀는 귀부인으로 살기는커녕 하루하루 힘들게 살아야 하는 현실에 무척 낙담했다. 어느 날 마틸드는 교육부 장관이 주최하는 무도회에 초대받고 뛸 듯이 기뻤다. 이야말로 그녀가 늘 꿈꾸던 삶이었다. 매일 밤 열리는 화려한 무도회, 아무 걱정 없이 먹고 마시며 즐겁게 시간을 보내는 날들……, 한껏 흥분한 마틸드는 큰돈을 들여 무도회에 입고 갈 드레스를 샀지만 여기에 어울리는 목걸이가 없다는 생각이 들자 다시 우울해졌다. 장신구 하나 하지 않고 무도회에 가는 건 상상할 수도 없는 일이었다. 모두 나를 비웃을 거야……. 고민 끝에 친구 잔느에게 사정을 이야기했고, 착한 잔느는 마틸드에게 아름다운 목걸이를 빌려주었다.

새 드레스와 화려한 다이아몬드 목걸이로 한껏 멋을 낸 마틸드는 무도회에서 마치 다시 소녀가 된 양 행복한 시간을 보냈다. 목걸이가 없었으면 어쩔 뻔했어, 주눅이 들어서 이렇게 즐겁지 않았겠지! 그러나 꿈같은 무도회가 끝나고 집으로 돌아온 마틸드는 목걸이가 사라졌다는 사실을 알고 소스라치게 놀랐다. 아무리 찾아도 목걸이는 끝끝내 나오지 않았다. 하는 수 없이 마틸드는 돈을 빌려 똑같은 목걸이를 사서 잔느에게 돌려주었다. 안 그래도 넉넉하지 않은 생활을 했던 마틸드 부부는 이후 더 힘들게 살아야 했다. 빚을 갚기 위해 억척스럽게 일해야 하는 처지가 된 마틸드는 시간이 흐르면서 과거의 아름답고 우아했던 모습이 사라졌다. 얼굴에 고생스러운 삶의 무게가 고스란히 드러나서 자기 나이보다 훨씬 늙어 보였다. 그렇게 죽을 둥 살둥 일한 지 20년째 되던 해, 마틸드 부부는 마침내 빚을 전부 갚았다.

어느 날 오랜만에 파리로 간 마틸드는 우연히 친구 잔느를 만났다. 잔느는 많이 변한 친구의 모습을 보고 깜짝 놀라 무슨 일이 있었냐고 물었고, 마틸드는 오래전 일이고 빚을 다 갚았으니 괜찮겠지 싶어 그간의 사정을 솔직히 털어놓았다. 이야기를 모두 들은 잔느는 깜짝 놀라 이렇게 말했다. "내가 그때 너에게 빌려준 목걸이는 가짜였어! 몰랐니?"

　모파상이 그려낸 마틸드는 무척 가련한 여성이다. 그녀는 무도회에서 주목받기 위해 청춘을 전부 바친 셈인데, 이는 모두 허영심이 만들어낸 결과였다. 허영심이 아니었다면 애초에 친구에게 다이아몬드 목걸이를 빌리지 않았고, 다이아몬드 목걸이가 없었다면 잃어버려서 빚을 지지도 않았을 것이다. 또 그랬다면 빚을 갚느라 힘들게 살지 않았을 테고, 세월의 상처를 이겨내지 못하고 청춘과 아름다움을 잃을 일도 없었을 것이다. 사람이 하는 모든 행동은 좋은 영향을 일으킬 수도, 나쁜 영향을 일으킬 수도 있다. 인간 본성의 약점인 허영심은 마틸드가 겪은 일과 비슷한 결과를 만든다. 지금보다 더 나은 삶을 살려면 나뿐 영향을 발생시키는 안 좋은 행동을 최대한 피하고, 자신이 하는 모든 행동이 좋은 영향을 일으키도록 최선을 다해야 한다.

━━ 중학생 샤오정은 공부를 포함한 모든 일을 진득하게 하는 법이 없었다. 이 때문에 샤오정의 부모는 걱정이 이만저만이 아니지만 문제를 해결할 방법을 몰라 답답했다. 하루는 샤오정의 어머니가 자녀 교육에 관한 강연을 들으러 갔다. 교육 전문가인 강연자는 아이를 항상 긍정적으로 칭찬하고 격려해야지 부정적으로 비판하면 안 된다고 말했다. 그래서 샤오정의 어머니는 앞으로 아들이 뭐라도 한 가지 끝까지 완성하면 크게 칭찬하기로 마음먹었다. 다른 아이들에게는 너무 쉬운 일이라도 샤오정에게는 어려운 일이니 꼭 그렇게 하기로 말이다. 공부할 때도 조금이라도 잘하면 온 식구가 나서서 칭찬을 쏟아냈다. 시간이 흐르면서 샤오정의 자신감이 올라갔고, 차츰 주도적으로 변화했다. 공부도 훨씬 열심히 하면서 성적이 크게 올랐다.

샤오정 어머니가 선택한 방법은 정확했다. 자녀 교육 문제에 있어서 칭찬과 격려만큼 효과적인 방법은 없다. 아이의 자신감을 올릴 수 있을 뿐만 아니라, 커다란 발전의 동력까지 제공하기 때문이다. 샤오정 어머니와 다른 가족이 한 행동은 샤오정에게 유익한 영향을 미쳤고, 그가 점점 더 나은 사람이 되도록 이끌었다.

모든 행동은 자신과 타인에게 이롭거나 해로운 영향을 미친다. 그러므로 항상 사고와 인지를 바로잡고, 행동을 규범화해서 생활에 이로운 영향을 미칠 수 있도록 하자.

110

환경이 성격을 만든다

━━ 할아버지, 할머니, 아빠, 엄마는 총총이 원하는 거라면 뭐든지 다 해주었다. 아빠는 회사 일이 바빠서 총총의 교육을 엄마에게 맡겼다. 외향적인 성격인 엄마는 자주 친구들을 불러 집에서 놀았고, 덕분에 총총은 엄마뿐 아니라 여러 이모와 함께 노는 일이 많았다. 총총은 과일을 싫어했다. 아무리 먹이려고 해도 소용이 없자 엄마는 과일을 접시 한가득 담아 와서 이렇게 말했다. "총총, 이 과일 안 먹으면 엄마가 옆집 친구에게 줘버릴 거야!" 그러면 총총은 과일을 싫어하면서도 접시를 받아 조금 먹었다.

고등학교에 들어가면서 총총은 기숙사에서 생활했다. 어렸을 때부터 집에서 오냐오냐 기른 총총은 뭐든지 스스로 알아서 해야 하는 새로운 환경에 적응하기가 무척 힘들었다. 그래도 다행히 성격이 밝고 적극적이어서 기숙사 친구들과 이야기도 많이 하고 그들로부터 도움도 많이 받았다. 얼마 지나지 않아 기숙사 생활에도 잘 적응했고, 별 탈 없이 생활했다. 그 일이 생기기 전까지는 말이다.

학생들은 모두 일주일에 한 번씩 집에 다녀왔다. 그때마다 먹을거리를 가지고 와서 서로 나누어 먹곤 했는데 총총은 한 번도 그러지 않았다. 그는 늘 아무것도 가져오지 않으면서 다른 친구의 것을 얻어먹기만 했다. 어느 날 다른 친구들이 돌아오기 전에 총총은 혼자 집에서 가져온 육포를 먹고 있었다. 한참 맛있게 먹는데 친구들이 방에 들어와 입에 육포를 물고 있는 총총을 보았다. 순간 방 안 공기가 얼어붙었고, 친구들은 아무것도 보지 못한 것처럼 행동했다.

총총의 성격은 엄마와 밀접한 관련이 있다. 그는 외향적인 엄마 덕에 어렸을 때부터 즐겁고 시끌벅적한 환경에서 자랐으며, 역시 밝고 외향적인 사람으로 성장했다. 그래서 기숙사 친구들과도 쉽게 친해질 수 있었다. 문제는 그가 나누는 법을 모르고 다분히 자기중심적이라는 사실이었다. 이 역시 엄마의 교육방식과 관련 있다. 엄마는 네가 먹지 않으면 다른 친구에게 주겠다는 말로 총총에게 과일을 먹였다. 이는 총총이 '독차지'에 집착하는 아이로 자라게 했다.

사람의 성격은 가족을 비롯한 주변 사람들로부터 영향을 받아 형성된다. 예를 들어 엄마가 친절하고 밝은 사람이면 아이들 성격도 대체로 그러하다. 반대로 엄마가 조용하고 내성적인 사람이면 다른 아이들과의 교류 기회를 많이 만들어주지 못하므로 아이 역시 편향적이고 내성적이기 쉽다.

물론 엄마가 성격이나 다른 방면에 영향을 미치는 유일한 사람은 아니다. 어렸을 때 자주 접하는 사람들, 환경, 사건들이 모두 성격 형성, 행동방식에 영향을 미친다. "붉은색을 가까이하면 붉게 물들고, 먹을 가까이하면 검게 물든다近朱者赤近墨者黑"라는 말과도 일맥상통한다. 심리학자들이 늑대 무리에서 자란 소년을 연구했더니 늑대소년은 인간의 뇌를 가지고 있으면서도 늑대와 똑같은 성격적 특징을 보였다고 한다.

"강산은 쉽게 바뀌어도 사람의 본성은 바꾸기 어렵다"라는 말은 성격은 타고난 것이라 바꿀 수 없다는 의미지만 사실은 그렇지 않다. 사람의 성격은 타고난 유전과 후천적 환경의 영향으로 결정되는데 두 가지 중에서 후천적 환경이 더 큰 역할을 한다. 그래서 성격을 바꾸는 일은 생각만큼 어렵지 않다. 특히 유년 시절이라면 더욱 그러하다. 예컨대 아이가 명랑하고 외향적인 사람으로 자라나길 바란다면 그런 사람과 만날 기회를 많이 만들어주어야 한다.

성인이 되어서도 환경은 중요하다. 스스로 의지가 약하다고 생각하면 일부러 의지가 강하고 과단성이 돋보이는 사람과 더 많이 접촉해서 그로부터 자극을 받아야 한다. 시간이 흐르면 자신도 어느새 그러한 성격적 매력을 갖춘 사람임을 알게 될 것이다.

삶을 더 빛나게 하는 심리학

제3부

생활 속
심리학

사람은
누구나
독특하다

인격이란 무엇인가?

인격personality을 뜻하는 라틴어 'persona'는 '가면'이라는 의미다. 우리는 모두 서로 다른 가면을 쓰고 있고, 가면 즉 인격은 타인과 구분되는 특징이 된다. 실제로 모든 사람은 각기 다른 인격을 지녔다. 심리학에서 인격은 사람이 사회 환경과 상호작용하는 과정에서 일관되게 나타나는 성격 및 경향, 그에 따른 독자적인 행위방식, 사고방식, 감정반응을 가리킨다.

문학작품에는 작가가 빚어낸 독특한 인물들이 등장한다. 루쉰魯迅의 『아Q정전阿Q正傳』에서 주인공 아Q는 집도 절도 없는 최하층 날품팔이

116

농민으로 구시대 사회 구조 속에서 각종 압박과 모욕을 받는다. 하지만 그는 저항할 줄 모르고, 돈 몇 푼만 던져주면 신이 나서 만족하는 비굴한 인물이다. 오노레 드발자크^{Honoré de Balzac}의 『외제니 그랑데^{Eugenie Grandet}』에는 지독하게 탐욕스러우며 독선적이고, 흉포하고 위선적인 수전노 상인이 등장한다. 영화에도 기억에 남는 인물들이 많다. 영화 〈포레스트 검프^{Forrest Gump}〉의 주인공 포레스트 검프는 남들보다 조금 떨어지는 지능을 가졌지만 열심히 노력해서 누구보다 멋진 삶을 산다. 또 영화 〈타이타닉^{Titanic}〉에는 사랑하는 여인을 위해 기꺼이 목숨을 버리는 청년 잭이, 〈여인의 향기^{Scent of a Woman}〉에는 사고로 시력을 잃은 괴팍한 성격의 퇴역 장교 프랭크 슬레이드가 등장한다. 이처럼 다양한 인물의 두드러지는 특성이 바로 인격이다. 미국 사상가 랠프 월도 에머슨^{Ralph Waldo Emerson}은 "아무리 많은 일을 했더라도 그가 한 모든 일에서 같은 성격이 드러난다"라고 말했다. 인격은 비교적 안정되었으며 예측할 수 있고, 그 사람의 머릿속 생각이 구체적인 행동으로 발전하는 방식을 설명한다.

━━ 부모가 일찍 세상을 떠난 후 형제는 서로 의지하며 살았다. 하지만 두 사람은 성격이 확연히 달라서 형은 매사에 성실했지만 동생은 무척 게을렀다.

성인이 된 후 형제는 앞으로 어떻게 살아갈지 상의했다. "계속 이런 산골에 살다가는 평생 입에 풀칠할 걱정을 해야 할 거야. 출세는 꿈도 못 꾸겠지. 그러니 바깥세상으로 나가야 해!" 이렇게 해서 두 형제는 고향을 떠나 각자 살

길을 찾아 떠났다.

큰 도시로 간 형은 닥치는 대로 일하며 제대로 된 직업을 구하려고 애쓴 끝에 마침내 염색장인의 도제로 들어갔다. 그는 매일 아침, 아직 어스름할 때 일어나 마당과 집 앞을 깨끗이 쓸고 스승을 위해 차를 끓였으며, 종일 잠시도 쉬지 않고 일했다. 이렇게 3년이 지나자 스승은 착하고 성실한 제자에게 집안 대대로 내려오는 염색법을 전수해주었다. 형은 여기에 만족하지 않고 더 많이 연구해서 새로운 염색법을 개발했다. 그가 염색한 천은 색이 선명하고 시간이 지나도 바래지 않아서 가게에 손님이 끊이지 않았다. 하지만 형은 자만하지 않고 언제나 공손한 태도를 잃지 않았으며, 예전과 마찬가지로 열심히 일했다. 스승은 그를 사위로 맞아 작업장과 가게를 맡겼다. 몇 년 후 형은 근방에서 가장 이름난 상인이 되었다.

동생은 형과 전혀 다른 삶을 살았다. 그 역시 또 다른 염색장인의 도제로 들어갔지만 워낙 게으른 탓에 얼마 못 가 쫓겨났다. 이후에 제대로 된 직장을 구하지 못하고 거리를 떠돌던 그는 우연히 도박에 손댔다. 될 대로 되라는 심정으로 가지고 있는 얼마 안 되는 돈을 걸었는데 운 좋게 돈을 따서 달콤한 맛을 보았다. 이후 그는 계속 도박판을 어슬렁거렸다. 다행히 매번 돈을 따서 이 도시에서 꽤 알아주는 도박꾼이 되었고, 나중에는 아예 직접 도박장을 운영하기까지 했다. 하지만 운이 영원할 리 없었다. 얼마 후 그는 가진 돈을 모두 잃고 큰 빚까지 져서 다시 거리를 떠돌며 유랑생활을 했다.

형과 동생의 운명이 확연히 달랐던 까닭은 두 사람의 인격이 달랐기 때문이다. 어렸을 때부터 성실하고 부지런했던 형은 성인이 되어서도 한눈팔지 않고 열심히 일해서 행복하게 살았다. 반면 동생은 천성이 게으르고 제대로 일할 생각이 없는 사람이라 결국 비참한 인생을 살아야 했다. 서로 다른 인격을 지닌 사람들은 인생길 역시 다를 수밖에 없다.

인격은 유전, 교육, 환경 등의 요소가 서로 얽히고설켜서 복합적으로 작용한 결과다. 심리학에서는 인격을 크게 두 가지, 즉 성격과 기질로 구분한다. 성격character 은 생활 태도와 행위방식을, 기질temperament 은 심리 활동과 행동 특성을 결정한다.

아홉 가지 성격

심리학자들은 인격 유형을 구분하는 연구를 꾸준히 계속했으며, 지금도 이와 관련한 다양한 학설과 이론이 존재한다. 그중 고대 서양의 지혜에서 유래한 '에니어그램Enneagram'이 잘 알려진 편이다. 에니어그램 성격유형론은 인간의 성격을 아홉 가지로 구분한다.

심리학자 알렉산더 토머스Alexander Thomas 와 스텔라 체스Stella Chess 는 유아기의 기질을 연구했다. 그들이 제시한 아홉 가지 기질 차원은 활동 수준, 리듬성, 주의분산도, 접근과 철회, 적응성, 주의력과 끈기, 반응 강도, 반응의 역치, 정서의 질이다. 이 아홉 가지 기질에 기반한 에니어그램은 다음과 같이 성격을 구분한다.

1번 유형: 이성적이고 완벽을 추구하는 개혁가

이상을 실현하기 위한 노력을 아끼지 않는다. 언제나 모든 일을 완전하게 해내기 바라며 완벽하고 올바른 것에 집착한다. 그렇지 않으면 사랑받지 못한다고 생각하기 때문이다. 원칙을 중요시하고 쉽게 타협하지 않으며 옳고 그름이 명확한 사람이다. 실수하지 않기 위해 자기반성을 게을리하지 않으며 늘 엄격한 태도로 스스로를 압박한다. 자신뿐 아니라 타인도 자신과 같기를 바라므로 가혹할 정도로 비판적이고 독선적이다.

2번 유형: 사교적이고 대인관계를 존중하는 조력자

남을 도와주기를 좋아하고 필요한 사람이 되고자 한다. 타인에 관심이 많고 그들의 감정에 민감하게 반응하므로 남의 기분에 잘 맞춰준다. 자신의 헌신과 사랑을 타인이 받아들일 때 가장 큰 만족감을 느끼며 그래야만 인생이 가치 있다고 믿는다. 흔히 말하는 '참 좋은 사람'으로, 정이 많고 마음이 넓으며 친절하고 세심하다. 하지만 사실 자의식이 부족해서 타인의 필요를 통해 자기 존재의 가치를 찾으려는 경향이 많다. 남을 돌보느라 정작 자기 문제는 알지 못하며, 알아도 제대로 해결하지 못한다.

3번 유형: 야망 있고 성공 지향적인 성취자

성공과 유능함을 추구한다. 싸워 이기는 것을 좋아하며, 다른 사람과 비교해서 우위에 서기를 바란다. 성취의 크기가 곧 그 사람의 가치라고 믿는다. 역할이나 지위로 주목받기 원하며 타인의 존중과 인정을 중요하게 생각한다. 대체로 자신만만하고 활력이 넘쳐 보이며 먼 미래까지 인생 계획이 다 짜여 있다. 실적과 성공에 지나치게 집착하므로 실패로부터 도망치곤 한다.

4번 유형: 내성적이고 낭만적인 예술가

독특함과 유일무이함을 원한다. 자신을 타인과 차별화시키려 하며 특별해지기를 소망한다. 낭만을 추구하며 섬세하고 상상력도 뛰어나다. 예술적 재능이 있어서 늘 아름답고 감동적인 것을 추구한다. 지나치게 내성적이고 감정의 기복이 심한 편이라 쉽게 상처받고 우울해진다. 타인에게 거절당하는 걸 두려워하며 질투심이 심하다.

5번 유형: 분석력과 통찰력이 있는 사색가

지식 탐구를 즐긴다. 유능해지기 위해서 지식과 정보 수집에 집착하지만 그에 비해 행동력은 부족한 편이다. 물질보다는 정신세계에 더 집중한다. 감정 처리가 미숙해서 자신의 감정에 제대로 대처하지도 드러내지도 못한다. 지식은 풍부하지만 대체로 내성적이고 소극적이며 활력이 부족하다.

6번 유형: 책임감이 강하고 안전을 중시하는 충성가

충성심이 뛰어나고 안전을 추구하며 신중한 태도가 습관이 되어 있다. 폐쇄적이고 겁이 많아서 다른 사람을 쉽게 믿지 않는다. 규범과 규칙에 충실하고 공동체 의식이 강하다. 호감형이며 다른 사람을 잘 돌본다. 관심받기를 좋아하지 않으며 현 상황에 안주하는 편이다. 한편으로는 권위를 믿고 따르지만 또 다른 한편으로는 권위에 저항하는 모습도 보인다. 타인의 사랑과 관심을 받아야 안정감을 느낀다. 회사가 바라는 가장 좋은 직원상이다.

7번 유형: 바쁘고 생산적인 낙천가

태생이 명랑하고 낙천적인 사람이다. 신선한 자극을 추구하며 삶을 즐기며 살고 싶지 진지하고 성실하게 일하며 살고 싶지 않다. 스트레스, 고통, 불행을 두려워하므로 어떤 일에서든 쾌락과 재미를 찾으려고 노력한다. 다재다능하며 사람이나 일을 대할 때 늘 웃고 즐긴다.

8번 유형: 힘 있고 적극적인 지도자

리더십이 강하고 권력과 승리를 추구한다. 자신감과 정의감이 넘쳐 큰일을 하는 데 주저함이 없는 행동파다. 모두를 이끌고 정의를 향해 나아갈 준비가 되어 있으며 늘 강하고 힘이 넘친다. 하지만 다소 공격적이고 자기중심적이어서 자신의 문제를 인정하지 않으며, 남을 통제하려고 든다.

9번 유형: 조화와 평화를 바라는 중재자

안정과 평화를 추구하며 포용력이 있다. 온순하며 인내심이 강하고, 항상 착하다. 타인과의 긴장, 충돌, 갈등을 피하려고 하며 모든 일이 우호적인 분위기에서 평화롭게 진행되기를 바란다. 안 좋은 일은 무시하기 때문에 현실적인 대처 능력이 부족하다.

━━ 레이펑雷鋒[1]은 자신의 책을 동료 병사들에게 빌려주어 공부하게 했다. 그마저도 힘든 사람들은 아예 한 명씩 데리고 직접 글쓰기와 계산을 가르쳤다. 그중 한 명의 아버지가 큰 병을 앓는다는 소식을 들었을 때는 동료 대신 집에 보낼 편지를 써주고 10위안까지 같이 넣어 부쳤다. 어느 날 동료 병사 한 명이 야간 순찰을 나갔다가 돌아왔는데 바지에 구멍이 숭숭 나 있었다. 이를 본 레이펑은 얼른 자기 모자를 뜯어서 실을 뽑아 밤새 한숨도 자지 않고 꿰매주었다.

---

[1] 중국 인민해방군의 모범병사. 중국 현대사에서 희생과 봉사의 상징이자 영웅으로 추앙받고 있다. '레이펑 정신'은 중국인이 반드시 배우고 실천해야 할 덕목으로 꼽힌다.

헌신적인 레이펑의 일화들로 미루어보건대 아마도 그는 2번 유형, '사교적이고 대인관계를 존중하는 조력자'로 보인다. 이처럼 대략적으로나마 자신과 주변 사람들을 에니어그램의 아홉 가지 유형으로 구분해보자. 경영자라면 에니어그램을 이용해 직원들을 알맞은 자리에 배치해서 인적자원을 효율적으로 활용할 수 있다.

성격 특성을 발휘하라

고대 그리스의 철학자 소크라테스Socrates 와 그의 제자 플라톤Platon, 그리고 플라톤의 제자 아리스토텔레스Aristoteles 는 서양 철학의 기초를 세운 인물들이다. 이 중 소크라테스는 뛰어난 지혜와 사상뿐 아니라 유머 감각으로도 유명하다.

━━ 당시 수많은 젊은이가 소크라테스에게 변론술을 배우기 바랐다. 하루는 나이가 어려 한눈에 봐도 세상 물정을 모르겠다 싶은 소년이 소크라테스를 찾아왔다. 소년은 동경하는 위대한 철학자와 이야기를 나누면서도 전혀 떨지 않고 청산유수였다. 내내 별다른 반응을 보이지 않던 소크라테스는 마지막으로 학비를 이야기하면서 소년에게 다른 제자의 두 배를 내라고 했다. 당황한 소년은 소크라테스가 일부러 자신을 골탕 먹이려 한다고 여기고, 이유를 따져 물었다. 그러자 소크라테스는 차분한 목소리로 이렇게 대답했다. "자네는 다른 제자들보다 가르치기가 더 어렵기 때문이네. 다른 제자들은

변론술만 가르치면 되는데, 자네는 우선 입을 어떻게 다무는지 가르친 후에 다시 변론술을 가르쳐야 하거든." 대답을 들은 소년은 더 말하지 못하고 부끄러워 고개를 푹 숙였다. 이렇게 해서 소크라테스는 언짢은 기색 한번 없이 소년이 스스로 자신의 잘못과 경박함을 깨닫게 했다.

우아한 유머를 구사한 소크라테스와 달리 그의 아내는 매우 거칠고 상스러운 사람이었다. 그녀는 거의 매일 아무 이유도 없이 욕을 퍼부으며 남편을 구박했다. 어느 날 집에 돌아온 소크라테스는 아내가 평소처럼 쉬지 않고 잔소리를 하는 통에 도무지 쉴 수 없었다. 잔소리가 끝나니 이번에는 사납고 천박한 욕지거리가 시작되었지만 소크라테스는 익숙한 일인 듯 한쪽 귀로 듣고 다른 한쪽 귀로 흘려보내면서 앉은 채 담배만 피웠다. 그의 이런 모습은 아내의 화를 더 돋웠고, 참지 못한 그녀는 물이 담긴 대야를 냅다 들어올려서 남편의 머리 위에 쏟아부었다. 물벼락을 맞은 소크라테스는 온몸이 젖어 물이 뚝뚝 떨어지는데도 화를 내기는커녕 인상 한 번 찡그리지 않았다. 이 광경을 본 이웃이 답답해서 소크라테스에게 물었다. "아내가 저렇게 욕을 하고 물까지 끼얹는데 왜 한마디도 하지 않는 거요?" 소크라테스는 물에 젖은 옷을 짜면서 담담하게 대답했다. "천둥 번개가 쳤으니 분명히 큰비가 한 번 내리겠다고 생각했거든요." 그는 이처럼 유머러스한 대답으로 어색하고 난처한 상황을 잘 무마했다. 이 일이 있고 난 후 아내가 남편을 대하는 태도가 조금 나아졌다고 한다.

소크라테스는 언제 어디서든 제자들을 가르치며 자신의 사상을 전파했다. 하지만 권력자들은 모두 '사악한 궤변'에 불과하다면서 그를 재판해 사형선고를 내렸다. 사람들은 수레에 실려 형장으로 끌려가는 소크라테스를 보며 말도 안 되는 누명을 썼다고 안타까워했다. 사형 집행 날, 군중 속에서 한 사람이 소크라테스를 향해 외쳤다. "어찌 아무 죄도 없이 사형을 당한단 말입니까!" 그러자 소크라테스는 이렇게 맞받아쳤다. "그럼 죄를 지어 사형당하라는 말이오?"

억울한 죽음을 앞둔 순간에도 소크라테스는 특유의 유머 감각을 잃지 않았다. 이후에도 사람들은 이 재미있고 매력적인 위대한 철학가를 오래도록 기억했다.

'미국 현대문학의 효시', '미국 문학의 링컨'으로 평가받는 작가 마크 트웨인 역시 소크라테스처럼 유머 감각이 뛰어난 사람이었다.

━━ 어느 날 마크 트웨인은 파티에서 만난 여성에게 매우 정중하게 칭찬을 건넸다. "정말 아름다우시군요. 오늘 입은 드레스도 아주 고상하고 훌륭합니다." 하지만 여성은 조금도 기쁜 내색 없이 불쾌한 표정으로 거만하고 무례하게 말했다. "죄송하지만, 저는 같은 말을 해드릴 수가 없겠네요." 당황할 법도 한데 마크 트웨인은 조금도 개의치 않고, 차분한 목소리로 말했다. "오! 그렇지 않아요. 부인도 저처럼 거짓말을 잘하실 수 있을 겁니다!"

작가로 유명해진 후 많은 독자가 마크 트웨인에게 편지를 보냈다. 그중 한 작가 지망생의 편지가 마크 트웨인의 눈길을 사로잡았다. "생선 가시에 인燐 성분이 많이 함유되었는데, 두뇌 활동에 좋다고 하더군요. 그러니 위대한 작가가 되려면 생선 가시를 많이 먹는 편이 나을까요? 혹시 작가님도 생선 가시를 많이 드셨는지요? 그렇다면 어떤 생선을 드셨는지 알려주실 수 있나요?" 마크 트웨인은 매우 재밌어하면서 바로 펜을 들어 답장을 썼다. "글을 읽어보니 적어도 고래 한 마리 정도는 드셔야 작가가 될 수 있겠습니다!"

유머 감각은 매우 독특하면서도 지혜로운 성격 특성 중 하나다. 유머러스한 사람은 매력적이고, 성공한 인물 대부분이 이 성격 특성을 갖췄다고 해도 과언이 아니다. 우리는 모두 각각의 성격 특성이 있다. 그중에는 사는 데 이로운 것도, 해로운 것도 있다. 자신을 정확히 돌아보고 성격 특성을 정확히 파악해서 이로운 것을 최대한 발휘하고, 해로운 것은 최대한 억제할 줄 알아야 한다. 각 성격 특성의 가치를 최대화해서 삶에 도움이 되도록 하는 것이야말로 심리학의 중요한 목표 중 하나다.

내 안의 또 다른 나

중국 남성복 브랜드 셉울브스SEPTWOLVES의 광고 문구 '남자의 얼굴은 하나가 아니다'가 큰 화제가 된 적이 있다. 광고 문구처럼 실제로 성격 특성은 한번 정해졌다고 고정되거나 불변하지 않는다. 심리학 용어인 '중다성격multiple personality, 重多性格'은 한 개인이 서로 다른 때에 두 개혹은 여러 개의 성격 특성을 보이는 현상을 가리키는데 이것만으로는 어떠한 장애나 질병이라 할 수 없다. 하지만 한 가지 성격 특성이 출현했을 때 자신의 다른 성격 특성을 전혀 인식하지 못하거나 부분적으로 인식하면 질병으로 봐야 한다.

이러한 '인격장애personality disorder'는 인지, 감정반응, 인간관계, 충동 제어 중 적어도 두 가지 이상에서 보통의 수준을 벗어나는 편향된 상태 혹은 기능의 장애를 지속해서 일으키는 성격 이상을 가리킨다. 한 개인이 가정, 학교, 직장 혹은 친구집단에서 이상행동을 하면서 자신과 타인 모두에게 일정한 고통, 심지어 상처를 입히면 명백한 '인격장애'라 할 수 있다. 인격장애는 특징적 행동에 근거해 세부적으로 분류할 수 있다. 예를 들어 타인을 신뢰하지 못하고 그들의 모든 행위에 나쁜 동기가 있다고 의심하는 편집성 인격장애, 사람들과 어울리지 못하고 지나치게 내향적이며 빈약한 정서를 보이는 분열성 인격장애, 친밀한 관계일수록 불안감을 느끼며 고립되고 괴이한 행동을 보이는 분열형 인격장애, 타인의 권리를 인정하지 않거나 침해하는 자기중심적인 반사회적 인격장애가 있다. 이 외에 경계성 인격장애, 자기애적 인격장애, 회피성 인격장애, 의존성 인격장애, 강박적 인격장애 등이 있으나 여기에서 세세히 다루지는 않는다.

1937년 미국 사회심리학자 고든 올포트Gordon W. Allport는 '개인적 성향personal dispositions'의 개념을 제안했다. 그에 따르면 개인적 성향은 다시 주특질cardinal traits, 이차적 특질secondary traits, 중심특질central traits로 나눌 수 있다. 주특질은 개인의 모든 생활에서 두드러지게 나타나며 행위에 가장 큰 영향을 미친다. 예컨대 『홍루몽紅樓夢』의 여주인공 임대옥林黛玉의 주특질은 지나친 걱정과 사색이다. 이차적 특질은 평소에는 잘 드러나지 않으나 특정한 때와 환경에서 불쑥 출현한다. 또 중심특질은

128

그 사람의 주요 특성을 구성하는 몇 가지 중요한 성향으로, 사람마다 약 5~10개 정도가 있다.

━━ 마이크 타이슨Mike Tyson은 전 세계인이 인정하는 세계 최정상급 권투선수다. 1986년 11월 23일, 타이슨은 WBC 헤비급 권투시합에서 트레버 버빅Trevor Berbick을 누르고 역사상 최연소 헤비급 세계 챔피언이 되었다. 이후에도 크고 작은 시합에서 최고의 경기력을 자랑하며 WBA, WBC, IBF의 챔피언 벨트를 모두 거머쥐면서 엄청난 대중적 인기를 얻었다. 사람들은 이 무서울 것 없는 챔피언이 주먹 하나로 '타이슨 시대'를 열었다며 열광했다. 1997년 6월 28일 에반더 홀리필드Evander Holyfield와의 2차전, 타이슨의 명성과 인기가 한순간에 나락으로 떨어지는 사건이 발생했다. 그날 타이슨은 홀리필드가 시합 중에 계속 껴안으면서 헤드버팅을 하자 짜증이 났고, 화를 참지 못해 홀리필드의 귀를 두 번 물어뜯었다. 이 경기 후 타이슨은 네바다 주Nevada 선수자격을 박탈당하고 300만 달러의 벌금을 물어야 했다. 찬양 일색이던 언론도 완전히 돌아서서 타이슨에게 폭력, 무례, 충동, 야만 등의 불명예스러운 꼬리표를 붙였다. 하지만 이런 꼬리표들은 그저 겉으로 보이는 일면일 뿐, 사실 타이슨에게는 잘 알려지지 않은 부드러운 면이 분명히 있었다.

결혼생활은 행복하지 않았지만 타이슨은 아이들을 끔찍이 사랑했다. 친구이자 매니저인 밥 밀러Bob Miller는 "마이크는 아이들이 원하는 일이라면 무슨 방법을 써서라도 반드시 했어요. 아무리 힘든 일이라도요. 원래 욕을 잘하지만, 아이들 앞에서는 절대 하지 않아요. 애들이 아기였을 때 발가락에 입을 맞추면서 사랑이 넘치는 눈으로 바라보는 모습은 정말이지 보지 않고는 못 믿을 겁니다"라고 말했다. 하지만 아내와 이혼 후 타이슨은 스스로 양육권을 포기했다. 자신보다 아내가 아이들에게 더 좋은 교육과 성장환경을 제공하리라고 여겼기 때문이다. "그날 마이크는 내 어깨에 얼굴을 파묻고 엉엉 울면서 말했어요. 아무도 자신을 제대로 알려고 하지 않는다고요."

   링 위에서 타이슨은 대중에게 언제나 강하고 거친 면을 보였다. 밀러의 이야기가 아니었다면 아마 이토록 사나운 야수 같은 타이슨에게 부드러운 면이 있다고 전혀 생각하지 못했을 것이다. 사실은 이것이 진짜 마이크 타이슨인데도 말이다. 우리는 살면서 많은 사람을 만난다. 그들은 보통 하나의 성격 특성을 드러내지만 특정한 상황에서는 전혀 그답지 않게 행동할 것이다. 바로 인격의 다른 면을 드러내는 것이다. 이를 알아야 자신과 타인이 느닷없이 평소와 다른 이상한 행동을 하더라도 담담히 대처할 수 있다.

가면의 뒤를 보라!

한 미국 심리학자가 같은 대학의 서로 모르는 여학생 56명을 피실험자로 삼아 2인 1조로 총 28조를 만들었다. 실험 장소에는 한 조씩 들어가고 나머지 조는 밖에서 기다리게 했다. 각 조 구성원 두 사람은 각각 당사자와 방관자의 역할을 맡았다. 심리학자는 당사자에게 며칠 뒤 한 은행의 실무조사단이 장학금 지원을 논의하러 학교를 방문하는데 그때 학교를 안내하는 일을 맡아달라고 했다. 물론 보수가 지급되겠지만 무척 적은 돈이라고도 덧붙였다. 당사자가 동의 혹은 거절의 반응을 보이면 실험자는 곧이어 혹시 재단의 로비활동을 도와줄 의향이 있냐고 물었다. 방관자는 이 모든 과정을 보고 있었다. 그런 후에 심리학자는 두 사람을 분리하고 당사자에게는 로비활동을 하고 싶은지, 방관자에게는 당사자가 로비활동을 하고 싶어 할지를 묻는 질문지를 각각 배부했다. 질문지는 9점 척도로 최고점인 8점은 '무척 하고 싶다', 최저점인 0점은 '하기 싫다'였다.

당사자와 방관자는 어떤 대답을 내놓았을까? 우선 당사자에게 안내 업무의 선택 여부는 로비활동 선택에 큰 영향을 주지 않았다. 안내 업무는 안 하고 로비활동만 하겠다고 한 사람도 꽤 있었다. 반면에 방관자는 당사자의 안내 업무 수락 여부와 로비활동 수락 여부를 같게 보았다. 그들은 당사자의 첫 번째 결정이 비교적 안정된 성격 특성이라고 보았다. 그래서 안내 업무를 받아들였으면 로비활동도 할 거고, 안내 업무를 받아들이지 않았으면 로비활동도 안 할 거라 생각했다.

이 실험에서 알 수 있듯이 선택을 마주했을 때 당사자는 외부 환경 요인으로 자신의 행위를 해석한다. 반면에 옆에서 보는 사람은 당사자의 안정된 성격의 영향에 근거해 판단을 내린다. 이것이 바로 '암묵적 성격 이론implicit personality theory'2이다. 암묵적 성격 이론은 같은 사건을 마주했을 때 당사자와 방관자의 귀인 양식Attributional style3이 다름을 의미한다. 당사자는 원인을 자신 이외의 객관적 조건이나 환경 등의 요소에 귀결시키는 데 반해 방관자는 원인을 당사자 자체에 귀결시키는 경향을 보인다. 이런 이유로 같은 사건을 마주하고도 당사자와 방관자가 전혀 다른 해석을 내리는 것이다. 자기 가족이 다른 사람과 갈등을 빚으면 항상 가족 말이 맞는 것 같고, 좋아하는 선생님의 방법이 언제나 옳은 것 같은 이유가 바로 여기에 있다.

중국 옛말에 '바둑 두는 사람보다 옆에서 구경하는 사람이 수를 더 잘 읽는다'라는 말이 있다. 직접 일을 당한 사람은 이해득실이나 사사로운 인간관계에 발목이 잡혀 전체 국면을 제대로 보지 못하지만 옆에서 보는 사람은 오히려 이성적인 눈과 사고로 제대로 파악한다는 의미다.

실제로 바둑을 둘 때 전체를 보지 않고 어느 한 부분에서만 승부를 보려고 하는 사람들이 있다. 이런 사람들은 대부분 바둑에서 패한다. 바둑을 둘 때는 옆에서 훈수 두는 사람이 되어 자신과 타인의 수를 꿰뚫어 봐야 한다. 그래야만 전체 국면을 이해해서 다음 수의 방향을 찾고 승리의 기회를 잡을 수 있다.

---

2 '내현성격 이론'이라고도 한다.
3 귀인(attribution, 歸因)이란 특정한 행위의 원인을 추론하고 결정하는 과정이다.

판단을 내려야 할 때는 좀 더 이성적으로 자신과 타인의 행위가 합리적인지 따져보아야 한다. 상대방의 행위가 단순히 그의 성격 특성 때문이라고 치부하지 말고, 어쩌면 환경의 영향을 받았을 가능성이 있다고 생각할 필요가 있다. 바둑을 두고 있으면서도 '수를 읽지 못하는' 낭패를 당하지 않으려면 재빨리 훈수 두는 사람이 되어서 '제대로 수를 읽는 법'을 익히자.

삶을
결정하는
성격

네 가지 기질

　고대 로마의 의학자 클라우디우스 갈레누스$^{Claudius\ Galenus}$는 고대 그리스의 체액설^{Humorism}을 바탕으로 사람의 네 가지 기질을 제시했다. 체액설은 고대 그리스의 철학자 엠페도클레스^{Empedocles}가 주장한 4원소설에 근간을 두고 있다. 그는 세상의 모든 물질이 흙, 공기, 불, 물의 네 가지 원소로 구성되었다고 주장했다. 엠페도클레스에 따르면 흙은 차갑고 건조하며, 공기는 따뜻하고 습하다. 또 불은 따뜻하고 건조하며, 물은 차갑고 습하다. 이후 '의학의 아버지' 히포크라테스^{Hippocrates}가 인간의 몸 안에 혈액, 점액, 황담즙, 흑담즙의 네 가지 체액이 있으며 그 양과 배합, 균형이 체질을 결정한다는 이론을 내놓았다. 그리고 다시 수백 년이 흐른 후 갈레누스가 체액설을 심리학에까지 확장했다.

갈레누스가 말한 네 가지 기질, 즉 다혈질sanguine, 점액질phlegmatic, 담즙질choleric, 우울질melancholic은 서로 다른 성격 유형 네 가지를 가리킨다. 몸에 혈액이 많은 다혈질은 항상 친절하고 낙관적이며 자신감이 넘친다. 그들은 기쁘지 않은 일이 없으며, 설령 있더라도 금세 잊는다. 점액이 많은 점액질은 조용하고 이성적이며 의지가 강하다. 그래서 문제가 생기면 차분하고 냉정하게 처리할 줄 안다. 황담즙이 많은 담즙질은 불같은 성격으로 정력적이며, 흑담즙이 많은 우울질은 예술가와 시인처럼 낭만적이지만 걱정이 많고 쉽게 슬프거나 두려워한다.

구소련의 한 심리학자가 갈레누스의 네 가지 기질에 해당하는 사람들이 똑같은 상황에서 각기 어떤 반응을 보이는지 실험했다. 우선 심리학자는 각 기질에 해당하는 피실험자 네 명에게 연극을 보러 가라고 지시하고 일부러 시간을 틀리게 알려주었다. 네 사람은 모두 입장 시간을 넘겨 도착한 바람에 극장 입구에서 저지당했다. 먼저 담즙질의 신사가 검표원에게 돈을 들여 표를 샀는데, 조금 늦었다고 연극을 못 보게 하면 돈을 날리라는 거냐고 언쟁을 벌이기 시작했다. 말을 할수록 흥분해서 나중에는 귀까지 붉어질 정도로 언성을 높였지만 끝까지 입장을 거부당하자 급기야 검표원을 밀치고 막무가내로 들어가려고 했다. 다혈질인 피실험자 역시 입장을 저지당했으나 그는 검표원과 싸우지 않았다. 대신 건물을 좀 살펴보더니 위층으로 올라가서 극장에 들어가지 않고도 연극을 볼 수 있는 명당자리를 찾아냈다. 점액질 피실험자는 검표원도 규정에 따라 일할 테니 따져봐야 소용없고 굳이 처음부터 볼 필요 없다고 생각해서 근처 가게를 좀 어슬렁거리다가 막간 휴식시간에 슬쩍 들어갔다. 우울질 피실험자는 지각한 데다 입장마저 저지당하자 자신은 역시 재수가 없다고 여겼다. 그는 아무 말도 하지 않고 곧 울 것 같은 얼굴로 고개를 푹 숙이고서 집으로 돌아갔다.

이 실험은 각 기질의 문제해결 방식이 서로 어떻게 다른지 명확하게 보여준다. 갈레누스의 네 기질이 곧 네 가지 서로 다른 성격 유형이라는 사실도 확인할 수 있다.

━━ 중국 프로축구 슈퍼리그, 상하이 선화上海申花는 1:2로 허난 젠예河南建業에 패하며 6연패를 기록했다. 경기 후 버스에 오르던 주장 다이린戴琳과 팬들 사이에 충돌이 발생했고 감정이 격해진 양측이 서로 주먹다짐까지 하면서 현장은 삽시간에 아수라장이 되었다. 다른 선수들이 말리지 않았더라면 아마 더 큰 사고가 일어났을 것이다. 이 일로 상하이 선화의 주장 다이린은 축구 팬들 사이에 무지막지하고 난폭한 선수로 낙인찍혔다.

갈레누스의 분류에 따르면 다이린은 담즙질이다. 아마 여러 다양한 요인이 그의 이런 성격 특성을 만들어냈을 것이다. 문학작품에서도 갈레누스의 네 기질에 딱 맞는 인물을 쉽게 찾아볼 수 있다.『수호지水滸誌』의 이규李逵와『삼국지三國志』의 장비는 전형적인 담즙질이다.『삼국지』의 조조曹操와 『홍루몽』의 왕희봉王熙鳳은 전형적인 다혈질이다. 또 『서유기西遊記』의 사오정은 점액질, 『홍루몽』의 임대옥은 우울질이라 할 수 있다.

사실 일상에서 극단적으로 한 기질의 성향만 보이는 사람은 거의 없다. 대부분 네 기질이 혼합된 모습을 보이며 그 가운데 어떤 한 기질이 아주 살짝 더 드러날 뿐이다.

삶을 무너뜨리는 신경증

■■■ 웨스트포인트 사관학교West Point Academy는 군인을 꿈꾸는 젊은이들의 이상향 같은 곳이다. 중국 청년 정양 역시 이 학교에 입학하기를 간절히 바랐다. 좋은 신체 조건과 우수한 성적, 강한 의지까지 모두 갖춘 그는 예상대로 웨스트포인트 사관학교에 무난히 합격했다. 하지만 1년 후 알 수 없는 병으로 학교를 그만두어야 했다.

웨스트포인트뿐 아니라 전 세계 모든 사관학교는 원래 훈련 강도가 상상을 초월한다. 고통 속에서 자신을 갈고닦아 스스로 강한 정신력을 길러내는 과정을 중요시하기 때문이다. 입학 전 몇 개월 동안 정양은 동기들과 함께 엄격한 교관으로부터 혹독한 사전 훈련을 받았다. 몸과 마음이 모두 힘든 고통스러운 시간이었으니 훈련을 끝까지 마치는 일 자체가 커다란 영예였다. 교관들은 모든 훈련 항목에서 골고루 우수한 성적을 거둔 정양을 학교 축구팀 주장으로 선발했다. 신입생이 주장으로 선발되는 일은 매우 이례적이었다. 입학과 동시에 자신의 우수함을 입증한 정양은 자신감이 하늘을 찔렀다. 그런데 기분 좋게 입학하고 순조롭게 학교생활을 하나 싶더니 축구 훈련 중에 일이 터졌다. 숫 동작이 너무 크고 힘이 들어간 나머지 어깨를 다쳐 입원한 것이다.

정양이 병원에 있는 동안 다른 학생이 대신 임시 축구팀 주장을 맡았다. 얼마 후 학교로 돌아온 정양은 코치 이하 팀원들이 자신에게 다시 주장을 맡길 생각이 없음을 알고 크게 실망했다. 이제 자신의 자리가 사라졌다고 생각하니 그렇게 속이 상할 수가 없었다. 게다가 치료를 받느라 훈련에 빠져서 축구 실력도 다른 선수들만 못했다.

학교로 돌아온 지 3주나 흘렀지만 정양은 여전히 몸이 좋지 않았다. 그러던 어느 날 훈련 중에 갑자기 어지럽고 눈앞이 하얗게 되더니 그대로 고꾸라졌다. 급히 병원으로 이송되었지만 의사들은 정양의 몸에서 어떠한 이상도 발견하지 못했다. 일단 병원에 더 있으면서 관찰해보기로 했는데, 어찌 된 일인지 정양의 몸은 점점 더 안 좋아져서 급기야 혼자 일어서지도 못하게 되었다. 똑바로 서려고만 하면 온몸에 경련이 일어나서 정상적인 보행이 어려웠다. 하지만 의사들은 여전히 검사 결과 아무 문제가 없다고 했다. 한번은 꽤 며칠 상태가 좋아서 의사들이 일단 학교로 돌아가 통원치료를 해도 되겠다고 했는데, 그 말이 떨어지자마자 곧 병세가 다시 크게 나빠져서 결국 퇴원하지 못했다. 부모님은 어쩔 수 없이 정양을 집으로 데려가 보살피기로 했다. 2주 후 집으로 돌아간 정양은 놀랍게도 언제 아팠냐는 듯이 완전히 나았다. 이후 그는 웨스트포인트를 자퇴하고 다른 직업을 구해 안정적인 삶을 살았다. 원인을 알 수 없었던 그 병은 재발하지 않았다.

정양의 병은 심리적 요인과 관련 있었다. 우선 정양은 축구팀 주장 자리를 빼앗긴 일로 큰 상처를 받고 마음에 응어리가 생겼다. 계속 웨스트포인트에서 공부할지를 심각하게 고민하며 갈등했을 정도였다. 물론 이것만으로는 그의 병을 설명하기 힘들다. 정양의 병은 신경증 neurosis이었다. 그는 감정이 극도로 불안정하고 매우 충동적이며 신경질적인 사람이었다. 그래서 축구팀 주장이 되었을 때는 모두의 인정을 받은 것 같아서 뛸 듯이 기뻐했지만 주장 자리에서 밀려나니 다들 자신을 무시하는 것 같아 실의에 빠져 자신감을 잃고 말았다. 정양은 아주 작은 좌절과 실패도 견디지 못했으며, 그런 탓에 인간관계에도 문제가 있었다.

신경증의 원인은 위기나 한계 상황, 내적 갈등, 극심한 스트레스다. 이때 감정을 제대로 다루지 못하다가 결국 무리가 생겨 불합리하고 부정적인 인격반응을 일으키는 이상이 바로 신경증이다. 심인心因, 즉 심리적 원인이 해소되면 증세 또한 완전히 사라진다.

제1차 세계대전 당시 상당수 병사가 갑자기 이상증세를 보여 전장에 투입되지 못했다. 두 다리로 제대로 서지 못하거나, 사지가 마비되기도 하고, 심한 경우 실명 증상까지 보이는 사람도 있었다. 모두 병원으로 이송해 온갖 검사를 다 했지만 의사들은 왜 이런 증상들이 나타났는지 설명하지 못했다. 이후 연구를 거쳐 병사들의 이상증세는 모두 현실에서 벗어나고 싶다는 심리가 극도에 달하면서 출현한 신체 반응임이 밝혀졌다.

신경증은 다양한 증상으로 출현한다. 갑자기 신경질적으로 변하거나 쉽게 우울해지기도 하고, 무슨 일을 해도 흥미가 생기지 않기도 한다. 또 인생에 아무런 목표가 없이 될 대로 되라는 생각이 들 수도 있고, 뭐라도 하려면 극도로 긴장해서 제대로 하지 못하기도 한다. 신경증으로 말미암은 이런 증상들이 출현하면 생활 리듬이 엉망이 되고, 신체 건강에까지 해를 입힌다. 그러므로 항상 자신의 심리 상태를 확인하면서 이상을 발견하면 즉각 효율적으로 처리해서 건강한 인격을 만들어내야 한다.

자신의 영혼을 갉아먹는 완벽주의자들

영화 〈블랙스완Black Swan〉의 주인공 니나는 완벽주의자다. 어렸을 때부터 발레를 한 발레리나인 그녀는 매우 엄격하고 지배욕이 강한 어머니와 함께 산다. 역시 발레리나였던 어머니는 딸이 더 완벽하게 고난도의 발레 기술을 연마하도록 혹독하게 다그쳤다. 니나가 완벽주의자가 된 이유도 이런 어머니와 무관하지 않다.

니나는 성공을 갈망했고 자기 자리를 빼앗길까 봐 늘 전전긍긍했다. 실패를 끔찍이도 두려워하는 그녀는 발레를 할 때나 일상에서나 늘 조심스럽고 고지식한 사람이었다. 영화는 니나의 발레단이 공연 준비를 하는 과정을 따라 전개된다. 이 공연에는 선하고 순진무구한 백조와 악하고 방탕한 흑조를 모두 연기할 수 있는 발레리나가 필요했다. 니나는 자신과 닮은 백조를 연기할 때 아무 문제가 없었으나, 자신과 전혀 다른 흑조를 제대로 해석해내지 못해 갈등했다. 감당하기 어려운 압박감과 불안으로 니나의 정신세계는 분열되고 현실과 환상을 오갔다. 완벽한 흑조를 향한 갈망은 내면의 어두운 영혼을 자극했으며, 경쟁자인 다른 발레리나와 왜곡된 관계를 맺기도 했다. 공연 준비가 계속될수록 정신분열 증세는 점점 더 심해졌다.

공연 당일, 니나는 자신을 포함한 모두의 기대를 저버리지 않고 백조의 순결과 자유, 흑조의 탐욕과 요망함을 모두 성공적으로 연기했다. 하지만 그 완벽한 공연이 끝난 후 니나는 가장 비참한 최후를 맞는다.

완벽주의자인 니나는 억압된 내면에 갇혀 자신을 잃고 말았다. 그녀처럼 완벽주의자들은 내면의 괴로움과 고통을 받아들이면서 스스로 자신의 영혼을 갉아먹는다.

심리학자 데이비드 번즈David Burns는 완벽주의자를 "손을 뻗어 별을 따려고 애쓰지만, 결국 아무것도 손에 쥐지 못하는 사람"으로 해석했다.

━━ 올해 스물여덟 살이 된 위만은 학창시절에 늘 모범생 소리를 들었다. 부모님은 위만이 좋은 성적을 받아오면 선물을 주고, 성적이 떨어지면 벌했다. 그 영향인지 어렸을 때부터 위만의 머릿속은 뭐든지 하려면 잘 해내야 한다는 생각으로 가득했다. 그녀는 단 한 번도 부모님을 실망시킨 적이 없으며, 명문 초중고와 유명 대학을 우수한 성적으로 졸업했다. 이후에도 아주 순조롭게 국내외에서 알아주는 일류 대기업에 입사했다.

직장인이 되자 목표가 더 크고 높아졌다. 열심히 일했더니 승진도 빨라서 입사한 지 2년도 안 되었는데 벌써 팀장 자리에 올랐다. 관리자가 되더니 이제 자신뿐 아니라 직원들에게까지 높은 목표와 수준을 제시하며 그들을 압박했다. 그녀의 팀은 언제나 가장 늦게까지 일했고, 종종 며칠씩 연이어 야근하곤 했다. 스트레스에 시달리는 직원들이 불만을 쏟아냈지만 위만은 도무지 뭐가 문제인지 이해하기 어려웠다. 왜들 저러지? 내가 시키기만 한 것도 아니고 내가 가장 열심히 일하는데 부하직원이 되어서 상사의 보폭에 맞춰야 하는 거 아냐? 그래야 더 발전하지! 위만은 부하들의 실수를 용납하지 않았다. 뭐라도 하나 눈에 띄면 불같이 화를 내고, 그 직원의 업무 평가를 거의 난도질하다시피 했다. 이러니 회사 안에 위만을 좋아하는 사람은 단 한 명도 없었지만 그녀는 전혀 개의치 않았다. 위만은 자신에게 엄격하고 한 단계 더 높이 발전하고자 했으므로 퇴근 후에 친구를 만나는 일 따위는 없었다. 밤에 침대에 누워도 머릿속에는 일 생각이 떠나지 않아 잠을 이루지 못했다.

연애나 사랑 같은 건 완전히 백지였다. 어렸을 때부터 완벽하고 우수한 사람이 되려고 했으니 스물여덟 살이 된 지금까지 제대로 연애 한번 못 해봤다.

위만은 전형적인 완벽주의자다. 무슨 일을 하든 항상 완벽을 추구하는 탓에 자신과 타인을 모두 심하게 괴롭혔다. 위만은 모두에게 배척당하고 불면증에 시달렸으며, 항상 극도로 긴장한 상태였다. 주변 사람들은 위만의 완벽주의 탓에 스트레스를 받았다.

완벽주의자는 다른 사람의 인정과 찬사를 갈망하고 그들을 만족시키고자 하므로 마치 다른 사람을 위해 사는 양 항상 바쁘고 힘들다. 그들은 자신뿐 아니라 타인에게도 높은 목표를 제시하는데, 만약 타인이 이에 미치지 못하면 엄청난 비난과 질책을 쏟아낸다. 사실 그들을 만족시킬 사람은 거의 없다고 해도 무방하다. 인간관계가 좋지 않은 건 어쩌면 당연한 일이다. 완벽주의자는 성공을 갈망하며, 자신이 무능해서 아무것도 이루지 못할까 봐 늘 걱정이다. 또 경계심이 강해서 사람을 대할 때 좀처럼 빗장을 풀지 않는다.

인지행동치료 전문가 모니카 라미레즈 바스코Monica Ramirez Basco는 이렇게 말했다. "완벽함을 좇는 건 너무나 고통스럽다. 아주 잘 해내고자 하는 욕구와 잘 해내지 못할까 봐 두려운 공포, 이 두 가지에 의해 조종되기 때문이다. 이는 완벽주의가 가진 양날의 검이다."

틀을 깨야 성공한다

━━ 1950년대 워싱턴의 평범한 회사원 스튜어트는 우연히 아프리카를 배경으로 한 영화를 보았다. 아프리카 사람들이 장신구를 무척 좋아한다는 사실을 알게 된 그는 얼마 후 친구에게 몇 천 달러를 빌려서 아프리카로 훌쩍 떠났다.

낯선 땅에서 혼자 장신구 사업을 시작했지만 뛰어난 감각과 고생을 마다하지 않는 성실함 덕분에 사업이 꽤 잘되었다. 이를 본 사람들은 아프리카 장신구 시장이 꽤 크고 전망이 좋은가 보다고 생각하고 너도나도 와서 관련 사업을 시작했다.

나날이 경쟁이 심해지자 스튜어트는 미련 없이 장신구 사업을 접고, 새롭게 외식 사업을 시작했다. 아프리카에 와서 사업하는 사람이 이렇게나 많아졌는데 제대로 식사를 할 만한 데가 부족하다고 생각했기 때문이다. 그는 식당을 열고 저렴한 가격에 다양한 나라의 음식을 팔기 시작했다. 과연 예상대로 이쪽도 장신구 시장 못지않게 수요가 많았고, 스튜어트는 이전보다 더 큰돈을 벌었다.

시장경제에서 더 많은 돈을 벌고 싶으면 '남들보다 한발 빠르게' 움직여야 한다. 지금 잘된다고 좋아만 할 것이 아니라 다음 행보를 준비할 필요가 있다. 손에 쥔 것을 놓지 못하고 미적대다가는 시장이 잘게 쪼개져 어느새 빈손이 된 자신을 발견할 것이다. 스튜어트는 안주하지 않았기에 성공할 수 있었다. 그는 아직 튼튼해 보이는 돈줄을 자기 손

144

으로 끊으면서 변화를 통해 더 나아지려는 혁신의 용기를 잃지 않았다. 그랬기에 울타리를 넘어 안전지대를 벗어나서 더 큰 성공을 거머쥘 수 있었다.

기차나 고속열차는 조금 먼 곳을 갈 때 가장 많이 이용하는 교통수단이다. 국제 표준 철로 폭, 즉 표준궤standard gauge 는 4.85피트1435밀리미터로 '말 두 마리의 엉덩이 폭'이다. 말 두 마리의 엉덩이 폭이라니 다소 황당하게 들리겠지만 여기에는 무려 2000년이 넘는 역사가 있다. 교통수단 발전의 역사를 거꾸로 따져보자. 우선 지금과 같이 다양한 교통수단이 생기기 전에 사람들은 전부 마차를 타고 다녔다. 기차가 처음 생겼을 때 사람들은 별 생각 없이 마차의 바퀴 폭대로 철로 폭도 만들었다. 그렇다면 마치의 바퀴 폭은 정해져 있었을까? 놀랍게도 고대 로마 군대의 전차 바퀴 폭을 따랐다! 로마인들은 전차를 끄는 말 두 마리의 엉덩이 폭에 맞춰 양쪽 바퀴 사이의 폭을 결정했다. 그러니까 지금 믿을 수 없을 정도로 빠른 속도로 달리는 고속열차의 철로는 고대 로마의 전차를 기준으로 만든 것이다. 재미있지 않은가?

현재의 표준궤가 고대 로마의 전차 바퀴 폭을 따른 까닭은 그냥 '하던 대로 했기' 때문이다. 인류의 교통수단 발전 역사에서 아무도 이렇게 하는 이유를 따져보지 않았고, 그대로 따르기만 했다. 만약 누군가 더 합리적인 방식을 제시했다면 지금과 같은 표준궤가 아니었을지도 모른다. 물론 이는 말처럼 쉬운 일이 아니다. 안타깝게도 대부분의 사람이 별 힘이나 수고를 들일 필요가 없다는 이유로 그냥 하던 대로 하는 편을 훨씬 선호한다. 분명히 더 나아질 여지가 있는데도 말이다. 이와 마찬가지로 말로는 자아실현을 부르짖으면서 안일하게 기존의 방식을 답습하고 좀처럼 틀을 깨지 않으려 한다면 성장과 성공으로부터 멀어질 뿐이다.

▬▬ 델 컴퓨터Dell Computer는 19세 미국 청소년 마이클 델Michael S. Dell이 1984년에 창업자금 1000달러로 문을 연 회사다. 이 회사는 2001년에 영업액 310억 달러를 기록했고, 상장 당시 8.5달러이던 주가 역시 100달러까지 치솟았다. 성공의 일등공신은 바로 '혁신'이었다. 창업 당시 애플Apple이나 IBM 같은 대형 컴퓨터 제조업체는 모두 중간 판매상과 계약을 맺고 대리판매했지만 델 컴퓨터는 이 구조를 완전히 깨버렸다.

아이맥iMac을 선물받은 중학생 마이클 델은 컴퓨터에 온 마음을 빼앗겼다. 나중에 그는 신문을 팔아 번 돈으로 부품을 사서 컴퓨터를 조립해 팔았다. 한 대를 팔고 나면 다시 부품을 사서 조립한 후에 파는 일을 반복했다. 몇 번 해보니까 중간유통 단계만 없으면 훨씬 더 큰 이윤을 얻을 수 있을 것 같았다. 그렇게만 되면 가격경쟁력도 꽤 높아져서 애플, IBM 등 대기업에도 전혀 밀리지 않을 것이었다. 마이클은 이 아이디어 하나로 중간유통 단계를 생략하고 소비자와 직거래하는 '델 모델Dell Model'을 도입해 큰 성공을 거두었다.

하던 대로 하면 분명히 시간이 단축되고 에너지 소모도 줄일 수 있다. 하지만 이와 동시에 더 좋은 수많은 기회를 잃을 수도 있다. 틀을 깨고 완전히 새로운 방향으로 나아가야만 더 큰 성공을 이룰 수 있다.

우리는 모두 다른 세상 속에서 산다

━━ 중학교 3학년인 정쉬안은 자신을 꾸미는 데 별 관심이 없다. 까무잡잡한 피부에 안경을 낀 그녀는 늘 색이 옅고 단순한 디자인의 옷을 입고 다닌다. 몸이 워낙 왜소해서 바람 불면 날아가겠다는 소리를 자주 듣는다. 또 항상 고개를 푹 숙인 채 조심스럽게 걸어서 어딘지 모르게 불편해 보인다. 친구들은 뒤뚱뒤뚱 걷는 오리 같다며 '도날드덕'이라고 놀려대지만 정쉬안은 화를 내기는커녕 되레 희미하게 미소를 지을 뿐이다. 숫기도 없어서 길을 가다가 아는 사람을 만나면 예기치 않은 상황에 크게 당황하면서 고개를 푹 숙이고 죄 없는 손톱을 뜯기 시작한다. 딱 보기에도 어쩔 줄 몰라 하는 속내가 그대로 드러난다. 공부할 때도 별반 다르지 않다. 모르는 문제가 있어도 감히 누군가에게 물어보지 못하고 우선 혼자 머리를 쥐어짜며 생각해본다. 그래도 영 모르겠으면 친구에게 물어보는데, 설명을 들으면서도 내내 미안하고 어색해서 어쩔 줄 모른다. 한번은 모르는 문제가 있어서 짝꿍에게 물어보고 싶은데 도무지 입이 안 떨어져서 머뭇거렸다. 간신히 짝꿍 쪽으로 몸을 틀었지만 아무래도 귀찮게 하는 것 같아 안 물어보는 편이 낫겠다고 생각했다. 그런데 정쉬안이 하도 이상하게 구니까 짝꿍이 먼저 할 말이 있냐고 물어서 그제야 힘겹게 입을 떼고 모르는 문제를 물어보았다. 설명을

다 듣고 난 후에도 다른 친구들처럼 시원스레 고맙다고 말하지 못하고 그저 바보처럼 어색하게 웃기만 했다. 그래도 짝꿍은 정쥐안을 나무라지 않았다. 예의가 없어서가 아니라 너무 내향적인 사람이라 그런 줄 알고 있기 때문이다.

정쥐안은 이렇게나 내향적이지만 사실 누구보다 착하다. 기숙사에서 물을 마시러 가면 항상 다른 친구들이 마실 물까지 챙겨오지만 아무 말 없이 탁자 위에 내려놓을 뿐, 생색내지 않는다. 또 친구가 아프면 아무 말 없이 약을 사다 주는 사람이다.

내향적인 사람이 바라보는 세상은 외향적인 사람의 그것과 전혀 다르다. 내향과 외향은 그저 서로 다른 두 가지 성격이지 어느 쪽이 더 좋거나 나쁘다고 말할 수 없다. 확실한 것은 내향적인 사람과 외향적인 사람은 서로 다른 세상을 산다는 사실이다.

심리학자들은 개인이 내면의 정신세계에 더 집중하는지, 아니면 외부의 객관적 환경에 더 집중하는지를 보고 내향과 외향을 판단한다. 내향적인 사람은 내면의 생각, 관념, 사상 등 정신세계에 더 집중하는 반면 외향적인 사람은 외부의 사람과 일에 더 관심을 보인다. 다음은 내향적인 사람의 행동 특성이다. 그 반대를 외향적인 사람의 행동 특성이라고 보면 된다.

첫째, 사람들과 어울리기보다 혼자 있는 편을 더 좋아한다. 농경사회에서 산업사회로 전환되는 과도기에 사람들이 시골에서 도시로 몰려들었다. 이전에 그들은 오랫동안 알고 지낸 익숙한 사람들과 일했지만

148

이제는 낯선 사람들 속에서 자신의 능력을 증명해 보여야만 했다. 내향적인 사람들에게 이런 변화는 견디기 힘들 정도였다. 그들은 사람이 많으면 많을수록 더 큰 외로움을 느끼기 때문이다.

둘째, 깊이 있는 대화를 선호하며, 여럿이 모여서 왁자지껄하게 이야기하는 자리는 불편해한다. 외향적인 사람은 많은 사람과 신나게 이야기하기를 즐기지만 내향적인 사람은 조용하고 평온하게 대화하기 바란다.

셋째, 본업에 충실하다. 어쩌면 일할 때 겉으로 보이는 모습은 그 사람의 실제 성격과 전혀 다를 수도 있다. 일할 때는 최대한 환경에 맞추지만 일이 끝나면 곧 원래의 모습으로 돌아온다. 연극 무대에서 과감한 연기를 보이는 배우들이 실제로는 매우 내향적인 경우와 비슷하다.

넷째, 조용한 환경을 좋아한다. 오랫동안 아무 말 없이 조용히 있을 수 있지만 소음이나 자극 등 익숙지 않은 환경에 놓이면 집중하지 못하고 어쩔 줄 모른다.

다섯째, 혼자 독립적으로 무언가 완성하기를 즐긴다. 협업이나 합작보다는 조금 힘들어도 혼자 전력을 다해서 일해야 더 편하다.

여섯째, 대부분 성실하다. 돌다리도 두들겨보고 건너라는 말이 그들의 행동 원칙이라고 보면 된다. 보통 경청하는 편에 해당하며, 말할 때는 언제나 깊이와 폭이 있다.

일곱째, 환경의 영향을 쉽게 받지 않는다. 새로운 환경에 잘 적응하고 부드럽게 분위기를 타는 외향적인 사람과 달리 자기만의 세계에 빠져 있는 데 익숙하다.

내향적이든 외향적이든 각각 장단점이 있으므로 진로를 선택할 때는 각 성향의 장점을 발휘하고 단점이 드러나지 않도록 해야 한다. 독립적이어서 혼자 할 수 있는 일에 더 능력을 발휘할 수 있는 내향적인 사람은 화가, 작가, 도서관 사서, 창고 관리인, 기술직, 연구원, 전문 컨설턴트 등으로 일하면 좋다. 반면에 외향적인 사람은 명랑하고 다양한 방향으로 사고가 가능하며 전체 국면을 잘 보는 장점이 있으므로 무역, 언론, 서비스, 문화체육 등 방면의 일이 적합하다.

행동 뒤에
숨은 심리

동기가 행동을 만든다

심리학 박사 마크 래퍼^{Mark Lepper}의 연구팀이 유치원생을 대상으로 재미있는 실험을 했다. 그들은 아이들을 세 그룹으로 나누고 그림을 그리도록 했다. 그러면서 첫 번째 그룹에는 그림을 다 그리면 선물을 받게 될 거라고 이야기했고, 실제로도 그렇게 했다. 두 번째 그룹에는 미리 그런 말을 하지 않았지만 다 그리고 난 후에 선물을 주었다. 마지막 세 번째 그룹에는 그런 말도 하지 않았고, 이후에도 선물을 주지 않았다. 2주 후 다시 같은 유치원을 방문한 연구자들은 모든 아이에게 자유 활동 시간을 주고 관찰을 시작했다. 이때 그림 그리기를 선택한 아

생활 속 심리학

이는 첫 번째 그룹에서 겨우 9%에 불과했지만, 두 번째 그룹과 세 번째 그룹은 각각 17%와 18%였다. 몇 가지 실험을 더 진행한 래퍼는 선물을 받은 경험이 오히려 그 활동에 대한 흥미를 떨어뜨린다는 결론을 내렸다. 아이들은 더는 선물을 받을 수 없다고 생각하면 아예 활동 횟수를 줄였다.

이 실험은 사람들이 원래 좋아하는 일이라도 보상이 주어지면 곧 흥미를 잃고 방관자의 태도로 전환한다는 사실을 보여준다. '재미있어서 하는 건데, 왜 내게 이런 보상을 주는 거지?'라는 생각이 드는 것이다. 그리고 이후부터는 재미가 아니라 보상을 받으려고 그 행동을 하며, 보상이 사라지면 할 생각도 사라진다.

동기는 개인이 모종의 행동을 하게 만드는 내적 혹은 외적인 힘으로, 행동을 발생시키며 그 방향을 결정하고 지속하게 한다. 심리학자들은 동기를 내적 동기와 외적 동기로 나눈다. 내적 동기는 개인의 내부에서 일어나는데 보통 스스로 성장하고자 하는 강한 열망에서 비롯된다. 이와 달리 외적 동기는 외부세계에서 받은 보상이나 기타 영향으로 특정한 행동을 하게 되는 것을 가리킨다.

자녀를 교육할 때는 외적 동기가 아니라 내적 동기를 자극해야 한다. "이번 시험에서 90점 이상 받으면 네 소원 하나를 들어줄게!" 부모들이 아이의 학습 동기를 자극해보려는 마음에 흔히 하는 약속이다. 이런 방식은 장기적인 효과를 발생시키지 못한다. 아이는 공부 자체에 대한 열정을 키우지 못하고, 그저 보상 때문에 공부한다. 보상이 사라지면 자연히 공부할 이유를 못 느낀다.

아이가 알아서 척척 공부하게 하고 싶다면 내적 동기를 자극해서 스스로 공부에 흥미를 느끼도록 해야 한다. 그래야 스스로 오랫동안 공부에 대한 열정을 유지하고 열심히 공부할 것이다.

■■■ 마이클 조던Michael Jordan은 내적 동기로 커다란 성공을 거둔 대표적인 인물이다. 그는 고등학교에 다닐 때 학교 농구팀에 들어가서 농구선수로 노스캐롤라이나 주립대학North Carolina State University에 들어가고, 이후에 프로선수가 되기를 바랐다. 하지만 이런 원대한 꿈에도 불구하고 학교 농구팀에서 퇴짜를 맞았는데, 이유는 당시 조던의 키가 180센티미터도 채 안 되었기 때문이다. 가족 중에도 키가 그 정도로 큰 사람은 없었으니 더 자랄 확률도 거의 없었다. 코치는 조던이 팀에 별 도움이 되지 않을 거라 생각하고, 그를 받아주지 않았다.

조던은 크게 실망했지만 그렇다고 농구 열정마저 잃지는 않았다. 그는 코치에게 간청해서 학교 농구팀의 볼보이가 되었다. 조던은 농구팀 훈련 시간에 코치와 선수들을 위해서 각종 서비스를 제공하는 동시에 어깨너머로 농구 기술을 익히기 시작했다. 선수들의 휴식시간이 그의 훈련시간이었다. 조던은 거의 매일 밤늦게까지 가르쳐주는 사람도 없이 체육관에서 혼자 연습했다. 한번은 체육관 바닥에 누워 쉬다가 깜빡 잠이 들어 다음 날 아침에 관리인을 깜짝 놀라게 한 적도 있다.

쉬지 않고 훈련한 결과 기량이 눈에 띄게 향상되었다. 무엇보다 놀라운 일은 키가 198센티미터까지 자랐다는 사실이다. 이제 코치가 조던을 받아주지 않을 이유가 없었다. 이렇게 해서 마이클 조던은 전 세계인이 다 아는 농구 황제가 되었다!

마이클 조던은 한 인터뷰에서 "키가 더 크고 싶다는 마음이 정말로 나를 20센티미터 넘게 키웠죠"라고 말했다. 조던의 키가 자라고 기량이 빠르게 발전한 것은 전부 강한 내적 동기가 만들어낸 결과다. 내적 동기는 그가 농구 열정을 잃지 않고 꾸준히 연습하게 했으며, 마침내 큰 성공을 거두도록 이끌었다. 동기는 우리가 행동하게 만든다. 확실한 동기가 있어야만 정확한 방향을 따라 멈추지 않고 나아갈 수 있는 법이다!

나를 행동하게 하는 최후통첩

━━ 한 교육심리학자가 초등학교 교실에서 간단한 실험을 했다. 그는 우선 따로 시간제한을 두지 않고 학생들에게 글 한 편을 읽도록 했다. 그랬더니 모든 학생이 글을 다 읽는 데 대략 8분이 걸렸다. 이어서 교육심리학자는 학생들에게 같은 길이의 글 한 편을 다시 배부하고, 이번에는 5분 안에 읽어달라고 했다. 실험 결과 학생들은 정말로 5분 안에 글을 전부 읽었다.

학생들은 첫 번째 글도 5분 안에 읽을 수 있었지만 긴박함을 느끼지 못해 8분이나 걸렸다. 그런데 규정이 생기자 긴박함이 생겼고, 5분 안

154

에 글 읽기를 마칠 수 있었다. 이 실험은 '최후통첩 게임Ultimatum Game'
이 개인에게 일으키는 심리작용을 잘 보여준다. 최후통첩의 게임에 따
르면 사람들은 어떤 일을 할 때 늘 준비가 부족하다고 여기고 미룰 수
있는 만큼 미룬다. 하지만 제한시간이 생기면, 그러니까 더는 미룰 수
없는 외적 조건이 생기면 즉각 행동해서 약속된 시간 안에 일을 완성
해낸다. 최후통첩 게임의 효과를 잘 이용하면 협상 중에 유리한 위치
를 선점할 수 있다.

━━ 미국인 커쉬가 사업 협상을 위해 일본에 왔다. 미리 공항에 나와 대기
하고 있던 일본 측 직원 두 명은 아주 예의 바르고 친절하게 그를 맞이했다.
그들은 커쉬의 짐을 들어주고, 고급 세단으로 호텔까지 안전하게 모셨으며,
미리 준비된 훌륭한 저녁까지 대접했다. 그날 밤, 호텔로 돌아가는 차 안에
서 일본인 직원이 커쉬에게 돌아가는 날짜를 물었다. 융숭한 대접과 친절한
말투에 완전히 경계를 푼 커쉬는 제대로 생각도 해보지 않고 대뜸 귀국 날
짜를 말했다. 아예 비행기 표를 꺼내서 보여주기까지 했다. 덕분에 일본 직
원들은 커쉬의 모든 구체적인 일정을 완벽하게 파악했다.
이날 이후 일본인들은 커쉬에게 더 치밀하게 짜인 서비스를 제공했다. 커쉬
는 그들의 안내에 따라 며칠 동안 근방의 유명 관광지를 모두 돌고, 끼니마
다 맛있는 음식을 맛보았다. 워낙 일정이 빡빡해서 협상은 시작도 못 했다.
그러다가 커쉬의 귀국일 이틀 전에나 비로소 협상이 시작되었는데, 첫날이
다 보니 양측의 의견 차이만 확인하고 끝났다. 진짜 제대로 된 협상은 귀국
전날 시작되었다고 보는 게 맞으며, 핵심 문제는 귀국 당일 오전이 되어서

야 다룰 수 있었다. 협상장 밖에 커쉬를 공항으로 데려갈 차량이 대기하고 있을 정도로 시간이 부족했다. 최후 협상은 공항으로 가는 길 위에서 간신히 완성되었다.

커쉬는 이 협상에서 참패했다. 일본 기업이 아주 교묘하게 최후통첩 게임의 효과를 이용했기 때문이다. 그들은 처음부터 커쉬의 일정을 확보하고 협상 시간을 최대한 뒤로 미뤄서 커쉬를 초조하게 만들었다. 그 바람에 커쉬는 불리한 위치에 놓였고, 협상의 승리는 커쉬가 아니라 일본 기업에 돌아갔다.

사실 거의 모든 사람에게 미루는 습관이 있다. 사람들은 늘 최후의 순간까지 미루었다가 일을 완수하려고 하는데, 그렇게 하면 시간에 쫓겨 초조하고 불안해지므로 일을 하기는 해도 훌륭히 해내기 어렵다. 이처럼 최후통첩 게임의 효과는 개인의 성장과 발전을 방해하므로 경계해야 한다. 어떤 일을 할 때는 스스로 시간을 정해서 일찍 시작해야 성공률을 높일 수 있다.

사람은 보통 다음과 같은 이유로 해야 할 일을 미루곤 한다.

첫째, 급하지 않아서 미룬다. 자기 능력을 과대평가하는 사람들은 시간이 닥쳐서 시작해도 충분히 완성할 수 있다고 여긴다.

둘째, 뭐가 중요한지 몰라서 미룬다. 일하는 과정에서 발생하는 각종 자질구레한 일들을 처리하느라 정작 중요한 일을 처리할 시간을 낭비한다.

셋째, 자신감이 부족해서 미룬다. 심리학자들은 일을 미루려는 심리가 공포에서 비롯된다고 보는데, 이 공포는 바로 자신감 부족에서 시작된다.

이상의 세 가지 외에도 사람마다 일을 미루는 이유는 다양하다. 미루는 습관을 없애려면 우선 자신이 자꾸만 일을 미루는 진짜 이유를 정확히 파악하고, 그에 따라 적절한 대응방안을 세워야 한다. 뭘 하려거든 마음먹자마자 바로 행동에 옮겨야 시간을 낭비하지 않을 수 있다. 일을 빨리 끝내면 그만큼 더 빨리 다른 일에 뛰어들 수 있으니 효율적이기까지 하다. 주변에 해결해야 하는 자질구레한 일이 너무 많아서 미루는 거라면 당장 시간을 효과적으로 관리하는 방법을 배워야 한다. 우선 가장 큰 에너지와 시간을 가장 중요한 일에 투입해서 완수하자. 그런 후에 잠시 옆으로 치워두었던 귀찮은 일들을 해결한다면 두 가지 종류의 일을 모두 완성할 수 있다. 또 자신감이 부족하고 과거 실패의 경험이 발목을 붙잡아서라면 좀 더 시야를 넓힐 필요가 있다. 최종 결과에 집착하지 말고, 긍정적인 마음가짐으로 주어진 일을 하나하나 완수하다 보면 좋은 결과를 얻을 수 있을 것이다. 특히 자신감이 부족할 때 가장 좋은 방법은 일단 행동하는 것이다. 혼자 끙끙 앓으면서 미루기만 하면 뭐 하겠는가? 뭐라도 해야 제대로 했는지 못했는지도 판가름할 수 있는 법이다.

당부하건대 지금 당장 미루는 습관을 버리자! 남보다 더 빠르게 행동해서 맡은 바 임무를 훌륭하게 완성하자!

생각하고 행동할 것인가, 행동하면서 생각할 것인가?

스위스 심리학자 칼 구스타프 융Carl Gustav Jung은 성격에 내향형과 외향형이 있다고 주장했다. 이 두 가지는 어느 것이 더 좋고, 어느 것이 더 나쁘다고 말할 수 없다. 내향형은 내향형대로, 외향형은 외향형대로 각자의 일터에서 능력을 발휘하고 있으며 사회생활에 큰 문제가 없기 때문이다. 다만 사회 경제가 발전하면서 낯선 사람과 교류할 일이 점점 많아지다 보니 너무 내향적이라면 아무래도 불편한 점이 있다. 낯선 사람이나 돌발 상황을 마주했을 때 당신은 어떤 반응을 보이는가? 손발을 어디에 두어야 할지 모를 정도로 긴장한다면 그 긴장으로 두뇌 회전이 더뎌지고 기본적인 소통마저 어렵다면 인맥이 협소해질 수밖에 없다. 이런 자기 성격이 싫고, 바꾸고 싶다면 당장 행동해야 한다. 꾸준한 훈련으로 담력을 키워서 낯선 사람과 자신 있고 당당하게 소통하자.

━━ 사무직원인 피트는 이렇다 할 대단한 일을 하지는 않지만 그런대로 만족하며 살았다. 그가 하는 일은 낯선 사람을 만나거나 교류할 필요가 전혀 없으며, 그저 꼼꼼한 성격과 인내심만 있으면 되었다. 이는 매우 내향적인 피트에게 더할 나위 없이 잘 맞는 직업이었다. 그러다 보니 당연히 업무 실적이 뛰어났고, 회사 안에서 능력을 충분히 인정받고 있었기에 다른 일을 하고 싶다는 생각은 한 번도 한 적 없다. 아름다운 샤메이가 신입사원으로 들어오기 전까지는.

졸업한 지 얼마 되지 않은 샤메이는 아직도 대학생 같아 보였다. 예쁜 얼굴에 단정한 옷차림, 교양 있는 말투와 태도를 갖춘 덕에 입사하자마자 남자 직원들의 관심을 한 몸에 받았다. 물론 피트도 그중 하나였다. 내향적인 피트는 지금까지 누군가에게 좋아한다고 고백해본 적이 없었다. 아주 오랫동안 짝사랑해온 여성에게도 말 한 번 붙여보지 못했다. 당연히 이번에도 마찬가지였고, 샤메이를 향한 마음을 그냥 마음속에 숨겨둘 뿐이었다. 그러나 행동에서 은연중에 속마음이 드러나는 것까지는 숨기지 못해서 그만 친한 동료들에게 들키고 말았다. "그러지 말고 고백해봐. 필요하면 우리가 도와줄게!" 하지만 피트는 주변에서 부추기니 더 긴장해서 고백은커녕 이제는 샤메이를 바라보지도 못하게 됐다.

이 일로 피트는 자신의 내향적인 성격에 크게 실망했다. 샤메이를 무척 좋아하지만 이 성격으로는 절대 고백하지 못할 것이 뻔했다. 평생 이렇게 살 수는 없다고 생각한 피트는 성격을 바꾸기로 결심하고, 회사에 자신을 영업부로 옮겨달라고 요청했다. 워낙 업무 실적이 뛰어난 직원이어서 회사는 즉각 그가 바라는 대로 해주었다. 영업부의 일은 이전에 그가 하던 일과 전혀 달랐다. 끊임없이 낯선 사람을 만나고 친분을 쌓아야 했으며, 좋은 인상과 신뢰감을 주어서 그들이 기꺼이 상품을 구매하도록 만들어야 했다. 처음에 피트는 고객과 만나기만 해도 손에 땀이 흥건할 정도로 긴장했다. 심장 박동이 빨라졌고, 얼굴과 귀까지 새빨개졌으며, 심지어 상대방의 눈을 제대로 바라보지도 못했다. 상품 소개를 시작하기도 전에 현기증으로 쓰러질 판이었다. 하지만 성격을 바꾸기로 마음먹은 피트는 눈 딱 감고 과감하게 시작했다. 아무리 힘들어도 절대 포기하지 말자고 수없이 되뇌었다.

시간이 흐르면서 피트는 점점 업무에 익숙해졌다. 성격을 바꾸겠다는 굳은 결심이 있었기에 좋은 영업사원으로 빠르게 성장한 피트는 점점 자신감이 붙었다. 고객에게 상품을 소개할 때는 매우 정확하고 간결하며 자신 있게 말했으며, 더는 예전처럼 그렇게 긴장하지 않았다. 회사에서도 피트의 변화와 성장을 주목할 정도였다. 마침내 피트는 샤메이에게 고백할 용기가 생겼다. 자신에게 고백하기 위해 성격까지 바꾸었다는 이야기를 들은 샤메이는 감동했고, 그에게 서로 알아갈 기회를 주기로 했다.

이야기의 주인공 피트는 원래 매우 내향적인 사람이었으나 외부 원인으로 성격을 외향적으로 바꾸고자 했다. 변하기로 마음먹은 피트는 어떻게 바뀌어야 할지 고민하느라 시간을 허비하지 않고, 신속하게 조처해서 영업부로 자리를 옮겨 자신을 혹독하게 단련했다. 그 결과 모르는 사람과는 눈도 잘 못 마주쳤던 내향적인 성격이 점점 외향적으로 바뀌었고, 짝사랑하는 여성의 호감까지 얻었다. 만약 피트가 '어떻게 해야 성격을 바꿀 수 있을까?'라며 생각만 하고 행동하지 않았다면 그는 여전히 내향적인 사람일 것이다. 지금 바뀌고 싶다면 피트처럼 하자. 생각하고 행동하기보다 행동하면서 생각하는 편이 훨씬 효과적이다.

나만의 행동기준

프랑스 심리학자 막시밀리앙 링겔만Maximilien Ringelmann은 집단이 개인의 생산성에 미치는 영향을 알아보는 실험을 했다. 그는 신체 조건이 비슷한 실험 참가자들을 각각 한 명, 세 명, 여덟 명으로 구성된 세 그룹으로 나눈 후에 그룹별로 밧줄을 당기게 해서 당기는 힘을 측정했다. 실험 결과, 구성원이 한 명인 첫 번째 그룹은 63킬로그램이었다. 세 명인 두 번째 그룹은 160킬로그램으로 1인 평균 53킬로그램이었다. 마지막으로 여덟 명인 세 번째 그룹은 248킬로그램이었는데, 1인 평균이 31킬로그램으로 첫 번째 그룹의 절반에 불과했다. 링겔만은 실험 결과에서 집단의 크기가 커질수록 개인의 효율성이 점점 낮아지는 데 주목했다. 그는 사람들이 팀을 이뤄 일할 때 혼자 일할 때보다 노력을 덜 들여서 능률과 효과가 떨어지는 '사회적 태만social loafing'이 발생한다고 주장했다.

사회적 태만은 개인이 집단 속에서 공동의 목표를 위해 일할 때, 혼자 할 때보다 노력을 덜하며 적극성과 효율이 떨어지는 현상을 가리킨다. '링겔만 효과'라고 부르기도 한다. 흔히 개인보다 조직의 역량이 더 클 거라 생각하지만 실제로는 사회적 태만이 존재하므로 꼭 그렇다고 할 수 없다. 사람들은 한 집단 안에서 다른 사람들이 전력을 다하지 않는 것 같으면 자신도 그다지 열심히 하지 않는다. 또 집단 안에 있으면 자신의 노력 따위는 있어도 그만 없어도 그만이라는 느낌을 받기도 한다. 그래서 점점 태만해지고 전력을 다하지 않게 되는 것이다. 사회적 태만은 집단 활동에 매우 불리하게 작용한다.

사회적 태만 외에 일상에서 목격되는 흥미로운 심리 현상으로 '책임의 분산diffusion of responsibility'이 있다. 다음은 그를 잘 설명해주는 사례다.

━━ 1964년 미국 뉴욕, 키티 제노비스Kitty Genovese가 강도의 흉기에 난자당해 살해되는 끔찍한 사건이 발생했다. 그녀는 강도에게 공격받는 동안 주위의 도움을 전혀 받지 못했다. 자세한 내막은 이러하다.

사건 당일, 교외에 사는 제노비스는 직장에서 일을 마치고 집으로 돌아가고 있었다. 평소와 다름없는 퇴근길이었지만 집에서 멀지 않은 곳에서 흉기를 든 강도와 마주쳤다. 그녀는 다급한 목소리로 살려달라고 외쳤고, 동네 주민들이 모두 이 소리를 들었다. 몇몇 집에서 불을 켜자 강도는 겁을 먹고 도망갔다. 그런데 아무도 나오지 않을 뿐 아니라 켰던 불까지 끄는 걸 보고 다시 돌아와서 제노비스를 위협했다. 또 비명이 들리자 몇몇 집에서 다시 불을 켰고, 창문을 열어 살펴보는 사람도 있었다. 이번에도 강도는 도망갔고, 제노비스는 집을 향해 있는 힘껏 뛰었다. 간신히 집 앞에 도착한 그녀는 악몽 같은 일이 전부 끝났다고 생각했다. 하지만 문을 열려는 순간, 강도가 다시 눈앞에 나타났다. 제노비스는 강도가 휘두른 흉기에 무차별 난자당했다.

그날 밤, 주택가에서 강도를 만난 제노비스는 수차례 소리를 질러 도움을 구했다. 비명을 듣고 불을 켠 후 창문을 통해 범행 현장을 목격한 사람이 최소 서른여덟 명이나 되었다. 하지만 단 한 명도 나와보지 않았고, 심지어 경찰에 신고한 사람도 없었다. 당시 이 일은 뉴욕 사회에 커다란 충격을 안겼으며, 수많은 심리학자와 사회학자의 주목을 끌었다. 학자들은 '책임의 분산'이라는 개념으로 다수의 방관자가 타인

162

의 불행에 무관심한 현상을 설명했다. 책임의 분산은 사건 사고의 현장에 다른 사람이 있으면 개인이 져야 하는 책임이 줄어든다는 의미다.

수많은 심리학자가 책임의 분산이 발생하는 이유를 규명하기 위해 다양한 실험과 조사를 계속했다. 분석 결과 이 현상은 사람들이 너무 냉혹하거나 도덕성이 부족해서가 아니라, 상황에 따라 타인을 도우려는 동기의 강도가 달라서 발생했다. 도울 사람이 자신 한 명뿐이라면 그는 자신의 도움이 불행을 당한 사람에게 얼마나 중요한지 인식한다. 반대로 현장에 사람이 많으면 도와야 하는 책임이 분산되어 개인이 져야 하는 책임이 줄어든다. 어쩌면 그 작은 책임조차 인식하지 못할 수도 있다. 이런 이유로 '내가 아니더라도 누군가가 하겠지!'라는 심리가 생기고, 현장에 있는 모든 사람이 이렇게 생각했을 때 '집단 냉담'이라는 기이한 현상이 발생한다.

사회적 태만과 책임의 분산은 모두 집단 속 개인의 심리 변화를 설명한다. 우리는 모두 이런저런 집단의 구성원이고, 각 집단이 추구하는 공동의 목표를 위해 노력해야 하므로 이를 방해하는 심리 활동을 반드시 극복해야 한다. 우선 자신이 집단 안에서 없어서는 안 될 존재라고 인식할 필요가 있다. 또 누구의 영향도 받지 않은 자신만의 행동 기준을 명확히 세워서 그에 따라 행동해야 한다. 남들이 전력을 다하든 다하지 않든, 타인이 어떤 방식으로 반응하든 집단의 구성원으로서 최선을 다하고, 반드시 해야 할 행동을 하면 된다. 집단 속 모든 개인이 이렇게 한다면 집단의 효율이 더 크게 상승하고, 역량은 개인보다 더 커질 것이 분명하다.

행동의 밑바닥에 가치관이 있다

━━ 한 부대에서 근무하는 군인인 리강과 리밍은 절친한 동료다. 리강의 부모님은 혁명 시절 남하(南下)한 군인이었고, 아내 역시 군인이다. 리강 부부는 고향에서 멀리 떨어진 곳에서 살고, 형 부부는 고향에서 부모님과 함께 산다. 평소 부모님은 바쁜 형 부부를 도와 그들의 자녀를 돌본다. 부모님은 매년 설이 되면 온 가족이 함께 모여 새해를 맞이하고자 하지만 리강의 생각은 좀 다르다. 부모님 곁에 있지는 못해도 매달 용돈을 보내드리고 아이도 봐달라고 하지 않으므로 자식 된 도리가 부족하지 않다고 생각한다. 하루 꼬박 기차를 타고 가야 하는데 잠시 얼굴을 보려고 그렇게 시간을 들일 필요가 있을까 싶다. 또 형수님은 '손님'을 대접해야 하니 어찌 부담스럽지 않겠는가? 그렇다고 엄연한 집주인인 형 부부가 있는데, 손님인 리강네 부부가 나서서 이것저것 부산스럽게 할 수도 없는 노릇이다.

리밍의 아버지는 매우 강한 사람이고, 어머니는 전형적인 농촌 여성으로 남편과 아이를 돌보는 일을 숙명처럼 여기며 사는 분이었다. 리밍의 아내 역시 군인이지만 그는 리강과 생각이 전혀 다르다. 매년 설이 되면 리밍은 아내에게 "모처럼 한 번 가는 거니까 힘들고 피곤해도 참아"라고 말하며 귀향길을 재촉한다. 리밍의 아내는 고향에 가면 평소보다 더 바쁘다. 시장을 봐와서 식사를 준비하고, 다 먹고 나면 설거지를 했다. 마치 '안주인'처럼 오가는 명절 손님들을 대접하느라 종일 잠시 쉴 틈도 없다.

20여 년 후 리강과 리밍은 다시 같은 부대에서 일하게 되었다. 당당한 체격에 남성적인 매력이 넘치는 리강은 여전히 아내를 아끼고 자상하게 보살폈다. 언제나 다정하게 손을 잡고 다니거나, 아내를 자전거 뒤에 태우고 다니는 모습을 보고 이웃들이 부러워할 정도였다. 리강은 아내가 자신과 결혼해 주었으니 당연한 일이라고 생각했다. 반면에 고고하고 점잖은 외모의 리밍은 뼛속까지 남성 우월주의로 가득한 사람이었다. 결혼했으니 아내의 평생을 책임져야 한다는 게 그의 결혼관이었다. 대신 자신은 바깥일을 주로 보고, 집안의 대소사는 아내가 알아서 하도록 했다.

리강과 리밍은 절친한 동료지만 결혼에 대한 가치관은 이렇게나 크게 달랐다. 리강이 아내를 '손님'으로, 리밍이 아내를 '안주인'으로 보는 데서 이미 그들이 어떻게 결혼을 바라보고 있는지 충분히 짐작하고도 남는다. 개인이 구체적으로 어떻게 행동할지, 어떠한 반응을 보이는지를 결정하는 핵심이 바로 가치관이다. 행동의 심리적 기반인 가치관은 대체로 안정적이고, 또 지속적이다. 20년이 넘는 결혼 기간 내내, 리강과 리밍이 아내를 대하는 태도가 크게 달라지지 않은 이유도 바로 이 때문이다.

가치관의 형성은 타고난 유전적 요소 및 성장환경과 관련이 있으며, 살면서 겪는 다양한 경험의 영향을 받는다. 그러므로 당연히 사람마다 가치관이 제각각이고 하는 행동도 같을 수 없다. 개인에게 어떤 가치관이 일단 형성되면 오랜 시간에 걸쳐 안정적으로 자리 잡는 일이 보통이지만 경험이 더해지고 환경이 바뀌면서 가치관이 변하는 일이 없지는 않다.

━━ 세계 4대 사관학교 중 하나인 웨스트포인트 사관학교는 역사적으로 걸출한 군인을 수없이 배출한 미국 장성의 요람이다. 지금은 기업계 거물들을 배출하는 경영대학원으로도 주목받고 있다.

교장은 매년 입학식 축사에서 이 학교 출신의 유명인들을 언급한다. 모두 웨스트포인트에서 배우고 생활했으며, 졸업 후에 국가와 국민을 위해 큰 공헌을 한 사람들이다. 교장이 소개하는 선배들의 활약은 이제 막 캠퍼스에 발을 디딘 신입생들의 자긍심을 드높인다. 교장의 축사에 등장하지 않은 훌륭한 선배들도 잊히지 않는다. 캠퍼스 곳곳에서 웨스트포인트가 배출한 유명한 인물들의 조각상을 목격할 수 있기 때문이다. 웨스트포인트 사관학교의 교훈은 '책임, 명예, 국가'다. 이곳에서 자신을 갈고닦은 학생들은 모두 강한 책임감과 명예, 애국심을 갖춘 인물로 거듭난다. 사회로 돌아간 그들은 자신을 향한 도전을 멈추지 않으며, 명예를 목숨보다 중요하게 생각하고, 국가와 국민에 책임감을 느끼며 생활한다.

웨스트포인트 사관학교가 그렇게 수많은 거물을 배출할 수 있었던 이유는 그들이 학생들에게 전달한 가치관과 밀접한 관계가 있다. 긍정적이고 확실한 가치관은 학생들이 어떤 일에 부딪혔을 때, 이성적으로 흔들리지 않고 어려움을 극복하게 도와주었다. 살면서 만나는 각종 일을 처리하는 방식과 구체적 방법, 내놓은 모든 결정……, 이런 것들은 모두 우리의 가치관과 떼려야 뗄 수 없다. 가치관은 사람이 마음을 움직이고, 세상 만물을 인식하는 태도다.

의식과
잠재의식

사람은 생각의 산물이다

우리가 눈으로 보는 것은 사물의 전체 모습이 아니다. 사람들은 보통 자기가 보고 싶은 것만 보고, 나머지는 애초에 관심도 없기 때문이다. 설령 보았더라도 일부러 마치 아무것도 아닌 양 무시하곤 한다. 어느 도넛 가게에는 이런 글이 적혀 있다고 한다. '낙관적인 사람은 맛있는 도넛을 보지만, 비관적인 사람은 도넛 가운데 빈 구멍을 본다.'

모든 사람은 자기 생각의 산물이다. 잠재의식은 우리 삶에 영향을 미치고 운명을 결정한다. 기억하자. 나의 생각이 내가 하는 행동을 결정하고, 내가 한 행동은 무언가 결과를 만든다.

━━ 마네이는 한 회사에 오래 다니며 능력을 인정받는 커리어우먼이다. 하지만 동료들은 이구동성으로 그녀를 '불만쟁이'라고 부른다. 실제로 일터에서나 개인 생활에서나 마네이는 늘 무언가를 향해 불만을 쏟아냈다. 남편이 퇴근 후에 바로 귀가하지 않자 사랑이 식었나 보다고 속상해했고, 시어머니와 의견충돌이 생겼을 때는 남편을 향해 왜 편들어 주지 않느냐고 쏘아붙였다. 매일 마네이가 출근하면 시어머니가 아들을 돌보므로 할머니와 손자가 함께 있는 시간이 당연히 더 많다. 그런데도 마네이는 아들이 엄마보다 할머니를 더 좋아한다고 나무랐고, 심지어 시어머니가 뒤에서 조종하는 게 아닌지 의심했다. 직장에서도 별반 다르지 않았다. 일하는 내내 마네이의 불만은 멈출 줄 몰랐다. 얼마 전에는 상사에게 올린 기획안이 통과되지 않자 회사에서 만나는 사람마다 붙잡고 그 상사가 아주 인정머리 없고 냉혹한 사람이라고 욕했다. 상사에게도 이럴진대 동료라고 그냥 넘어가겠는가? 만약 그녀가 도와달라고 했을 때 거절하면 어김없이 자신을 무시했다며 우습게 보냐는 소리가 돌아왔다.

부정적, 불평불만, 자기인식 제로 등의 말로 마네이를 설명할 수 있지 않을까? 만사에 불만이 많은 사람은 항상 기분이 안 좋을 수밖에 없다. 지금 마네이의 행동은 모두 그녀의 잠재의식이 만들어낸 결과다.

"하고 싶은 대로 하라!"라는 말에서 가장 중요한 부분은 바로 '하고 싶은'이다. 여기에는 좋은 면과 나쁜 면이 모두 포함돼 있는데 좀 더 좋은 쪽으로 치우치면 밝고 긍정적인 사람이 되고, 나쁜 쪽으로 치우치면 어둡고 부정적인 사람이 된다. 위대한 생각은 위인을, 평범한 생각

168

은 범인凡人을, 그리고 사악한 생각은 악인을 만든다. 철강왕 앤드루 카네기Andrew Carnegie는 이렇게 말했다. "생각은 이 세상 무엇보다 중요해서, 상대방의 생각을 알면 그가 어떤 사람인지 알 수 있다. 그는 자기 생각의 산물이기 때문이다. 생각을 바꾸면 인생도 바꿀 수 있다."

━━ 1995년 완커萬科 그룹의 회장이자 부동산 재벌 왕스王石는 요추에 혈관종이 생겼다는 진단을 받았다. 의사는 혈관종 크기가 꽤 커서 신경을 누르고 있으며 잘못하다가는 하반신이 마비될 수도 있다고 말했다. 왕스는 놀라고 당황했지만 곧 정신을 가다듬고 계획을 하나 세웠다. 더 늦기 전에 시짱西藏에 가서 오랫동안 꿈꿨던 일을 하기로 한 것이다. 여기저기 벌여놓은 일을 2년에 걸쳐 정리한 그는 마침내 1997년에 한 달 휴가를 떠났다. 왕스는 동행한 친구 한 명과 칭하이靑海 거얼무格爾木까지 가서 티베트 고원을 가로지르는 칭짱선Tibetan railway, 靑藏線을 타고 시짱으로 들어갔다. 그리고 2003년에 쉰두 살의 나이로 에베레스트산 등정에 성공했다. "제게 산에 오르는 일은 일종의 생활방식입니다. 등산은 여러분을 좀 더 진취적이고 용감하게 만들 것입니다. 시간이 흐르면서 그런 상태가 사고의 바탕으로 굳어질 테고, 생활 속에 자연스럽게 녹아들겠죠."

왕스는 오랫동안 '하고 싶다'고 생각한 일을 실제 행동으로 옮겼다. 만약 생각만 하고 행동하지 않았다면 공염불에 불과했을 것이다. 성공학 전문가 나폴레온 힐Napoleon Hill은 "물론 생각이 중요하다. 하지만 어떤 때에는 행동이 더 중요할 때도 있다. 능동적으로 나아가야지 수동적으로 기다려서는 아무 일도 할 수 없다"라고 말했다.

■■■ 이웃인 두 사람은 생활환경, 흥미, 지식수준 등 많은 부분이 달랐다. 그도 그럴 것이 한 사람은 학식이 뛰어난 대학교수고, 다른 한 사람은 거의 문맹이었기 때문이다. 하지만 두 사람에게 공통점이 하나 있었는데 바로 부유해지기를 바랐다는 사실이다. 그들은 모두 부자가 되어서 풍족하게 살고 싶었다. 문맹인 사람은 자주 교수의 집에 놀러와 돈을 벌어 부자가 될 수 있는 방법을 들었다. 이웃이 어찌나 아는 것이 많은지 만날 때마다 탄복할 정도였다. 이렇게 박식하고 훌륭한 사람이 자신의 이웃이라니 신기하기만 했다. 그는 교수에게서 이론을 듣는 데만 그치지 않고 밖으로 나가 들은 이론을 실천할 기회를 찾고 또 찾았다. 몇 년 후 그는 정말 부자가 되었지만 교수는 여전히 형편이 나아지지 않았다.

사람은 생각의 산물이다. 어떠한 사람이 되고자 한다면 우선 그에 걸맞은 생각부터 갖춰야 한다. 그런 후에 생각을 행동으로 옮기면서 강한 의지와 노력을 발휘한다면 어느새 꿈꾸던 그 사람이 될 수 있다.

나는 못 할 일이 없다

■■■ 처음 아들의 유치원 학부모 상담에 갔을 때 어머니는 담임 선생님으로부터 아들이 주의산만증ADHD이 의심된다는 이야기를 들었다. 선생님은 아

이가 의자에 3분 이상 앉아 있지 못하며, 교실 안팎을 쉴 새 없이 오간다면서 전문적인 검사를 받아보라고 권유했다. 집으로 돌아오는 길에 어머니는 다리가 후들거릴 정도로 슬펐지만 아이가 선생님이 뭐라고 하셨냐고 묻자 웃으며 대답했다. "오늘 선생님이 너를 크게 칭찬하셨어. 처음에는 네가 의자에 1분도 못 앉아 있었는데 지금은 3분이나 앉아 있다고 말이야. 선생님이 그러시는데 너는 정말 착하고 말을 잘 듣는 아이래." 그날 저녁 식사 시간, 아들은 처음으로 끝까지 얌전히 앉아 밥을 먹었다. 따로 먹여주지 않아도 혼자 알아서 밥 한 공기를 뚝딱 해치웠다.

시간이 흘러 아들이 초등학교에 입학했다. 담임 선생님은 상담하러 온 어머니에게 아이의 수학 실력을 걱정하며 50명 중에 46등을 했다고 말했다. 그러면서 혹시 모르니까 IQ 검사를 한번 제대로 받아보면 어떻겠냐고 했다. 어머니는 하마터면 울음이 터질 뻔했다. 하지만 집에 와서는 웃는 얼굴로 아들에게 말했다. "선생님이 네가 아주 똑똑하다고 하시던데? 조금만 더 집중하고 노력하기만 하면 된대. 그러면 분명히 짝꿍보다 성적이 좋아질 거라고 하셨어. 네 짝꿍은 이번 시험에서 20등 했대." 말을 마친 어머니는 아들의 눈에서 희망을 보았다. 흐리멍덩하게 힘이 없던 두 눈이 반짝이고 있었다. 다음 날, 아들은 이전보다 일찍 학교에 갔으며 점점 더 말을 잘 듣는 아이가 되었다.

아들이 중학교에 들어가자 어머니는 학부모 회의에 참석했다. 아들의 자리에 앉은 그녀는 담임 선생님이 또 어떤 말씀을 하실까 싶어 잔뜩 긴장했다. 사실 어머니는 '주의가 필요한 친구들' 명단에서 아들의 이름을 발견하는 일이 익숙했다. 그런데 이날은 이전과 좀 달랐다. 이번에는 담임 선생님이 아들의 이름을 따로 부르지 않았고, 심층 상담을 제안하지도 않았다. 어떻게 된 일인지 묻자 선생님은 "현재 성적으로 봤을 때, 명문 고등학교는 힘들어도 일반 고등학교 진학에는 전혀 문제가 없습니다"라고 말했다. 그 순간, 어머니는 가슴이 터질 것 같았다. 아들에게 달려간 그녀는 가쁜 숨을 몰아쉬면서 "선생님이 너를 아주 마음에 들어 하시는 거 같아. 조금만 더 노력하면 명문고에도 충분히 들어갈 수 있다고 하셨어!"라고 말했다.

아들이 고등학교를 졸업하고 며칠 후 학교에서 대입 결과가 나왔으니 한번 들르라는 전화가 왔다. 그 순간, 어머니는 아들이 최고 명문 칭화대淸華大學에 합격했음을 직감했다. 시험을 보러 갔을 때 그녀는 아들에게 꼭 입학할 수 있을 거라고 말했고 그녀의 말대로 아들은 정말 칭화대에 입학했다. 합격 소식을 들었을 때 어머니는 참지 못하고 방으로 뛰어 들어가 그동안 참았던 울음을 터트렸다. 뒤따라온 아들이 조용히 말했다. "엄마, 내가 그렇게 똑똑한 아이가 아니었다는 거 알고 있어요. 그래도 엄마가 포기하지 않아서 다행이에요."

이 이야기에서 가장 먼저 눈이 가는 부분은 당연히 이 어머니의 사랑과 현명함이다. 그녀는 다른 사람이 뭐라 하든 늘 아들을 믿고 응원했다. 이 외에 이 이야기에서 한 가지 더 주목해야 할 부분이 있는데 바로 아들의 잠재의식이다. 어머니가 건네는 격려는 아들의 잠재의식 속에서 자신감을 형성하는 요소로 작용했다. 그는 어머니의 말을 양분으로 삼아 천천히 자신감을 길렀고, 마침내 성공했다. 잠재의식 속에서 '나는 할 수 있다'라고 믿는 사람은 실제로도 '할 수 있다'를 증명하면서 스스로 끊임없이 운명을 바꾸고, 삶을 더 찬란하게 빛나게 한다. 잠재의식이 그 사람의 운명까지 바꾸는 것이다.

자신을 향한 누군가의 기대는 마음속에 남아 잠재의식을 형성한다. 예컨대 부모가 잘 안 먹는 아이를 쫓아다니면서 밥을 먹이면 아이의 잠재의식에 혼자서 밥을 먹지 못한다는 생각이 자리 잡는다. 그래서 늘 부모가 떠먹여 주기를 기다리는 것이다. 어느 날 엄마가 "엄마 생각에는 너도 언니들처럼 혼자 알아서 잘 먹을 수 있을 것 같아. 한번 해볼래?"라고 말하면 생각이 달라진다. 왠지 혼자 먹는 일이 대단하게 느껴진 아이는 천천히 혼자서 밥 먹는 일을 연습한다.

자녀를 교육할 때, 잠재의식의 힘을 적절히 이용하면 큰 효과를 볼수 있다. 아이들의 잠재의식 속에 '나는 잘하고 있어. 조금만 더 노력하면 분명히 성공할 수 있을 거야!'라는 신념을 형성해주는 것이다. 현재의 교육은 너무 일찍부터 점수로 학생들을 구분하는 바람에 아이들이 스스로 자신은 부족한 사람이라고 생각하게 만든다. 우선 아이 자신이 다른 사람보다 강하다고 느끼도록 유도해야 실제로 강해질 가능성이 생긴다!

안 된다고 생각하면 진짜 안 된다

1954년 이전에는 사람이 4분 안에 1마일^{약 1609미터}을 달릴 수 있으리라고 감히 생각지도 못했다. 이에 근접한 기록을 세운 사람도 없었다.

사람들은 이것이 인간의 한계를 넘어서는 불가능한 일이라고 생각했다. 영국의 유명한 육상선수 로저 배니스터Roger Bannister는 말했다. "4분 안에 1마일을 달리는 일은 스포츠 선수와 팬들이 수년간 다루었던 화두이자 꿈의 목표였죠. 다들 불가능하다고 말했어요. 불가능하다고 여기면 절대 할 수 없습니다." 당시 '4분 1마일'은 절대적인 한계였다. 옛날 선원들은 배를 타고 바다 끝까지 가면 폭포처럼 바닷물과 함께 아래로 곤두박질친다고 믿었다. 1954년 이전에 '4분 1마일'은 마치 '바다 끝 폭포'와 같은 것이었다.

1954년 5월 옥스퍼드 육상 대회, 배니스터가 3분 59초에 1마일을 완주했다. 두 달 후 네덜란드에서 오스트리아 선수 존 랜디John Landy가 3분 58초로 배니스터의 기록을 넘어섰다. 이후 3년 동안 열여섯 명의 선수가 연이어 기록을 앞당겼다.

1954년에 대체 무슨 일이 발생한 걸까? 혹시 인류의 유전자가 돌연변이라도 일으켰나? 아니면 과학기술의 발전이 선수들에게 도움을 준 걸까? 모두 아니다. '4분 1마일'이라는 꿈의 목표를 달성한 진짜 이유는 새로운 생각이 사람들을 해방했기 때문이다. 배니스터가 3분 59초에 1마일을 완주하면서 '4분 1마일'이라는 벽을 넘을 수 있음을 증명했다. 한번 생각이 바뀌니 이후부터는 시간과 노력의 문제였다.

물론 생각만 바꾼다고 세상의 모든 어려운 일이 뚝딱 해결되지는 않는다. 예컨대 인간의 신체 조건으로 1분 안에 1마일을 달리거나, 40층 고층건물에서 뛰어내려 안전하게 착지하는 일은 불가능하다. 다만 확실한 사실은 우리가 극한을 받아들이는 능력이 스스로 상상하는 수준보다 훨씬 높다는 것이다. 제자리에 정체해서 도무지 앞으로 나아가지 못하게 만드는 진짜 원인은 바로 보이지 않는 '사고의 벽'이다. 영국 심리학자 리처드 와이즈먼^{Richard Wiseman}은 저서 『괴짜심리학^{Quirkology}』에서 행운과 성격에 관한 실험을 소개했다. 다음은 그 내용이다.

━━ 나는 행운과 불운이 정말 우연한 일인지 알고 싶었다. 어쩌면 심리학으로 이 전혀 다른 두 가지 인생을 해석할 수 있지 않을까? 이를 위해 몇 가지 실험을 설계했는데 그중 하나를 여기에 소개하고자 한다. 먼저 나는 지원자들에게 신문을 한 장씩 나누어주고, 자세히 본 후에 그 안에 몇 장의 사진이 있었는지 알려달라고 했다. 사실 나는 그 신문 안에 몰래 행운을 심어두었다. 신문의 반면에 걸쳐 커다란 활자로 "이 광고를 보았다고 실험자에게 말하면 100파운드를 상금으로 받을 수 있습니다"라고 써둔 것이다. 그런데 운 나쁜 사람들은 사진의 수를 세는 데 너무 몰두한 나머지 이 뜻밖의 행운을 알아채지 못했다. 반대로 운 좋은 사람들은 훨씬 더 느긋하게 사진을 세다가 이 광고를 발견하고 100파운드를 받아갔다. 이 간단한 실험은 운 좋은 사람들이 의외의 기회를 더 잘 찾아내고 행운을 놓치지 않는다는 사실을 보여주었다.

와이즈먼의 실험에서 사고의 벽이 무엇인지 가늠할 수 있다. 참가자 중 일부는 실험자가 요구한 대로 사진을 세는 데만 몰두해서 사고를 닫아버렸다. 반면에 다른 참가자들은 사고의 벽을 허물고 사진을 세는 일 외에 다른 정보에도 주목했다. 살다 보면 마치 수도관을 타고 전진

하듯이 사고하기 쉽다. 옆에 있는 다른 출구는 의식조차 하지 못하고 그저 한 방향으로만 나아간다. 어쩌면 다른 출구 뒤에 더 넓고 자유로운 세계가 있을지도 모르는데 말이다.

그렇다면 사고의 벽은 어떻게 형성될까? 일반적으로 어떤 일을 완성하지 못했거나 제대로 하지 못해서 벌을 받으면 사고의 벽이 생겨난다. 잠재의식이 주관적으로 느끼는 일의 난도難度를 수용 불가능한 수준까지 확 올려버리기 때문이다. 한번 '이건 절대 불가능한 일'이라는 생각이 고정되면 이후부터는 자기도 모르게 자꾸만 거부하고 꺼리게 된다. 이렇게 형성된 두껍고 무거운 사고의 벽은 문제해결 방법을 찾지 못하게 방해한다. 사고의 벽이 생기면 일이 조금만 어렵고 힘들어도 계속 도피하며 현실을 마주하기 싫어진다.

백해무익한 사고의 벽을 무너뜨리는 가장 좋은 방법은 공포를 없애고 강한 자신감으로 무장하는 것이다. 자신감 부족 현상은 보통 공포와 관련이 크다. 판매원인데 고객과 이야기하는 일이 너무나 싫다면 공포가 자신감을 전부 앗아갔기 때문이다. 이런 공포가 생겨나면 어떻게 해야 할까? 우선 생각부터 바꿔야 하므로 내면의 공포를 똑바로 바라보고 절대 공포의 노예가 되지 않겠다고 마음을 굳게 다져야 한다.

마음의 준비가 되었으면 종이 한 장을 준비하고 지금 느끼는 이 공포를 유발한 요소를 하나씩 쓴다. 다 쓴 후에는 종이에 적은 상황들이 실제로 일어날 수도, 또 일어나지 않을 수도 있다고 자신에게 말해야 한다. 그리고 의도적으로 생각의 중점을 공포의 근원으로부터 멀리 옮겨서 본인이 능숙하게 잘하는 일을 떠올린다. 이런 방식으로 자신감을 있는 힘껏 끌어올린 후에 일을 시작한다. 일을 마친 후에는 다시 그 종이를 펼쳐서 그중에 무엇이 발생했고, 또 발생하지 않았는지 확인해본다. 장담컨대 발생한 일은 없거나, 많아야 한두 개일 것이다. 이 방법을 몇 번 반복하다 보면 점점 공포가 줄어든다. 그리고 완전히 공포가 사라지는 날, 사고의 벽이 무너지고 비로소 열린 사고가 가능하다.

의식의 전환으로 감정을 다루다

━━ 중학생 샤오밍은 반에서 성적이 가장 좋다. 특히 늘 90점 이상 받는 수학은 가장 좋아하는 과목이다. 그런데 이번 중간고사에서는 어찌 된 일인지 수학 점수가 겨우 80점에 그쳤다. 속이 상한 샤오밍은 집에 들어가자마자 펑펑 울기 시작했다. 우는 이유를 들은 엄마가 샤오밍을 위로했다. "이번 시험 하나로 네 능력을 평가할 수는 없어. 우리 같이 어떤 문제들을 잘못 풀었는지 한번 볼까? 그러면 네가 정확히 이해하지 못했거나 부족한 부분을 알 수 있잖아. 그걸 다시 배우고 연습하면 같은 실수를 안 할 거야. 시험 성적 때문에 너무 좋아하거나 또 너무 속상해할 필요 없단다. 시험은 그냥 네 학습 방식이 옳은지, 수업 내용을 얼마나 이해했는지 확인하는 방법일 뿐이야. 알았지?" 엄마의 말을 들은 샤오밍은 마음이 한결 편안해졌다. 이후 그는 정확히 모르는 부분을 중점적으로 공부하면서 약점을 보완했고, 기말고사에서 예전처럼 90점을 훨씬 넘는 점수를 받았다.

샤오밍의 엄마는 아주 현명한 여성이다. 그녀는 아들에게 위로의 말을 건네면서 심리학에서 이야기하는 '의식의 전환'에 성공했다. 샤오밍이 그토록 슬퍼한 이유는 시험 성적이 곧 자신의 지적 능력을 평가하는 잣대라고 생각했기 때문이다. 좋은 점수를 받지 못하면 똑똑하지 않다는 이야기가 되니 그렇게 슬펐던 거다. 엄마는 시험 성적이란 단순히 학습 방식의 타당성과 교과 이해 정도를 확인하는 방법일 뿐이라고 설명함으로써 샤오밍의 의식을 전환했다. 덕분에 샤오밍은 시험 점수를 대하는 태도를 바꾸었고, 자연스럽게 기분도 좋아졌다.

우리는 언제나 감정의 양극단, 그러니까 아주 즐겁고 행복한 상태와 아주 우울하고 분노하는 상태의 사이 어딘가에 놓여 있다. 이 위치를 결정하는 핵심이 바로 의식이다. 의식을 전환하면 마음가짐에 변화가 발생하고 그러면 감정도 바뀐다. 그래서 '천국과 지옥은 생각의 차이'라고 하는 것이다.

━━ 류메이가 친구에게 불만을 토로했다. "아, 정말 돌아버릴 것 같아. 제발 그 사람 좀 회사에서 안 봤으면 좋겠어. 내가 나가든지, 그 인간이 나가든지 벗어나고 싶다고!" 류메이가 말하는 '그'는 바로 그녀의 상사다.

얼마 전 류메이는 상사에게 재무제표 통계자료를 제출했다. 엄청난 에너지와 시간을 쏟아부어서 완성한 자료였기에 내심 상사의 칭찬을 기대했다. 어쩌면 며칠 동안 수고했으니까 오늘은 일찍 퇴근해서 쉬라고 할지도 몰랐다. 뭐 꼭 그렇지 않더라도 따뜻한 미소와 신뢰의 눈빛 정도면 충분하다고 생각했다. 하지만 기대와 달리 상사는 류메이가 제출한 자료를 눈으로 한 번 쓱 훑어보더니 냉랭한 목소리로 말했다. "이건 뭐, 전부 실수투성이네⋯⋯, 너무 많아서 어디라고 지적할 수도 없겠어. 초등학교 다니면서 계산하는 법을 못 배운 거야? 미안한데, 네가 자료라고 부르는 이거는 그냥 쓰레기통에 버리는 편이 낫겠다. 오늘 퇴근할 생각 하지 말고, 최대한 빨리 다시 제대로 해서 가져와!" 그 순간, 충격과 분노가 마치 바이러스처럼 류메이의 온몸으로 퍼져 나갔다. 아니, 어떻게 저렇게 말할 수 있어? 너무한 거 아니야? 뭐가 문제인지 좋게 말해도 되잖아!

물론 상사의 말투도 좋다고 할 수 없지만 류메이가 상사의 비판을 대하는 태도에도 문제가 있다. 상사가 저렇게 말하는 이유는 류메이가 임무를 훌륭히 완수하지 못해서다. 류메이와 상사는 일종의 '전우'다. 일반적인 상황이라면 상사 역시 자신의 상사에게 받는 스트레스가 상당하므로 빨리 일을 진행하고 싶지, 류메이가 잘했는데 괜히 트집을 잡아 시간을 지체했을 리 없다. 만약 류메이가 이런 식으로 생각을 전환했다면 무조건 화가 나거나 상사가 원망스럽지만은 않았을 것이다. 한껏 기대한 칭찬을 듣지 못하면 한없이 실망스럽겠지만 비판을 겸허히 받아들이고 마음을 가라앉혀서 빨리 새로 자료를 만드는 편이 훨씬 효율적이다. 그래야 처음과 달리 빈틈 하나 없는 완벽한 자료를 만들 수 있지 않을까?

즐거움, 쾌락, 자유, 행복을 추구하기에도 시간이 부족한데 뭐 하러 분노, 고통, 번민, 우울을 일으키는 일에 붙잡혀 있는가? 부정적 감정을 일으키는 일에 부딪히면 재빨리 의식을 전환해서 평정심을 유지하자. 이런 태도가 생활 습관으로 자리 잡으면 인생관, 세계관, 생명관에도 역시 긍정적인 변화가 생길 것이다. 다음의 두 가지 방법부터 시작하자.

첫째, 책을 많이 읽어서 여러 방면의 지식을 흡수하고 시야를 넓혀야 한다. 그러면 문제에 부딪혔을 때 좀 더 쉽게 해결의 실마리를 찾을 수 있다. 의식 전환은 절대 쉬운 일이 아니다. 탄탄한 지식과 소양이 밑바탕이 되어야 비로소 의식을 자유롭게 조절할 수 있다.

둘째, 선량한 마음으로 사람을 대해야 한다. 타인의 결점을 좀 더 부드러운 눈으로 바라보고 다양한 사람과 조화롭게 지내는 법을 배우자. 상대방의 장점을 더 많이 보고 자연스레 칭찬을 건네는 자세를 몸에 배게 하자. 타인으로부터 존중과 관심을 얻고 싶다면 너무 까다롭게 굴지 말아야 한다.

셋째, 마음을 넓게 가져야 한다. 관용적인 태도는 내면의 잠재력을 발휘시키며, 좀 더 낙관적인 태도를 유지하게 해준다.

내 안의 잠자는 거인을 깨워라

━━ 미국 뉴욕에 40년 가까이 구걸하며 살아온 노숙자가 있었다. 그는 거의 평생 셀 수 없을 정도로 많은 길을 정처 없이 떠돌아다니며 살았다. 어느 날 그는 좀 넉넉한 돈을 적선받을 요량으로 빌 게이츠의 집 앞에 갔다. 빌 게이츠가 세상에서 가장 돈이 많은 사람이라고 들었기 때문이다. "선생님에게 1만 달러는 1달러와 같겠지요. 그러니 불쌍한 제게 선생님의 1달러를 주시지 않겠습니까?" 그러자 빌 게이츠는 1달러 지폐 한 장과 명함 한 장을 건네면서 말했다. "여기 1달러와 나머지 9999달러 드립니다." 노숙자는 실망한 표정을 감추지 못했다. 무슨 소리야? 이 명함이 9999달러라고? 그의 실망과 의심이 가득한 표정을 읽은 빌 게이츠는 이렇게 덧붙였다. "그 명함 위에 적힌 대로 하면 9999달러보다 더 큰 가치를 얻을 수도 있습니다." 명함 위에는 '잘하는 일을 하고, 지식으로 부를 쌓는다'라고 적혀 있었다. 노숙자는 손에 든 1달러와 명함을 물끄러미 바라보면서 생각에 잠겼다.

얼마 후 노숙자는 뉴욕 창업지원기구 ERA에 노숙자를 위한 사회적 기업 설립 기획안을 보냈다. 그는 이 기업을 설립해야 하는 이유를 다음과 같이 설명했다. 첫째, 이 분야의 시장이 매우 크다. 통계에 따르면 현재 뉴욕에만 약 20만 명의 노숙자가 구걸로 생활하고 있다. 둘째, 궁극적인 목표는 사회 서비스다. 노숙자가 너무 많아 기존 사회복지기구에서 전부 감당하지 못하므로 유사한 기능을 하는 사회적 기업이 꼭 필요하다. 셋째, 설립 희망자는 40년에 걸친 노숙과 구걸로 관련 경험이 누구 못지않게 풍부하다. 넷째, 시대가 필요로 하는 기업이다. 지식 시대가 이미 도래했고, 지식을 이용하면 자신과 타인이 돈을 버는 일을 도울 수 있다.

도무지 믿기 어려운 일이지만 ERA는 정말 그의 설립 기획안을 통과시켰다. 얼마 지나지 않아 이 기업이 정식으로 문을 열었고, 몇 년 후에는 자산이 1000만 달러에 달하는 큰 기업으로 성장했다.

이야기 속의 '40년 경력의 노숙자'는 빌 게이츠의 명함 한 장을 계기로 인생 후반부의 운명을 완전히 바꾸었다. 이 성공은 그의 내면에 숨어 있던 잠재능력이 발휘된 결과다.

잠재능력의 힘과 그 중요성은 누구도 부정할 수 없는 사실이다. 잠재능력은 그 사람의 인생을 결정하고 삶을 더 아름답게 바꾸어준다. 물론 지금 상황에 굉장히 만족할 수도 있다. 사업이 나날이 잘되고 있으며, 가족들이 모두 건강하고 행복하니까 말이다. 하지만 더 힘을 써서 잠재능력을 자극해서 최대한 발휘한다면 여기에 그치지 않고 훨씬 더 높게 날아오를 수 있다. 사람들은 성공하려면 배경이나 인맥 등 외부 조건이 중요하다고 생각하지만 꼭 그렇지만은 않다. 대부분 성공은 그 사람의 노력, 즉 잠재능력을 발휘한 결과다.

중국에서 꽤 잘 알려진 민영기업 회장 중에는 한때 지지리도 가난하게 살았던 사람이 많다. 자동차 부품업체 완샹萬向 그룹 회장 루관추魯冠球는 철강 노동자였다. 전기기계 부품을 생산하는 더리시德力西 그룹의 후청중胡成中 회장은 재봉사였고, 건축 부동산 업체 광샤廣廈 그룹을 창립한 러우중푸樓忠福는 건설노동자였다. 또 중국 남성복 시장 1위의 영거Youngor 그룹 회장 리루청李如成은 농민 출신이다. 명문가나 재력가 집안 출신이 아닌 이들은 대체 어떻게 성공했을까? 그들은 모두 중국 개혁개방의 물결을 타고 과감하게 창업했고, 열심히 머리를 굴리며 부지런히 움직여서 기회를 잡았다. 그리고 자신조차 몰랐던 잠재능력을 남김없이 발휘했기에 이전보다 더 나은 삶을 살게 된 것이다.

그렇다면 어떻게 해야 잠재능력을 자극해서 더 크게 발휘할 수 있을까? 해답을 찾으려면 우선 두뇌 계발을 이해해야 한다. 우리의 '능력'은 지하광물처럼 아주 깊은 어딘가에 묻혀 있다. 그것을 발굴해낸다면 생각하는 것보다 더 많은 일을 하고, 더 좋은 성과를 거둘 수 있다. 여기서 말하는 '능력'이란 바로 '지력智力'을 의미한다. 과학자들에 따르면 보통 사람은 뇌의 약 3%만 사용하고, 나머지 약 97%는 그냥 묻힌 채 아무 기능도 하지 않는다고 한다. 이처럼 사람의 뇌는 깊은 잠에 빠진 거인과 같아서 이 거인을 깨워야만 무궁무진한 잠재능력을 발휘하고 더 우수해질 수 있다. 두뇌를 잘 계발하면 학습 열정과 지식을 일에 녹여내는 능력을 갖추게 될 것이다.

제4부

나를 위한
심리학

진짜 나를
찾아서

자아인지: 나에게 내리는 객관적 평가

━━ 딩후이는 자신감이 부족한 젊은이다. 대학을 졸업하고 꽤 괜찮은 직업을 구했지만 여전히 타인보다 많이 부족한 것 같아서 항상 괴롭다. 작은 산촌의 가난한 집에서 태어난 그는 초등학교부터 대학교까지 전부 정부 지원금을 받아서 다녔다. 12년 학창 생활 중에 자기보다 가정형편이 안 좋은 친구는 한 명도 없었다. 또 딩후이는 서른 살이 넘도록 연애 한 번 제대로 해보지 못했는데 상대방이 자신을 무시할까 봐 지레 겁을 먹었기 때문이다. 그는 자신이 세련되고 자신감이 넘치는 여성들에게 전혀 어울리지 않는 사람이라고 생각했다.

사실은 딩후이에게 호감을 보인 여성이 꽤 여러 명 있었다. 그러면 뭐 하겠는가? 딩후이가 눈도 마주치지 않고 어떻게든 피하려고만 하니까 말이다. 그러다가 상대방이 지쳐서 흥미를 잃고 연락을 끊으면 그제야 자신의 유약한 성격에 속상해한 일이 한두 번이 아니었다. 딩후이는 약하고 기개가 없는 자신이 너무나 원망스러웠다. 모든 언행과 사고방식이 전부 마음에 들지 않았지만 그렇다고 전부 뜯어고칠 용기도 없었다. 그는 늘 자신이 다른 사람보다 저급하다고 생각했기에 고통과 번민 속에 살았다.

딩후이가 자신을 어떻게 바라보는가와는 별개로, 주변 동료들은 그가 흠잡을 데 없는 괜찮은 사람이라고 생각했다. 실제로도 딩후이는 여러모로 꽤 우수한 편에 들었다. 외모도 눈에 띄는 미남이라고는 할 수 없지만 178센티미터의 키에 체격이 좋고 이목구비도 뚜렷하고 단정했다. 무엇보다 직장에서 묵묵히 성실하게 일하는 타입이어서 동료와 상사가 모두 그를 좋아했다. 안타깝게도 딩후이는 주변의 긍정적인 평가를 전혀 인식하지 못했다. 그는 자신을 바라보는 타인의 눈이 여전히 가난한 산골 소년에 머물러 있다고 생각하면서 스스로 부정적인 평가를 내렸다. 그는 시간이 흐를수록 점점 더 곤혹스러워졌고, 이런 심리는 일과 생활에까지 영향을 미쳤다.

심리학에서 '자아인지self-cognition'란 자신의 내적 특성에 대한 인식이나 지식을, '자아개념self-Concept'이란 '나는 어떤 사람인가?'라는 질문에 대한 대답을 각각 가리킨다. 이야기 속의 딩후이는 자아인지가 매우 부정적이며, 객관적이고 정확한 자아개념이 부족하다. 그는 자신의 단점에만 주목하고 장점은 무시하며, 심지어 장점을 단점으로 바라보기도 한다. 이러니 부정적이고 소극적인 언행은 어쩌면 당연한 결과라 할 수 있다. 만약 그가 자신을 제대로 바라보았다면 삶이 훨씬 더 풍부했을 것이다.

■■■ 에이브러햄 링컨 Abraham Lincoln 은 미국 역사상 가장 훌륭한 대통령으로 꼽힌다. 대통령 선거 유세를 할 때, 링컨의 외모는 종종 '놀림거리'가 되곤 했다. 한번은 어떤 사람이 "아이고, 진짜 못 봐주겠네! 너무 못생겼어!"라고 외쳤다. 이때 링컨은 전혀 당황하지 않고 담담하게 대답했다. "선생님은 아마 곧 유명해지실 겁니다. 나같이 훌륭한 사람을 놀려댔으니, 사람들이 분명히 기억하겠지요."

링컨이 대통령에 당선되자 다른 후보자들은 전혀 예상하지 못한 굴욕에 크게 당황했다. 명문가에서 좋은 교육을 받고 자란 자신이 한낱 구두 수리공의 아들에게 패배하다니, 정말 믿고 싶지 않았다. 그래서 다들 대통령의 첫 번째 상원 연설에서 반드시 치욕을 갚아주리라 마음먹었다. 연설 당일, 상원의원 한 명이 자리에서 일어나 외쳤다. "링컨 대통령, 연설을 시작하기 전에 절대 잊지 않기를 바랍니다. 당신이 구두 수리공의 아들이란 사실을 말이죠." 현장에 있던 사람들은 모두 재미있다는 듯이 크게 웃었다. 링컨은 웃음소리가 잦아들기를 기다렸다가 차분하게 대꾸했다. "감사합니다. 말씀 덕분에 제 아버지를 떠올리게 되었습니다. 이미 돌아가셨지만, 저는 제가 구두 수리공의 아들이라는 사실을 단 한 번도 잊은 적이 없답니다. 저는 대통령이지만 신발 고치는 실력은 절대 아버지를 못 따라가겠죠. 제가 알기로 아버지께서 여러분 가족의 신발을 고친 적도 있습니다. 아버지가 고친 신발이 발에 맞지 않으시다면 가지고 오세요. 제가 고쳐드리죠. 솜씨가 아버지에 훨씬 못 미치지만 어깨너머로 배웠으니까요." 링컨은 잠시 말을 멈추고 의원들을 바라보았다가 다시 말을 이어갔다. "여러분 중 누구의 신발이라도 제 아버지 손을 거친 적 있고 또 하자가 발생했다면, 기꺼이 여러분을 돕겠습니다." 깊은 속마음에 담겼던 이야기를 모두 토해낸 링컨은 눈물을 흘렸다. 잠시 정적이 흐른 후 상원의원 회관은 터져나갈 듯한 박수 소리로 가득 찼다.

링컨 대통령이 자신을 대하는 태도는 경탄할 만하다. 그는 스스로 객관적이고 공정하게 자신을 평가했으며, 정확하고 건강한 자아인지를 한 사람이었다. 그처럼 정확한 자아인지를 하고 싶다면 다음의 몇 가지를 기억하자.

첫째, 자신을 객관적인 눈으로 바라보아야 한다. 객관적인 눈은 정확한 자아인지의 기초다. 자신의 강점을 보는 동시에 결점도 보아야 하며, 이를 토대로 객관적인 평가를 할 줄 알아야 한다. 이때 자신뿐 아니라 주변 사람들이 자신을 어떻게 바라보는지에 대한 정보도 꼭 필요하다.

둘째, 자신을 있는 그대로 받아들여야 한다. 나이가 어릴수록 자신의 장점만 받아들이고, 단점은 받아들이지 않는 실수를 저지르기 쉽다. 자신의 장단점, 강점과 결점을 모두 빠짐없이 받아들여야 타인에게도 인정받을 수 있다.

셋째, 적극적으로 더 나은 자아를 만들려고 노력해야 한다. 살면서 이런저런 난관에 부딪히고 좌절을 겪는 일을 피할 수는 없다. 긍정적인 자아개념을 갖춘 사람은 난관과 좌절 앞에서도 걱정하거나 슬퍼하지 않으며, 늘 자신감과 낙관적인 태도를 유지한다. 자아의 완성과 발전은 긍정적인 자아개념을 형성시키고, 긍정적인 자아개념은 다시 자아의 완성과 발전을 촉진한다. 그러므로 좀 더 적극적으로 각종 사회활동에 참가해 이리저리 부딪히면서 더 나은 자아를 만들자. 난관과 좌절에 대한 '면역력'을 키우고, 각 방면의 소질을 끌어올려 더 나은 자아를 만들기 위해 노력할 필요가 있다.

사고의 패턴: 창의적인 사고를 막는 장해물

학교 다닐 때 예전에 한 번 틀린 문제를 또 틀린 경험이 있을 것이다. 우리는 무의식적으로 기존의 습관적인 사고방식을 새로운 상황에 적용하려고 한다. 문제를 인식하는 사고의 각도 역시 웬만해서는 잘 바꾸려고 하지 않는다. 이것을 '사고의 패턴'이라고 한다. 심리학에서는 사람들이 사물을 인식할 때 보이는 '사고의 준비상태'를 가리킬 때 이 용어를 사용한다. 사고의 패턴은 같은 종류의 후속 사고 활동에 영향을 주거나 아예 결정한다. 물론 사고의 패턴이 새로운 문제의 해결에 도움이 될 때도 있지만 거꾸로 발전을 가로막는 방해물이 되기도 하므로 경계해야 한다.

간단한 예를 들어보자. 지금 당신 앞에 인물 사진 두 장이 놓여 있다. 한 사람은 외모가 훌륭하고 고상하지만 다른 한 사람은 못생긴 얼굴에 저속한 행색이다. 이 두 사람 중 한 명이 전국에 지명수배가 내려진 범죄자라고 한다면 누구를 지목하겠는가? 아마도 조금의 망설임도 없이 두 번째 사진을 골랐을 것이다. 이전에 형성된 지식, 경험, 습관은 고정된 인지 경향을 형성하고, 이것은 나중의 분석이나 판단에 영향을 미쳐 '사고의 패턴'으로 굳어진다. 즉 사고란 늘 이미 존재하는 '틀'을 벗어나기 어렵다.

━━ 사업 초기 도시바Toshiba는 쌓여가는 선풍기 재고 때문에 골머리를 앓았다. 위아래 상관없이 모든 직원이 나서서 판매량을 늘려보려고 애썼으나 소용없었다. 시장 경기도 좋지 않아 언제 상황이 바뀔지도 알 수 없었다. 어느 날 회사의 말단직원 한 명이 사장 이시자카 다이조石坂泰三에게 새로운 아이디어를 제안했다. 당시 전 세계의 선풍기는 모두 검은색이었고, 도시바의 선풍기도 예외가 아니었다. 그런데 이 말단직원은 검은색을 좀 더 밝고 옅은 색으로 바꾸면 어떻겠냐고 말했고, 이시자카 사장은 이를 긍정적으로 받아들였다.
몇 차례 연구와 회의를 거친 후 도시바는 다음 해 여름에 하늘색 선풍기를 출시했다. 결과는 대성공이었다. 고객들은 칙칙한 검은색 선풍기보다 밝고 시원한 하늘색 선풍기를 무척 좋아했다. 한때 선풍기 재고로 고민하던 도시바는 몇 개월 사이에 선풍기 수십만 대를 팔아치웠다. 이후 일본뿐 아니라 전 세계의 선풍기가 획일화된 검은색에서 벗어났다.

일본 및 전 세계의 수많은 전자기기 제조 회사들은 왜 이 생각을 못했을까? 이유는 바로 선풍기라는 사물이 생긴 이래 늘 검은색이었기 때문이다. 모두 그렇게 했고, 시대가 바뀌어도 그랬으며, 시간이 흐르면서 일종의 관례이자 전통으로 자리 잡은 것이다. 선풍기는 오직 검은색일 수밖에 없으며, 검은색이 아니면 선풍기라고 부를 수도 없다. 이러한 관례, 상규常規, 전통이 두뇌 활동에 반영되어 심리 및 사고의 패턴으로 굳어졌다. 시간이 흐를수록 이 패턴이 혁신적인 사고를 가로막는 힘은 더 강해졌고, 그 속박에서 벗어나는 일은 더욱 힘겨워졌다. 그러다가 도시바가 한 말단직원이 내놓은 아이디어로 사고의 각도를 바꾸었고, '선풍기는 검은색이어야만 한다'는 사고의 패턴에서 벗어나 엄청난 성공을 거두었다.

영국 사회심리학자 그레이엄 월러스Graham Wallas은 1926년에 저서 『사고의 예술The Art of Thought』에서 수많은 창의적인 발명가가 직접 구술한 경험을 연구한 결과를 소개했다. 그는 네 단계, 즉 '준비-부화-발현-검증'의 순서에 따라 문제해결을 시도하면 창의적인 해결방안을 얻을 수 있다고 주장했다. '월러스의 창의성 4단계 모형the four stages of creativity'의 구체적인 내용은 다음과 같다.

준비 preparation

문제를 의식하고, 각종 자료를 수집하고, 사고를 시작하는 단계로 의식적인 노력이 필요한 시기다. 창의적인 활동을 하고 싶으면 우선 유의미한 문제를 제시해야 한다. 창의적인 사고의 출발은 유의미한 문제이며, 문제는 곧 사고의 방향을 결정하기 때문이다. 그러므로 이 단계에서는 의식, 정의, 원인 탐구 등을 거쳐 문제를 최대한 명료하게 하는 것이 가장 중요하다. 또 사고하는 사람은 자료를 수집하고, 정보를 선별하는 동시에 일련의 기초적인 탐색을 수행해야 한다. 문제의 특징을 알아내고 다각적인 분석을 통해 해결안을 모색해야 한다.

부화 incubation

직접적이고 즉각적인 해결이 불가능하면 해결안이 떠오르는 기간, 즉 부화 단계가 시작된다. 이 시기는 문제의 특성에 따라 짧게는 몇 분에서 길게는 몇 개월, 몇 년이 걸리기도 한다. 그동안 문제해결을 억지로 밀어붙일 수 없으며, 잠시 '포기'했다고 말해도 무방할 정도로 의식적인 노력이 중단된 것처럼 보인다. 하지만 월러스는 이 단계에서 '무의식적인 두뇌 활동'이 여전히 계속되고 있으며, 두뇌의 잠재의식이 자기도 모르는 사이에 수집한 자료를 선별하고 분석한다고 설명했다.

발현 illumination

부화 단계를 거쳐 갑자기 나타나는 깨달음이나 직감의 단계다. 마치 충분한 부화를 통해 순간적으로 알이 깨지면서 병아리가 나오듯이, 무의식적인 정신 작용이 감추어졌던 아이디어를 떠오르게 한 결과다. 대부분 의식적인 노력의 결과라기보다 피곤해서 쉬고 났더니, 혹은 다른 일에 주의를 돌렸더니 돌발적으로 생겨난다. 매우 갑작스럽고 완전하며 강렬하고 "아하!"라는 탄성이 터지는데, 월러스는 이를 '유레카 경험 단계'라고 불렀다.

모든 문제가 발현 단계의 돌발적이고 강렬한 경험으로 뚝딱 해결되지는 않는다. 순간 대단한 아이디어처럼 보인 것도 실제로는 부적절하거나 문제해결에 도움이 안 될 수도 있다. 그러므로 발현 단계에서 얻은 해결책은 다음 단계에서 반드시 자세한 분석, 구체적인 가공 및 검증 과정을 거쳐야 한다. 이 시기에는 창의적 사고의 전체 과정을 돌아보면서 그 결과물이 과학적 이론 기초와 부합하는지, 사람들에게 이해되고 인정받을 수 있는지를 확인한다. 그 과정에서 해결책은 꾸준히 발전될 수 있다.

사고의 패턴이 일으키는 부정적인 작용, 창의적인 사고의 4단계를 이해했는가? 그렇다면 앞으로는 일, 학습, 생활 등 어디에서나 의식적으로 사고의 패턴을 넘어서 틀을 깨보자. 더 넓고 깊은 사고, 더 융통성 있고 기민한 사고가 가능해질 것이다. 이로써 당신은 더욱 창의적인 사람으로 거듭날 수 있다.

인지 부조화: 내 심리는 내가 조절한다

인지 부조화Cognitive Dissonance 는 미국 사회심리학자 레온 페스팅거 Leon Festinger 가 처음 제시한 이론이다. 페스팅거에 따르면 인지 부조화는 태도와 일치하지 않는 행동을 했기 때문에 발생하는 불편한 감정이다. 예컨대 원래 친구를 도와주려고 했는데 실제로는 오히려 귀찮게 만든 경우가 그렇다. 페스팅거는 일반적인 상황에서 개인의 태도는 행동과 일치한다고 보았다. 좋아하는 사람과는 함께 교외로 놀러 가지만 좋아하지 않는 사람은 신경도 쓰지 않는 것처럼 말이다. 그러나 종종 태도와 행동이 불일치할 때가 있는데, 예를 들어 상사의 허세가 아무리 듣기 싫어도 밉보이고 싶지 않은 마음에 장단을 맞춰줘야 할 때다. 이처럼 태도와 행동이 불일치할 때, 사람들은 긴장하고 불편함을 느낀다. 다음은 페스팅거와 동료 연구자 제임스. M. 칼스미스James M. Carlsmith 의 유명한 인지 부조화 실험이다.

▬▬ 페스팅거와 칼스미스는 피실험자인 학생들에게 아주 단순하고 지루한 일 몇 가지를 반복하도록 했다. 문손잡이를 계속 방향을 바꿔가며 돌려야 하는 일도 있었고, 숟가락을 접시 위에 놓았다가 다시 내려놓기를 반복하는 일도 있었다. 피실험자들은 무척 지겨워했고, 모두 부정적인 태도를 보였다.

한 시간 후 실험자는 실험 보조인이 사고로 오지 못하게 되었다며 그를 대신해 옆방에 와 있는 신청자들에게 이 실험이 얼마나 재미있는지 알려달라고 부탁했다. 이때 페스팅거와 칼스미스는 피실험자를 두 그룹으로 나누고 이를 해주는 대가로 한 그룹에는 20달러를, 다른 한 그룹에는 1달러를 주었다.

관찰 결과 1달러를 받아간 피실험자는 옆방의 신청자들에게 실험이 얼마나 재미있었는지 무척 열정적으로 설명했다. 나중에 몇 가지 문답을 진행했더니, 놀랍게도 그들은 실제로 실험이 재미있었다고 믿고 있었다. 반면에 20달러를 받아간 그룹은 이 실험이 무척 지루하다고 생각했으며 옆방의 신청자들에게도 그다지 열정적으로 설명하지 않았다.

이 실험에서 모든 피실험자는 쉽게 말해 '거짓말'을 하라는 요구를 받았다. 이때 1달러를 받은 피실험자는 고작 1달러에 자신의 태도를 바꾸었다는 압박에서 벗어나기 위해 실제로 재미있었다고 생각하기로 했다. 그편이 훨씬 더 심리적인 안정감을 주었기 때문이다.

인간의 사고는 다양한 요인의 영향을 받는다. 그래서 꽤 많은 상황에서 서로 모순되는 사고가 출현하고, 이는 심리적인 압박과 긴장을 조성한다. 이런 일은 무엇을 결정할 때뿐 아니라, 각종 행위, 이유, 지각 등 다양한 방면에서 나타난다. 사람은 두 가지 모순되는 사고가 서로 충돌할 때 받는 심리적 압박과 긴장을 해소하기 위해 스스로 심리를 제어하려고 한다. 이때 종종 사실을 왜곡하고 판단이 흐려지는 상황이 발생한다. 페스팅거는 이러한 현상을 '인지 부조화 이론'으로 설명했다.

━━ 어느 무더운 여름날 오후 여우 한 마리가 길을 걷다가 탐스럽게 열린 포도를 보았다. 마침 무척 목이 말랐던 여우는 주렁주렁 달린 포도 한 송이를 따 먹으려고 손을 뻗었다. 그런데 아무리 있는 힘껏 손을 뻗고 몸을 쭉 늘여도 도무지 포도에 손이 닿지 않았다. 한참을 실랑이하던 여우는 하는 수 없이 포기하고 떠나면서 이렇게 중얼거렸다. "저 포도는 분명히 시고 맛이

없을 거야. 그래서 안 먹는 거야!" 바로 그때 지나가던 공작 한 마리가 다가 오더니 포도 한 송이를 따려고 했다. 여우는 다급하게 "이 포도는 엄청 시고 맛이 없어!"라고 외쳤다. 이 말을 들은 공작은 포도를 먹지 않기로 하고, 역 시 포도를 따 먹으려고 온 기린에게 같은 말을 해주었다. 기린 역시 포도를 먹지 않았다. 착한 기린은 나무 위의 원숭이에게 포도가 시고 맛이 없으니 먹지 말라고 알려주었다. 그러자 원숭이는 "무슨 소리야? 내가 매일 먹는 포도인데 하나도 시지 않다고!"라고 말하면서 포도를 따서 맛있게 먹었다.

『이솝 우화』에 나오는 유명한 '신 포도 여우' 이야기다. 이야기 속의 여우는 사실 포도가 달다는 걸 모르지 않았다. 하지만 먹을 수 없자 그 괴로움을 없애기 위해 일종의 '자기 위안'을 시작했다. 포도가 시어서 안 먹는 거라고 자신에게 말하는 순간, 실제로도 마음이 한결 편해졌 다. 여우는 여기에 그치지 않고, 이 생각을 다른 친구들에게까지 퍼트 렸다. 그 과정에서 여우는 정말로 포도가 시다고 믿게 되었을 것이다.

『이솝 우화』의 여우를 보고 '포도를 못 먹으니까 괜히 저런 억지를 부린다'며 비웃지만 사실 인지 부조화의 '신 포도 심리'는 심리 상태를 조절하는 아주 좋은 방법 중 하나다! 사람은 자신의 원래 생각, 관점, 예상, 바람과 모순되는 사실을 발견하면 괜히 기분이 좋지 않다. 사람들은 모두 심리 상태가 평온하기를 바라므로 애써 이 상태를 빨리 해결해서 편해지려고 한다. 그래서 이야기 속의 여우처럼 행동하는 것이다. 실제로 이렇게 하면 마음이 훨씬 편해진다. 이 외에 '달콤한 레몬 심리'[1]라는 심리 현상도 있는데 역시 '자기 위안'의 일종이다.

인지 편향: 지금 내 생각이 과연 옳을까?

사람들, 특히 젊은이들은 각자 좋아하는 연예인이 있다. 이런 스타들은 본업 외에도 각종 상품의 광고 모델을 병행하고 있다. 예컨대 유명한 배우인 청룽成龍은 중국 샴푸 브랜드 바왕霸王의 모델이다. 청룽의 팬이라면 실제 효과가 광고와 부합하는지에 관계없이 바왕 샴푸에 호감을 보일 것이다. 청룽을 믿기 때문에 자연스럽게 이 샴푸의 품질도 믿는 것이다. 심리학에서는 이런 현상을 후광효과Halo Effect 라고 한다. 만약 어떤 사람이 한 방면에서 우수한 자질을 보이면 다른 방면에서도 그러할 것이라고 믿는 심리다. 물론 그 반대도 마찬가지다. 극단적인 상황이라면 그 오류를 금세 알아차릴 수 있다. 하지만 실제 일상생활

---

1 아무리 신 레몬이라도 자기 손에 들어온 것이면 무조건 달콤하다고 믿어버리려는 심리.

에서는 그 대상이 사람이든 사물이든 후광효과의 영향을 받지 않는 때가 거의 없으며, 심지어 이 때문에 종종 타인을 중상모략하기도 한다.

당신이 전자제품에 대해 잘 모르는 사람이라고 가정해보자. 어느 날 당신은 어제 출시된 샤오미小米의 스마트폰을 보고 아주 멋지다고 생각했다. 살까 말까 고민하면서 검색을 좀 해보았더니 사용자의 81% 이상이 이 상품의 가성비를 높게 평가했다는 조사 결과가 있었다. 사용자 경험 리뷰도 호평 일색이었다. 어떻게 하겠는가? 이 멋진 스마트폰을 살 것인가, 사지 않을 것인가? 구매 여부를 고민하는 중에 우연히 위챗Wechat 모멘트에서 이 상품을 구매한 지인을 발견했다. 지인은 이 스마트폰이 '예쁜 쓰레기'라고 악평을 쏟아부었다. 말이 예약구매지 인기가 없어서인지 얼마 기다리지도 않았다고 한다. 심지어 광고에 나온 기능 몇 가지는 실제로 사용할 수도 없다고 했다. 이제 당신은 어떤 결정을 내릴 것인가?

대부분의 사람이 처음에는 이 상품을 사려고 하겠지만 나중에 지인의 평가를 보고서는 구매 계획을 철회할 것이다. 매우 비이성적인 결정이다. '아는 사람 한 명'의 경험이 많은 사람을 대상으로 한 조사보다 더 객관적이고 공정하며 신뢰 수준이 높을 리 있겠는가? 그 지인이 아무리 객관적으로 평가했더라도 그래봤자 수많은 샘플 중 하나일 뿐이며, 그것이 '사용자 81% 이상이 평가한 높은 가성비, 칭찬 일색인 사용자 경험'보다 더 정확하다고 말하기 어렵다. 그런데도 좀 더 생동적이고 구체적인 묘사였다는 이유 하나만으로 다른 정보를 무시하고 지인의 평가를 철석같이 믿는 거다. 이처럼 우리는 종종 비논리적인 추론에 따라 편견을 형성하거나 잘못된 판단을 내리곤 한다. 심리학에서는 이를 인지 편향cognitive bias이라고 하는데 앞서 언급한 후광효과가 대표적인 예다.

쉽게 알아차리지 못할 뿐, 모든 사람에게 다양한 종류의 인지 편향이 존재한다. 예컨대 후광효과는 우리가 변증법적 사고로 사물을 대하지 않고, 타인을 단순히 좋은 사람과 나쁜 사람 두 종류로 분리한다는 사실을 보여준다. 고정관념stereotyping은 대상에 대한 실질적인 정보 없이 어떠한 특성이 있을 거라 기대하는 경향이다. 현저성 편향salience bias은 정확한 데이터보다 현저하게 지각되는 특징이 더 큰 인상을 남기는 심리 현상이다. 이 외에도 수많은 인지 편향이 있는데 여기에는 한 가지 공통점이 하나 있다. 바로 우리가 깊은 사고를 꺼리고, 사고의 지름길만 찾으려고 한다는 점이다. 머릿속에 가득한 이런 지름길들은 직감이나 상식일 수도 있고, 이 외에 또 다른 어떤 것일 수도 있다. 사고의 지름길들은 대부분 상황에서 최고에 근접한 결정을 신속하게 내리게 도와주므로 유용한 편이다. 하지만 너무 여기에만 의존하다 보면 자기도 모르게 사고의 오류를 무시하고, 인지 편향이 발생하기 쉽다. 또 사람은 태생적으로 인지를 안 하려는 경향이 있어서 자꾸만 '지름길이 있는데 안 갈 이유가 뭐 있어?'라고 생각한다. 이런 이유로 뭔가를 결정하면서 일부 정보를 무시하거나, 더 정보를 찾기 싫어서 확보한 정보만 과도하게 해석하고 이용하기도 한다. 인지의 부담을 줄이기 위해서다. 그러므로 사고의 오류를 피하려면 최선을 다해 자신의 인지 능력을 유지, 강화해야 한다.

앞에서 언급한 몇 가지 인지 편향 외에도 생활 속에 수많은 편향이 존재한다. 그중에서 먼저 접한 정보에 지나치게 좌우되는 기준점 편향 anchoring bias 은 사고의 과정과 관련이 크다. 예컨대 누군가의 첫인상이 좋은 편이었으면 계속 그가 좋은 사람이라고 생각하는 식이다. 반대로 최신 편향recency bias 은 가장 최근의 경험이나 정보가 의사결정에 잘못된 영향을 주는 경우인데 이는 기억의 과정과 관련 있다. 각종 경기나 대회에서 경험이 많은 참가자들은 뒤 순서일수록 심사위원이나 관중들에게 더 깊은 인상을 남기고 좋은 성적을 거둔다는 것을 잘 알고 있다.

심리학자들은 인지 편향이 발생하는 원인으로 사람이 원래 자기중심적인 사고, 즉 '좋은 건 내 거, 나쁜 건 네 거'라고 생각하기 때문이라고 본다. 자신은 전부 좋고, 옳고, 정확하다고 생각하므로 다른 정보는 보지 않고 오로지 한 방향으로 단순하게 사고하는 것이다. 하지만 그럴 리가 있겠는가? 언제나 자기중심적 사고를 경계해 인지 편향이 발생하지 않도록 주의해야 한다.

감정에
속지 않기

관찰만 해도 셜록 홈스가 될 수 있다

살다 보면 '소인小人'을 많이 만나고, 그들로부터 많거나 적게 상처를 받기도 한다. 소인들은 대부분 속이 좁고 고집스러우며 자기밖에 몰라서 늘 자기 이익을 최우선으로 두고 타인이야 어찌 되든 신경도 안 쓴다. 또 정말 별거 아닌 아주 작은 마찰에도 갖은 수단을 동원해서 상대방에게 해를 입힌다. 이런 사람들을 만나면 일단 최대한 멀리 도망치는 편이 좋다. 어차피 부도덕한 사람이라 원망해봤자 사과를 받기는커녕 불필요한 대가를 치러야 할 수도 있으므로 괜히 가서 따질 생각도 하지 말기 바란다.

202

문제는 소인의 얼굴에 '소인'이라고 쓰여 있지 않으며, 심지어 '성인 군자'로 가장하고 있다는 것이다. 그들은 군자君子의 탈을 쓰고 소인의 논리로 움직이는 사람으로, 군자처럼 보임으로써 사리사욕을 만족한다. 군자로 위장한 소인들은 영합에 능하고 겉으로는 선한 척 온갖 가식을 떨지만 실제로는 그렇지 않다. 그들은 '뼛속까지 이기적인' 사람이다.

▬▬ 북위北魏 선무제宣武帝 시대의 왕원희王元禧는 재상이자 최고 보정輔政[2]이었으나 뇌물을 수수하고, 여색을 탐했다. 이미 수십 명에 이르는 첩이 있는데도 여전히 만족하지 못하고 미인이 있다 하면 아무리 멀어도 기어코 가서 첩으로 들이는 등 방탕하게 살았다. 나랏일을 처리하는 데도 원칙을 무시하고, 권력을 이용해서 하고 싶은 대로 했다. 또 황위를 계승한 선무제가 못마땅하면서도 겉으로는 충신인 양 굴었다. 무슨 말을 하든 덮어놓고 찬성했으니 선무제는 왕원희를 무척 좋아해서 여러 차례 공개적으로 칭찬했다. "왕원희야말로 충신의 모범이다. 늘 겸손한 태도로 정도를 지키며 황제의 뜻을 거스르지 않으니 어찌 아니겠는가? 예로부터 충신이라 불린 사람들도 그보다는 못했을 것이다!"

어느 날 '진짜 충신' 한 명이 선무제에게 왕원희의 각종 악행을 낱낱이 고했다. 그는 왕원희가 충신인 양 행세하지만 사실은 부정부패를 일삼으며 간사하고 교활하기 이를 데 없으니 제발 제대로 조사해서 진상을 밝혀달라고 간청했다.

---

2 황제를 도와 나라를 다스리는 관직.

이에 선무제는 한동안 왕원희를 은밀히 관찰한 끝에 그가 소인배에 불과하다는 사실을 알아차리고 엄하게 꾸짖었다. "네가 그리도 입속의 혀같이 굴어 내 눈을 가렸구나. 감히 나를 어찌 보고 그런 짓을 한 것이냐? 하나 간언하지 않는 너를 알아차리지 못한 내 잘못이 가장 크다!"

왕원희는 자신이 이미 황제의 눈 밖에 난 것을 알고 두려워 측근들을 소집해 대책을 모색했다. 이 자리에서 심복 류소구劉小苟가 말했다. "재상께서는 이 나라 누구보다 자리가 높고, 권력이 큽니다. 예부터 황제가 신하를 죽이는 일이 없던 적이 없었습니다. 재상, 우리가 먼저 움직여야 합니다!"

이런 이야기가 몇 차례 오간 후 왕원희는 이를 부득부득 갈며 말했다. "황제가 어질지 못하면 당연히 자리에서 끌어내려야지! 내가 그 오랜 세월 입 다물고 고개를 조아린 것이, 설마 황제의 종이 되기 위해서였겠는가?"

이후 왕원희는 모반을 계획하며 뜻을 함께할 만한 사람들을 끌어모으기 시작했다. 그런데 측근이었던 양집시楊集始가 지금의 부귀영화를 잃을까 두려워 모반 계획을 밀고했고, 왕원희는 체포되어 황궁으로 압송되었다. 선무제가 친히 죄인에게 물었다. "너는 늘 내게 복종했고, 나도 너를 충신이라 생각했다. 어찌 나를 배신하였느냐?" 그러자 왕원희는 말했다. "그것은 전부 네 자리를 차지하기 위해서였다. 다만 하늘이 나를 돕지 않았을 뿐이다!" 선무제는 믿었던 신하의 배신에 큰 충격을 받고 왕원희와 그 일당을 처형했다.

선무제는 소인을 충신으로 착각했으나 다행히 황위를 빼앗기는 최악의 일은 피했다. 실제로도 소인은 위장에 능하지만 아무리 완벽해도 위장은 위장일 뿐, 언젠가 그 엉큼한 속셈이 드러나지 않을 리 없다. 상대방의 말 한마디, 행동거지 하나, 문제가 생겼을 때 해결하는 방식을 보고 그가 진짜 어떤 사람인지 가늠할 줄 알아야 한다. 그렇게 해서 소인이 확실하면 최대한 빨리 멀리하는 편이 상책이다. 일반적으로 소인의 언행에는 다음과 같은 특징이 있다.

첫째, 소인은 어려움을 당한 타인을 더 힘들게 한다. 도와줄 생각은 추호도 없으며, 오히려 타인의 불행을 보고 웃는다.

둘째, 소인은 이간질을 좋아해서 타인이 오랫동안 탄탄히 쌓아온 관계를 무너뜨리곤 한다. 다른 사람들이 친하게 지내는 꼴을 못 보며, 타인들끼리 갈등을 빚으면 그렇게 즐거울 수가 없다.

셋째, 소인은 없는 사실을 꾸며내는 데 능하다. 아무 풍파 없이 사는 사람들을 시기하고 질투하므로 없는 일이라도 만들어내서 기어코 상대방의 심사를 뒤집어놓는다. 소인은 다른 사람이 불행해야 행복한 사람이다.

넷째, 소인은 겉과 속이 달라서 앞에서는 찬성해도 뒤에 가면 다른 말을 한다.

다섯째, 소인은 기회주의자다. 자기만의 신념이나 원칙도 없고, 전반적으로 주견이 부족해서 여기가 좋다 하면 여기로 오고, 저기가 좋다 하면 저기로 간다. 늘 누가 무슨 소리를 하는지 주시하고 있다.

여섯째, 소인은 아부에 능하다. 강한 사람 앞에서는 아부로 관심을 끌어내고 이득을 얻는다.

소인이 되길 바라는 사람은 없지만 또 현실에서 소인은 없는 곳이 없다. 더 맑은 눈으로 셜록 홈스가 되어 주변의 소인을 가려내고 자신을 보호해야 한다.

몸으로 하는 말이 더 진실하다

고등동물인 인간은 감정을 드러내는 방식이 무척 다양하다. 언어도 그중 하나이지만 종종 일부러 사용하지 않기도 한다. 상대방의 감정을 상하게 하지 않으려고 그럴 수도 있고, 자신의 소양이나 자질을 돋보이고 싶어서일 수도 있다. 하지만 입으로 말하지 않아도 신체 언어가 내면의 감정을 드러낼 수 있다. 신체 언어는 입으로 하는 말보다 우선하며, 오히려 더 진실하다.

한 심리학자가 정부 기관의 임용 면접장에서 면접자 수십 명을 대상으로 실험했다. 그는 면접관에게 면접자가 들어오면 15분 동안은 긍정적인 태도, 예컨대 끄덕임, 만족한 표정 등을 하고, 이후 15분 동안은 모든 동작을 멈추고 얼굴도 무표정하게 바꿔달라고 요청했다. 심리학자는 면접이 진행되는 동안 각 질문에 대한 면접자의 답변 시간을 측정했다.

실험 결과 면접 중 면접관의 태도 변화는 면접자의 답변 시간에 매우 뚜렷한 영향을 미친 것으로 나타났다. 면접관의 끄덕임이나 만족한 표정 등은 면접자의 답변에 일종의 '가속기'처럼 작용했지만 반응 없음과 무표정은 '브레이크'나 다름없었다.

상대방이 계속 이야기하게 하려면 열심히 들으면서 고개를 끄덕이고, 긍정적인 몸짓을 몇 가지 더하면 된다. 반대로 상대방이 제발 이야기를 멈춰주기 바란다면 모든 동작을 멈추고 표정을 없애보자. 아주 효과적으로 목적을 달성할 수 있을 것이다. 이 외에 대화할 때 상대방의 말이나 몸짓을 자연스럽게 따라 하는 행동은 그를 존중한다는 의미이며, 이를 잘 해내는 사람은 어디에서나 환영받는다. 이 내용을 정확히 이해해서 일과 생활에 적용하면 대화의 주도권을 잡고, 그 속도와 방향까지 좌지우지할 수 있다.

신체 언어는 대화의 주도권을 잡는 데 유용할 뿐 아니라, 대화 중 타인의 감정까지 읽어내는 도구가 된다. 신체 언어로 타인의 감정을 읽는 데 익숙해지면 공감 능력이 뛰어나고 이해심 많은 사람으로 인정받을 것이다.

아주 차분한 자세, 예를 들어 양손을 움직이지 않고 다리 위에 가만히 올려놓았다면 이는 그가 대화 내용이나 상대, 혹은 한 가지 생각에 집중했다는 의미다.

아주 기분이 좋아서 경계심을 풀어버렸거나 너무 좋아서 어쩔 줄을 모를 때 사람들은 자기도 모르게 허벅지 부분을 만진다. 이런 작은 동작은 분위기를 부드럽게 만들고, 대화를 가볍게 이끌어가며 상대방과 가까워지고 싶고 함께 하기를 바란다는 의미다.

여성이 머리와 왼쪽 다리를 남성 쪽으로 향하게 두었다면, 이는 그녀가 그에게 관심이 있다는 의미다. 반대로 몸의 무게중심을 상대방으로부터 멀리 두어서 머리나 다리가 뒤로 쭉 빠져 있다면 도망치고 싶다는 뜻이다. 또 무의식중에 계속 자신의 머리카락을 만지작거리면 그와 좀 더 특별한 관계가 되기를 바라는 것이며, 굽 높은 샌들의 끈을 느슨한 채로 두었다면 자신의 마음을 드러내고 싶은 것이다. 물론 아무에게나 이렇게 하지는 않는다. 여성이 이처럼 명확하게 의도를 드러내는 행위를 보이는 대상은 모두 아주 익숙하고 신뢰하는 사람이다.

입술도 매우 중요하다. 우선 손이 입술 위에 있다면 교제를 거절한다는 의미인데 특히 입술 위에 둔 검지는 상대방의 말에 동의하지 않는다는 뜻이다. 검지는 자기 긍정을 드러내는 손가락이기 때문이다. 또 꽉 다문 입술은 귀도 막아버리고 싶다는 마음을 보여준다. 이 외에 오른쪽 어깨 아래에 둔 왼쪽 주먹, 상대방을 향한 발끝은 모두 '봉쇄'를 의미하므로 상대방을 경계한다는 뜻이다.

특정한 상황뿐 아니라 평소에 상대방이 자주 하는 동작들을 통해서 그들이 어떤 사람인지 파악할 수도 있다.

안경다리, 연필 꼭지 등 뭔가 손에 잡히는 물건을 잘근잘근 씹는 사람은 뭐든 하고 싶은 대로 하는 사람이다. 이들은 타인의 의견이나 사회의 제한을 거부한다. 습관적으로 물건을 씹으면서 자신의 이런 마음을 숨겨서 들키지 않으려고 하지만 그다지 치밀하지 못해서 발각된다면 감정이 요동칠 것이다. 갑자기 크게 화를 내거나 성질을 부릴 수도 있다.

손가락으로 머리를 쓸어내리거나 얼굴을 만지는 습관이 있는 사람은 대부분 명랑하고 낙관적인 사람이다. 좌절이나 난관을 만나도 잠시 슬퍼할 뿐, 금세 감정을 추스르고 객관적으로 접근해서 해결 방법을 찾는다.

또 손으로 턱을 만지는 사람은 인간관계가 원만하고, 처세에 노련해서 문제가 생겨도 무척 이성적이다. 턱을 만지는 행위는 자신을 안정시키는 방법으로, 충동이나 호기로운 행동을 억제하고 피하려는 시도이자 좀 더 깊은 사고로 대책을 모색 중이라는 의미다.

입이 아니라 몸으로 하는 말은 훨씬 더 진실하다. 우리가 하는 모든 작은 동작은 사랑, 희망, 기대, 거절, 거북함 등 다양한 감정을 드러낸다. 모든 감정이 신체 언어로 표현된다고 해도 과언이 아니다. 신체 언어에 주목하고 유심히 관찰한다면 자신과 상대방의 감정 깊은 곳에 숨은 커다란 비밀까지 알아낼 수 있다.

사람과 세상을 바라보는 힘

훌륭한 통찰력을 갖추면 일과 생활의 질이 모두 크게 향상될 수 있다. 설령 눈에 보이는 뚜렷한 성장이나 성과가 아니더라도, 적어도 남보다 부족한 삶을 살 일은 없다고 확신한다. 통찰력은 모든 이가 반드시 갖추어야 하는 능력으로 특히 리더라면 더욱 그러하다.

통찰력이란 무엇인가? 바로 현상을 통해 본질을 보는 능력이다. 심리학의 원리와 시각을 통해 사람의 각종 행위가 드러내는 의미를 귀납적으로 분석, 결론짓는 것이다. 여기에 더 많은 분석과 판단 능력이 필요하다. 그래서 통찰력은 일종의 '종합 능력'이라고 불린다. 특히 '사람과 시대의 흐름'을 알아차리는 데는 반드시 충분한 통찰력이 필요하다.

한 다국적 기업의 최종 면접 당일, 일대일 면접의 주제는 '맨홀 뚜껑은 왜 원형일까?'였다.

면접관: "맨홀 뚜껑은 왜 전부 원형이라고 생각합니까?"

면접자: "전부 원형은 아니고, 사각형인 것도 있습니다."

면접관: "그렇군요. 지금은 원형 맨홀 뚜껑만 이야기합시다. 왜 동그랗게 디자인했을까요?"

면접자: "원형만 이야기하신다면, 당연히 원형인 거죠. 비교의 대상이 없으니 '왜인지' 말씀드리기 어렵습니다."

면접관: "질문을 바꾸죠. 맨홀 뚜껑을 둥글게 만든 무슨 특별한 의미가 있을까요?"

면접자: "그렇습니다. 맨홀 구멍이 동그라니까 당연히 뚜껑도 동그랗게 만들 수밖에 없었겠죠. 둥글어야 둥근 구멍을 막을 수 있을 테니까요. 아주 단순한 이유입니다."

면접관: "원형 뚜껑이 사각형 뚜껑에 비해 어떤 장점이 있다고 생각합니까?"

면접자: "우선 맨홀 뚜껑 아래에 무엇이 있는지 생각해봐야 합니다. 아시다

시피 뚜껑 아래의 구멍은 동그랗습니다. 그래야 주변 땅의 압력을 버틸 수 있기 때문이죠. 또 사람 한 명이 충분히 오갈 수 있는 공간이 나와야 하는데, 사다리를 타고 내려가는 사람의 횡단면이 기본적으로 동그랗기 때문입니다. 이런 이유로 맨홀의 모양이 동그랗게 되었고, 그것을 덮는 뚜껑 역시 원형이 된 거죠."

면접관: "혹시 안전을 고려했을 수도 있을까요? 사각형 뚜껑은 떨어지기 쉬워서가 아닐까요?"

면접자: "그럴 가능성은 크지 않습니다. 맨홀 자체가 사각형이면 사각형 뚜껑을 놓기도 하는데요. 뚜껑이 실제 입구보다 훨씬 크고 금속 테두리를 둘러서 안전장치를 합니다. 매우 무겁죠. 2피트 너비의 맨홀 입구에 1~1.5인치 너비의 안전장치가 더해지니까요. 이 뚜껑을 떨어뜨리려면 우선 한쪽을 들어 올려서 30도 정도 돌려야 합니다. 그래야만 안전장치가 풀리거든요. 그다음에 다시 뚜껑 한쪽과 지평선의 각도가 45도 이상이 되게 들어 올려야 무게중심이 바뀌면서 뚜껑이 떨어집니다. 이걸 하려면 엄청난 힘이 필요합니다. 그러니까 사각형 맨홀 뚜껑을 떨어뜨릴 가능성은 분명히 있지만 아주 미미합니다. 맨홀 뚜껑에 접근할 수 있는 기술자나 관리자들에게 약간의 교육만 해도 이런 실수는 일어나지 않을 겁니다. 기술적으로 보았을 때 맨홀 뚜껑의 모양은 그저 맨홀의 모양에 따라 결정됩니다."

면접관: "당장 영업부로 출근하시죠!"

기업 발전의 여부는 인재 영입으로 판가름 난다고 해도 과언이 아니다. 어떻게 해야 좋은 인재를 알아볼 수 있을까? 어떻게 해야 훌륭한 인재를 가장 적합한 자리에 배치해서 능력을 발휘하게 할까? 이 두 가지는 모든 기업이 직면한 문제이자, 기업들이 가장 고심하는 문제다. 우선 인재를 등용할 때는 대상자의 지혜와 문제 해결 능력에 주목해야 한다. 이미 많은 대기업이 입사 지원자들에게 가상 상황을 제시하고 그들의 지혜와 대응 능력을 보는 방법을 채택하고 있다. 앞에서 소개한 이야기에 등장한 면접관은 훌륭한 통찰력을, 면접자는 지혜를 갖추고 있다. 덕분에 회사는 훌륭한 영업사원을 얻었고, 면접자는 좋은 상사 아래에서 일하게 되었다.

━━ 18세기 미국인 웰러는 유명한 부동산 재벌이자 은행가였다. 이전에 그는 한 은행의 직원이었는데 아주 똑똑하고 일을 잘해서 사장의 눈에 들었고, 금세 관리직으로 승진했다. 평소 부동산에 관심이 많고, 공부도 많이 한 그는 은행에서도 부동산 투자 관련 일을 했다.

18세기는 미국에서 건설 개발 붐이 일어난 때여서 부동산 업계가 큰 호황을 누렸다. 웰러는 워싱턴 시내가 아니라 근교에 있는 부지 하나에 주목하고, 이곳의 미래 가치가 무척 크다고 판단했다. 그는 이곳에 투자해야 한다고 동료들과 사장을 설득했지만 동료들은 물론이고 사장도 선뜻 받아들이지 않았다. 그러나 웰러는 쉽게 물러서지 않았다. "현재 미국 경제는 크게 발전 중입니다. 많은 농민이 도시로 몰려들겠죠. 워싱턴은 몇 년 안에 포화 상태가 돼서 몸살을 앓을 거고, 도시 규모를 확대할 필요성이 생길 겁니다. 그때 이 부지가 개발 건설의 대상지가 될 것이 분명합니다." 웰러의 목소리에서 확신을 읽은 사장은 마침내 투자를 결정하고, 그에게 이 프로젝트를 책임지도록 했다.

웰러가 이 부지를 매입한 후 얼마 지나지 않아 워싱턴 정부가 이 땅에 뉴타운을 건설한다는 계획을 발표했다. 이후 1년 동안 이 부지의 가격이 10배나 상승했다. 웰러의 제안을 거부했던 동료들은 크게 후회했다. 한편 순식간에 수백만 달러를 번 사장은 좋아서 어쩔 줄 몰랐다. 이 일로 10만 달러의 포상금을 받은 웰러는 이제 직접 부동산 투자 사업에 뛰어들기로 했고, 역시 큰 성공을 거두었다.

웰러의 선견지명은 통찰력에서 비롯되었다. 통찰력은 '사람과 시대의 흐름'을 알아보는 데 유용할 뿐 아니라, 일상에서 만나는 많은 문제를 해결하는 데도 큰 도움이 된다. 그렇다면 어떻게 해야 훌륭한 통찰력을 갖출 수 있을까? 첫째, 각 분야의 지적 수준을 향상해야 한다. 지적 수준이야말로 통찰력을 결정하는 전제조건이기 때문이다. 둘째, 철학을 배워야 한다. 철학은 진리를 연구하는 과학이다. 철학적 소양이 높으면 날카로운 눈으로 문제를 바라볼 수 있으며, 겉으로 보이는 모습에 쉽게 휩쓸리지 않는다. 셋째, 세상을 보는 시야를 넓히고 견식을 갖추면 문제를 분석, 해결하고 시비를 판별하는 능력을 기를 수 있다. 넷째, 호기심을 잃으면 안 된다. 호기심이 없으면 통찰력도 없다.

가짜 정보에 속지 마라

━━ 공자의 제자 중에 재여宰予는 말솜씨가 좋았다. 처음에 공자는 그를 무척 좋아했지만 시간이 흐르면서 크게 실망했다. 그도 그럴 것이 재여는 덕이 부족할 뿐 아니라, 무척 게을렀다. 심지어 낮잠을 자느라 수업에도 오지 않았다. 공자는 그가 깎을 수 없는 '썩은 나무'라고 크게 나무랐다.

다른 제자인 담대멸명澹臺滅明은 자가 자우子羽였다. 노魯 나라에서 온 그는 공자보다 서른아홉 살이나 어렸고, 얼굴이 무척 못생겼다. 자우는 최선을 다해 스승을 모셨으나 공자는 그가 큰 인재가 될 리 없다고 생각했다. 이후 노나라로 돌아간 자우는 공자의 가르침대로 수신修身을 게을리하지 않고, 꾸준히 학업을 계속했다. 정의로운 자우는 공사公事가 아니면 고관대작을 만나지 않을 정도로 권력과 부귀영화를 멀리했다. 그의 명성은 나날이 커져서 나중에 장강長江에 자리를 잡았을 때, 따르는 제자가 300여 명이나 되었다. 각 제후국에도 그의 이름이 널리 알려졌다.

이 이야기를 들은 공자는 크게 한탄했다. "나는 말을 잘하는 것만으로 사람을 판단했다가 재여를 잘못 보았고, 생김새로만 사람을 판단했다가 자우를 잃었구나!"

이 이야기는 외모로 사람을 평가한다는 의미의 사자성어 '이모취인以貌取人'의 유래다. 사람을 볼 때는 그의 재능과 인품, 도덕성을 살펴야 한다. 하지만 외모의 영향도 무시할 수는 없는데 이는 어디까지나 보조 수단일 뿐이다. 외모를 주요 판단 기준으로 삼았다가는 인재를 잃고 소인을 취할 수도 있다.

━━ 중국 삼국시대의 손권은 인재를 발탁하는 데 능한 명군^{明君}이었으나 어찌 된 일인지 방통^{龐統}을 만났을 때는 '이모취인'의 실수를 저질렀다. 주유^{周瑜}가 세상을 떠난 후 혜안을 지닌 노숙^{魯肅}이 방통의 뛰어남을 알아보고 손권에게 천거했다. 노숙은 방통을 불러들여 손권과 만나게 했으나 뜻밖에도 손권은 방통이 짙은 눈썹에 들창코, 검은 얼굴에 짧은 수염을 기른 모습이 괴상하다고 여기며 크게 실망했다. 그래도 만났으니 몇 마디 말은 나눠봐야 했기에 물었다. "평생 학문을 게을리하지 않았다 들었는데 주로 무엇을 하였는가?" "특별히 정하지 않고 그저 때에 따라 필요한 것을 공부했습니다." 손권이 다시 물었다. "자네의 재주가 주유의 그것과 비교하면 어떠한가?" 그러자 방통은 웃으면서 대답했다. "저의 재주와 학문은 주유의 것과 같지 않습니다." 이 말을 들은 손권은 자신이 평생 가장 아꼈던 주유를 무시한다고 생각해서 기분이 더 나빠져 말했다. "돌아가 있게나. 필요하면 다시 부를 것이니." 방통은 장탄식을 내뱉으며 물러났다.

노숙은 적벽대전에서 방통이 연환계^{連環計}를 추천했으며 커다란 공로를 세웠으므로 등용하기를 권했다. 하지만 손권은 방통의 외모가 추하고 주유를 존중하지 않는다고 생각하여 그가 일개 선비에 불과하며 진짜 영민한 재주는 없다고 여겼다. 손권은 끝까지 고집을 부리며 방통을 쓰지 않았다. 노숙은 손권이 이미 마음을 정한 것을 보고서 유비에게 가서 방통을 천거했다. 하지만 유비 역시 '이모취인'의 실수를 저질러 방통의 작은 고을의 현령으로 보냈을 뿐이었다. 방통은 뛰어난 인재였으나 단지 외모가 추하다는 이유로 등용되지 못했다. 나중에 장비가 그의 재능을 알아본 후에 다시 유비에게 천거한 후에야 비로소 군사중랑장軍師中郞將에 올랐다.

방통의 비극적인 운명은 추한 외모와 관계가 깊다. 역사를 살펴보면 아무리 현명한 군주여도 이처럼 멍청하고 어리석을 때가 있어 외모로 그 사람을 판단한 일이 적지 않다. 이를 거울삼아 같은 실수를 저지르지 않도록 경계해야 한다.

사람을 겉만 보고 판단해서는 안 되는 것처럼, 일할 때 역시 보이는 정보를 쉽게 믿어서는 안 된다. 상대방이 뿌리는 가짜 정보에 속아 넘어갈 가능성이 크기 때문이다.

━━ 1936년 중국 쓰촨에 큰 가뭄이 들어 식량이 부족하게 되었다. 큰 상인들이 이때를 놓치지 않고 사재기를 하는 바람에 쓰촨에서 가장 큰 도시인 충칭重慶의 곡식 가격은 순식간에 천정부지로 뛰어올랐다. 당시 충칭시 제분공장의 공장장 셴보량鮮伯良은 '밀가루 대왕'이라고 불릴 정도로 명성이 높은 실업가였다. 셴보량은 말도 안 되게 뛰어오른 원재료 가격 탓에 1년 사업을 망칠 수도 있다고 보고 방법을 모색했다.

당시 후베이湖北 한커우漢口의 곡식 가격은 일반적인 수준을 유지하고 있었다. 셴보량은 밀가루 3000포대를 직접 한커우에서 충칭으로 가져다놓은 후 다음 날부터 충칭에서 가장 큰 상인들을 찾아다녔다. 상인들은 그 유명한 '밀가루 대왕'이 직접 찾아온 데 놀라며 융숭하게 접대했다. 셴보량은 상인들과 식사를 할 때마다 미리 짜둔 간단한 연극을 했다. 한참 신나게 대화하고 있으면 부하직원 한 명이 뛰어 들어와서 센보랑에게 서류 하나를 건네고, 아주 은밀하게 귀엣말했다. 그러면 센보랑은 정색하며 자못 엄한 목소리로 말했다. "더 늦으면 안 된다고 해!" 직원이 나가면 센보랑은 미안하다는 듯이 웃으며 이렇게 말했다. "이거 정말 죄송합니다. 사실 충칭에서는 힘들고 해서 한커우에 가서 원재료를 샀답니다. 한 1만 포대 정도 되는데, 조만간 곧 충칭에 가져오려고요." 그 순간 상인들의 눈앞에는 내일 아침 신문 헤드라인이 반짝 떠올랐다. "밀가루 대왕 센보랑이 한커우에서 가져온 곡식으로 충칭의 가뭄을 해결하다!" 충칭 상인들에게는 정말 악몽 같은 이야기였다.

연극에 신빙성을 더하기 위해 센보랑은 한커우에서 가져다놓은 밀 3000포대를 시세보다 낮은 가격으로 팔기 시작했다. 이 모습을 본 상인들은 마음이 더 급해졌다. 그들은 사재기해둔 밀을 시장에 내놓고 경쟁적으로 가격을 낮추면서 판매하기 시작했다. 얼마 지나지 않아 센보랑의 충칭 제분공장 창고는 다시 낮은 가격으로 사들인 밀 포대로 가득 찼다.

센보랑이 문제를 해결하기 위해 내놓은 계책은 바로 상인들에게 가짜 정보를 뿌리는 것이었다. 상인들은 센보랑이 던진 미끼를 덥석 물었고, 센보랑은 앉은 자리에서 물고기를 낚으며 큰 이득을 얻었다. 만약 상인들이 조금만 더 조심해서 이것이 그저 센보랑의 계책일 뿐임을 알아차렸다면 기대했던 이익을 손쉽게 얻었을 것이다. 일에서든 생활에서든 가짜 정보는 언제나 우리의 두 눈을 가려 판단 착오를 일으킨다. 남들이 설치한 함정에 빠지는 일이 없도록 더 많이 고려하고 신중하게 움직여야 한다.

모두 잠들었을 때 나만 깨어 있는 행복

지각은 사람의 감각기관에 직접 작용한 사물이 뇌를 이용한 사고에 반영된 것이다. 사과를 보고, 음악을 듣고, 꽃향기를 맡는 등이 모두 지각이다. 지각 갖춤새 perceptual set 는 특정 자극에 대한 특정한 준비상태로, 어떤 활동을 할 때 이전 경험의 영향을 받아 그 특징을 유지하려는 경향을 가리킨다. 쉽게 말해 대상을 한 가지 방식으로만 지각하려는 심적 성향이다. 지각 갖춤새는 긍정적인 면과 부정적인 면이 모두 존재한다. 지각 과정을 더 신속하고 효과적으로 만드는 것은 분명 긍정적인 면이다. 하지만 너무 한 가지 방식으로만 세상을 바라보아서 지각을 방해하거나 잘못 이끄는 것은 부정적인 면이다.

과거에 멕시코 경제는 미국에 크게 의존했다. 수많은 멕시코인이 불법으로 미국에 들어와 일했으며, 각종 범죄로 처형받기도 했다. 이는 곧 멕시코에 대한 미국인의 부정적인 고정관념을 만들었다. 최근에 멕시코 정부는 이 문제를 해결하기 위해서 문화교류를 적극적으로 후원했다. 멕시코 예술 전시회와 공연 등을 미국에서 열어 많은 언론매체에 소개되도록 했으며, 미국 영화나 드라마를 멕시코에서 촬영할 수 있도록 적극적으로 지원했다. 물론 항상 긍정적인 이미지로, 아니면 적어도 객관적으로 멕시코의 현실을 보여달라는 조건을 달았다. 또 다양한 세계적인 이벤트를 유치해서 미국인의 멕시코 방문을 유도했다. 이러한 적극적인 홍보 활동 덕분에 기존의 마약, 매춘, 강도 등 부정적인 고정관념이 점차 줄어들었다. 멕시코인에 대한 인식이 개선되면서 덩달아 콜롬비아인에 대한 인식까지 좋아졌다.

이전에 미국인들은 멕시코인을 바라보면서 마약, 매춘, 강도 등의 단어를 떠올렸다. 이런 이미지들은 당연히 이전의 지각과 떼려야 뗄 수 없는 관계로 우리가 고정관념이라고 부르는 것이다. 이 고정관념은 미국인의 마음속에 오랫동안 존재했지만 멕시코 정부의 노력 덕분에 이미지가 크게 바뀌었다. 고정관념은 대표적인 지각의 부정적인 면이다.

▬ 오吳의 명장 여몽呂蒙은 여남汝南 부파富陂 사람으로 자는 자명子明이다. 어릴 때부터 자형인 등당鄧當에게 의탁하면서 장수로 자라서 겨우 열대여섯 살일 때 군사를 이끌고 전쟁터에 나섰다. 여몽은 등당이 죽고 자리를

물려받은 후 손책孫策 밑으로 들어갔고, 손책이 죽은 후에는 그의 동생 손권을 따라 전쟁터를 누볐다. 유표劉表의 장수 황조黃祖와 전투를 벌이면서 선봉에 서서 큰 공을 세워 횡야중랑장橫野中郎將이 되었고, 많은 은화를 포상금으로 받았다. 적벽대전에서는 주유, 정보程普와 조조를 격파하는 공을 세웠다. 이처럼 연이어 공적을 쌓은 여몽은 신임을 받아 심양潯陽 현령으로 봉해졌다.

여몽은 집이 가난해 제대로 배우지 못했다. 한번은 손권이 여몽과 다른 장수 장흠藏欽에게 말했다. "너희들은 높은 자리에서 나랏일을 하고 있으니 글을 많이 읽어 지식을 쌓아야 한다." 여몽은 고개를 조아리며 말했다. "군영의 일이 너무도 많고 고되어 배울 시간이 없습니다." 손권은 참을성 있게 다시 한번 말했다. "네게 뛰어난 학자가 되라고 했더냐? 그저 책을 가까이해서 옛일에서 깨달음을 얻고, 견식을 넓히면 된다." 손권의 말을 들은 여몽은 이때부터 열심히 공부했다. 나중에는 그가 읽은 책의 양이 웬만한 선비의 그것보다 더 많을 정도였다.

어느 날 주유와 함께 군사를 관장하던 노숙이 지나가는 길에 여몽의 주둔지를 방문했다. 여몽은 술을 따라 올리며 노숙을 환대했다. 그동안 노숙은 무술만 연마하는 여몽이 전장에서는 용맹하나 학식이 부족해서 별 볼 일 없는 사람이라고 생각해왔다. 하지만 이번에 함께 술을 마시며 천하의 일을 논해보니 여몽의 식견에 전혀 부족함이 없었다. 깜짝 놀란 노숙은 이렇게 말했다. "아우의 학식과 지혜가 이렇게 출중하다니, 예전에 전장에서만 활약하던 여몽이 아니구려!" 그러자 여몽은 "선비라면 사흘을 떨어져 있다 만났을 때 눈을 비비고 다시 대해야 할 정도로 달라져 있어야 합니다"라고 대답했다. 이 이야기가 바로 '괄목상대刮目相對'의 유래다.

지각 갖춤새만으로 세상을 바라보고 문제를 대하면 난처한 상황이나 판단 착오를 피할 수 없다. 고정관념을 벗어나지 못하면 새로운 세상을 알 수 없고, 해결하지 못하는 문제는 아무리 애써도 끝까지 해결할 수 없다. 물론 이전의 경험에서 교훈을 얻는 일은 무척 중요하다. 하지만 그것에 사로잡히지 않고, 고정관념을 걷어내면서 융통성을 발휘해야만 '모두 잠들었을 때 나만 깨어 있는 행복'을 누릴 수 있다.

작은 동작에 숨은 커다란 비밀들

맨체스터 대학The University of Manchester 심리학 교수 조프리 비티Geoffrey Beattie 교수는 사람의 발동작이 전달하는 심리 활동을 주로 연구했다. 영국 조간신문 〈데일리메일Daily Mail〉은 그의 말을 인용해 다음과 같이 소개했다. "우리는 보통 사람의 표정이나 손동작에 주목할 뿐, 발이 '말하는' 의미는 무시하곤 한다. 하지만 놀랍게도 발을 움직이는 방식을 관찰함으로써 그 사람의 내면을 훤히 들여다볼 수 있다." 다음은 비티 교수가 말하는 '발의 언어' 중 일부다.

여성과 남성이 함께 있을 때 여성이 한쪽 다리를 앞으로 쭉 뻗었다면 남성을 좋아한다는 의미다. 만약 여성이 두 발을 꼬고 있거나 전혀 움직이지 않는다면 남성에게 전혀 관심이 없다는 뜻이다. 발의 언어는 여성과 남성에게 각각 다르게 적용된다. 예컨대 긴장한 남성은 발을 이리저리 움직이면서 서성이지만 반대로 긴장한 여성은 두 발을 딱 멈춘 채 움직이지 않는다. 또 엘리트일수록 다리와 발의 동작이 상대적으로 적은 편인데 이는 그들이 대화 과정을 주도하기 좋아하는 것과 마찬가지로 자신의 신체도 제어하기를 즐기기 때문이다. 성격이 외향적인 사람은 발동작이 적고, 부끄러움을 많이 타는 사람은 발을 많이 움직인다. 또 거만한 사람은 몸을 제어하는 데 능숙해서 발동작도 적다. 두 발을 관찰하면 그 사람이 거짓말을 하는지도 알 수 있다. 두 발이 모두 완전히 정지 상태로 다소 과하게 안정적으로 보인다면 그는 지금 거짓말을 하는 중이다. 비티 교수는 일반적으로 거짓말을 하면 긴장해서 동작이 많아진다고 알려졌지만 사실 거짓말을 하는 사람은 완전히 다른 신호를 보낸다고 설명했다. "사람들은 보통 상대방의 말이 얼마나 진실한지 알기 위해 눈이나 표정을 살핍니다. 하지만 그런 신체 부위의 동작은 생각보다 능숙하게 제어가 가능합니다. 그러므로 상대방이 거짓말을 하고 있는지 알고 싶다면 눈이나 얼굴이 아니라 그의 발동작을 봐야 합니다."

비티 교수는 정치인들의 동작을 예로 들었다. 전 영국 수상 토니 블레어Tony Blair는 경선 기간에 젊은 어머니들을 대상으로 연설하면서 손동작을 많이 사용했다. 그런데 아내가 일하러 갔을 때 아이를 돌보는 일이 그가 한 일 중에 가장 힘들었다는 이야기를 할 때는 모든 손동작을 멈췄다. "거짓말을 할 때는 자신이 하는 동작을 억누르는 경향이 있

습니다. 발동작도 마찬가지고요." 눈빛이나 표정이 아니라 잘 드러나
지 않는, 혹은 주목받지 않는 발동작이 훨씬 더 진실한 감정을 드러낸
다는 이야기다. "발이 말하는 비밀스러운 언어는 그 사람의 성격 특징,
대화 상대에 대한 태도, 감정, 심리 상태를 모두 알려줍니다. 두 발은
언어가 필요 없는 신기한 매개체죠. 발이 속내를 드러내는 부위가 된
건 아마도 가장 주목받지 않는 신체 부위이기 때문일 겁니다. 아시다
시피 대부분 사람은 자기 얼굴의 표정이 어떤지, 난처한 상황에서도
웃을 수 있는지, 눈빛을 감출 수 있는지, 혹시 누가 자신의 손동작을 보
고 있지 않은지 같은 것만 신경 쓰거든요. 발이 어떻게 하고 있는지는
전혀 알지도 못하고, 신경 쓰지도 않죠."

조프리 비티 교수의 연구는 그동안 신경도 안 썼던 발동작이 사실은
많은 심리학 지식을 담고 있음을 알려준다. 사실 발동작뿐 아니라 사
람이 하는 수많은 작은 동작들에서 그 뒤에 숨은 비밀을 관찰해낼 수
있다. 예를 들어 담배를 피울 때 보이는 습관적인 동작만 봐도 그 사람
을 속속들이 파악할 수 있다.

담배를 잡는 방식부터 이야기해보자. 가장 일반적인 방식으로 담배
를 검지와 중지 끝에 끼워 잡는 사람은 특별히 모난 데가 없고, 꼼꼼한
편이며, 대체로 차분하고 안정적인 성격이다. 이런 사람들은 무슨 일
을 할 때 질질 끌면서 너무 이것저것 따지느라 결정이 느리며 박력이
부족하다는 단점이 있다. 담배를 검지와 중지의 손가락 안쪽 도톰한
부분에 끼우는 사람은 전형적인 행동파다. 과감하고 개성이 강한 편인

데 종종 자신의 개성을 세련되게 다듬지 못해서 다른 사람의 반감이나 몰이해를 유발한다. 담배를 엄지, 검지, 중지로 눌러 잡는 사람은 머리가 좋고 무슨 일을 할 때 매우 계산적이다. 일 처리 능력이 뛰어나고 아주 노련하지만 이 때문에 종종 차갑고 딱딱해 보일 수 있다.

담배를 피우는 방식으로도 성격을 파악할 수 있다. 담배를 입 오른쪽으로 물고 피우는 사람은 두뇌 회전이 빠르고 반응 강도도 크다. 다른 사람들은 엄두도 못 내는 일을 서슴없이 해치우는데 과감한 동시에 매우 꼼꼼해서 꽤 큰 성공을 거둘 수 있다. 담배를 입 왼쪽에 무는 사람은 생각하는 걸 좋아해서 무슨 일을 할 때 차분하게 깊이 생각한 후에 비로소 움직인다. 일을 처리하거나 사람을 대할 때 꽤 진중하다. 담배 끝을 위로 향하게 해서 피우는 사람은 보통 거만하고 허영심이 크지만 능력은 그다지 좋지 않다. 가벼운 성격에 항상 자기 능력 범위 밖의 일을 하려고 애쓴다. 담배 끝을 아래로 향하게 해서 피우는 사람은 감성적이다. 그들은 자기만의 리듬으로 일을 처리하기를 좋아하며 신중하다. 포용력이 크며 타인을 괴롭히지 않는다.

담뱃재를 털 때도 성격이 드러난다. 담뱃재가 생겼거나 안 생겼거나 계속 습관적으로 터는 사람은 상당히 성실하고 약간의 결벽증이 있는 사람이다. 눈에 거슬리는 일은 견디지 못하므로 스트레스도 상당한데 부정적 감정을 잘 해소하지 못하는 편이다. 담뱃재가 기다랗게 생겨야만 터는 사람은 향락을 추구하는, 이른바 '자유로운 영혼'이다. 보통 아무 계획 없이 기분에 따라 움직이지만 인내심은 강한 편이다. 담배꽁초가 길든 짧든, 장소가 어디든 아무렇게나 담뱃재를 터는 사람들은 인생도 하고 싶은 대로 하며 산다. 구속이나 제약을 끔찍하게 생각하고 책임감이 부족하지만 상상력만큼은 풍부하다. 재떨이에 물을 부어 놓는 사람은 일종의 '모순덩어리'다. 이런 사람들은 자신에게 매우 엄격하지만 또 어떤 때는 겉모습을 가꾸지 않는다. 보통 명랑하고 낙관적이지만 또 종종 내향적이고 자기연민에 빠진 모습을 보인다. 양극화의 특징을 보이는 이런 사람들은 무슨 일을 할 때도 극단적일 확률이 높다.

마지막으로 담배를 끄는 방식이다. 담배 끝을 툭툭 친 후에 불이 있는 부분을 재떨이에 지그시 눌러 끄는 사람은 매우 성실하다. 그들은 늘 실수하지 않기를 바란다. 사람들과 잘 지내고 싶고, 혹시 무슨 갈등이라도 빚을까 봐 항상 걱정이다. 주견이 부족한 편이라 자기 사업을 하기 어렵다. 피우던 담배를 바로 재떨이 안에 비벼 끈다면 시시비비가 분명한 사람이다. 정확하고 분명한 것을 좋아하는 이들은 자신에게도 확신이 있어서 자신의 결단력을 믿고 과감하게 움직인다. 종종 그 정도가 심해서 극단으로 치닫기도 한다. 담배꽁초를 끊어서 두 동강 내 버리는 사람은 대부분 이중적인 성격이다. 감정에 쉽게 휩쓸리는 편이며 무척 예민하다. 말한 것을 책임지는 사람이 아니라 믿을 만하지 못하므로 조심해야 한다. 불 있는 부분을 접어서 동그랗게 말아 끄는 사람은 성격이 급하다. 항상 붕 떠 있으며 뭔가를 야무지게 하는 법이 없다. 이런 사람들은 마음이 차분해지기 어렵고, 늘 많은 생각을 하지만 행동력이 부족해서 막상 하는 일은 거의 없다.

개성은 그 사람의 행동을 결정한다. 그래서 개인의 행동 양식과 작은 동작들에서 그가 어떤 개성을 지닌 사람인지 충분히 유추할 수 있다. 또 앞에서 이야기한 발동작이나 흡연 습관 외에도 휴대폰을 놓는 위치나 식사 습관 등으로도 상대방을 파악할 수 있다. 상대방뿐 아니라 자신의 행동도 유심히 관찰해보자. 아마 몸이 표현하는 일거수일투족이 "나는 이런 사람이에요!"라고 외치고 있을 것이다. 몸은 주인 허락도 없이 함부로 개성을 남발한다. 작은 동작들에 숨은 무궁무진한 비밀들을 끊임없이 속삭이고 있다.

LESSON 13

모두가 즐거운
인간관계를
위해

나를 세일즈하라

　사람은 고독을 두려워한다. 사회적 동물인 인간은 고독을 피하고자 온갖 방법을 동원해서 집단 속으로 들어가려고 한다. 어떻게 해야 쉽게 집단 속으로 들어갈 것인가? 어떻게 해야 빠르게 좋은 인간관계를 만들 수 있을까? 이 두 가지는 우리가 살면서 항상 해결하려고 애쓰는 숙제다.

━━ 가난한 집안 출신인 마쓰시타 고노스케松下幸之助는 젊을 때, 한 전기공장을 찾아가 일자리가 있냐고 물었다. 인사 담당자는 앞에 앉은 청년이 왜

소한 몸에 낡아빠진 옷을 입은 것을 보고 아무래도 안 되겠다고 생각하고 이렇게 말했다. "지금은 빈자리가 없어요. 한 달 후에 다시 한번 와보세요. 어쩌면 그때는 일자리가 있을지도 모르니까."

구직자를 돌려보내려는 습관적인 거짓말이었지만 마쓰시타는 정말 한 달 뒤에 다시 이 공장을 찾아왔다. 진짜 올 줄 몰랐던 인사 담당자는 적잖이 당황해서 "아, 지금 내가 좀 바빠요. 며칠 후에 다시 와봐요"라고 말했다. 며칠 후 마쓰시타는 정말 다시 왔고, 이런 일이 몇 차례 더 반복된 후에 인사 담당자는 어쩔 수 없이 솔직하게 이야기했다. "그렇게 후줄근한 모습으로는 어디에서도 일자리를 구하기 어려울 겁니다." 이 말을 들은 마쓰시타는 즉각 돈을 빌려 말끔한 양복 한 벌을 사 입고 다시 면접을 보러 왔다. 하지만 인사 담당자는 "전기에 대해 아는 게 너무 없네. 이래서는 우리 회사에서 일하기가 어려워요"라고 말했다.

두 달 후 마쓰시타는 다시 인사 담당자 앞에 앉았다. "그동안 전기 분야 공부를 많이 했습니다. 보시기에 어느 부분이 부족한지 말씀해주시면 또 보완하겠습니다." 이 말을 들은 인사 담당자는 이처럼 성실한 태도의 마쓰시타를 한참이나 쳐다보다가 입을 열었다. "내가 이 바닥에서 수십 년 일했는데 이렇게 간절히 일자리를 구하는 청년은 처음이네. 솔직히 정말 감동했어요. 인내심과 꾸준함에 놀랐어. 자네를 채용하지 않으면 정말 말도 안 되는 거지!" 마쓰시타 고노스케는 이렇게 고생 끝에 마침내 이 전기공장에 취직했다. 그리고 쉬지 않고 노력한 끝에 전기 전자 분야에서 최고가 되었다.

청년 마쓰시타 고노스케는 훌륭한 '명함'을 포기하지 않은 덕분에 취

04

업에 성공했다. 그는 '명함 효과'로 인사 담당자에게 깊은 인상을 남겼고, 마침내 일자리를 얻었다.

명함이 무엇인지 모르는 사람은 없을 것이다. 명함은 일종의 자신을 소개하는 방식으로, 이름과 직업, 연락번호 등의 정보가 쓰여 있다. 물론 심리학에서 말하는 명함은 이와 다르다. 이 명함은 좋은 인간관계를 만드는 촉진제 역할을 하며, 좀 더 수월하게 집단 속으로 들어갈 수 있게 도와준다. 명함 효과는 사교 과정에서 자신의 태도나 가치관이 상대방의 그것과 같다고 밝힘으로써 호감을 끌어내고 마음을 열게 만드는 것을 가리킨다. 이처럼 의식적으로 자신을 표현함으로써 상대방의 방어 심리를 누그러뜨려 급격하게 친해지는 계기를 만드는 것이다.

그렇다면 어떻게 해야 자신의 '명함'을 더 아름답게 만들어서 최고의 효과를 일으키게 할 수 있을까? 우선 상대방에 대한 정보를 얻고 그가 어떤 사람인지 파악해서 긍정적이면서도 상대방과 같은 관점을 찾아내야 한다. 이것이 명함 효과의 기본이다. 그런 후에 명함 효과가 가장 잘 발휘될 만한 시기를 찾아야 한다. 이 두 가지 단계를 잘해야 효과적으로 목적을 달성할 수 있다. 명함 효과는 인간관계 및 사교에 매우 실용적인 가치가 있다.

━━ 대학 졸업 후 쑨웨이는 좋은 직장을 구하기 위해 1년여 동안 그야말로 온 힘을 기울였다. 보낸 이력서는 너무 많아서 셀 수도 없을 정도고, 채용공고를 보고 찾아간 회사만도 서른 곳이 넘었다. 하지만 그중 어느 한 곳에서도 연락이 오지 않았다. 쑨웨이는 매번 거절당할 때마다 크게 기가 꺾였고,

한없이 우울해졌다.

그래도 살아야겠기에 쑨웨이는 힘을 냈다. 채용박람회는 모두 빠짐없이 방문했으며, 거의 모든 취업 사이트에 이력서를 올렸다. 언젠가는 꼭 크고 좋은 회사의 가장 높은 자리에 오르겠다는 꿈을 꾸면서.

그러던 어느 날 한 대기업의 회장이 직접 쑨웨이에게 전화를 걸어 면접을 보러 오라고 했다. 믿을 수 없는 일에 어안이 벙벙했지만 일단 흥분을 가라앉혔다. 그는 최선을 다해 면접을 준비하는 동시에 꼬박 이틀에 걸쳐 이 회사 회장에 대한 자료를 수집하고 전부 꼼꼼히 정독했다. 그런데 읽으면 읽을수록 이 회장이 자신과 매우 비슷했고, 왠지 모를 친밀감이 느껴졌다. 면접 당일, 쑨웨이는 젊은 시절 회장의 구직 경험이 자신과 비슷한 점을 공략 포인트로 삼았다. 그 결과 예상대로 회장은 쑨웨이를 무척 마음에 들어 했고, 당장 채용을 결정했다.

쑨웨이는 명함 효과를 성공적으로 사용해서 회장의 호감을 끌어내고 아주 순조롭게 면접을 마쳐 마침내 취업에 성공했다.

자신을 '세일즈하는' 방식인 명함 효과는 서로에 대한 이해를 깊게 하고 방어 심리를 무너뜨려서 가볍고 즐거우며 친근한 소통의 분위기를 만들어준다. 그러므로 빨리 친해져서 좋은 관계를 맺고 싶은 사람이 있다면 머뭇거리지 말고 어서 멋진 명함을 준비해야 한다. 용감하게 명함을 제시하고 열심히 자신을 세일즈하자.

그를 이해하는 법

우리는 종종 타인의 마음을 꿰뚫어 볼 수 있기를 바란다. 이유는 무척 다양하다. 친구로 삼을 만한 사람인지 알기 위해서일 수도 있고, 단순히 그가 어떤 성격인지 알고 싶어서일 수도 있다. 물론 그렇다고 해서 전부 알 수 있는 것은 아니다. 다만 확실한 것은 그가 말하는 방식이나 습관적인 옷차림 등이 내면의 심리를 드러낸다는 사실이다. 평소에 타인의 말, 옷차림, 표정, 태도, 자세 등에 드러나는 정보를 유심히 관찰해보자. 그러면 단순히 아는 수준을 넘어서 그 사람을 이해하게 될 것이다.

━━ 향시鄕試에 합격한 선비가 몇 가지 관문을 더 거쳐 경쟁자를 물리치고, 마침내 산둥山東 지역 현령이 되었다. 어느 날 현령이 상사에게 인사를 하러 갔는데 처음이라 긴장했는지 무슨 말을 해야 할지 몰랐다. 한참 침묵의 시간이 흐른 후 현령이 뜬금없이 "그런데 성이 어떻게 되십니까?"라고 물었다. 상사는 현령이 자신의 이름을 모른다는 데 놀랐지만 달리 뭐라 할 수도 없으니 그냥 대답했다. 현령은 다시 고개를 숙이고 한참 생각하더니 『백가성百家姓』[3]에 없는 성이군요"라고 말했다. 상사는 더욱 의아하게 생각하며 말했다. "나는 만주 사람입니다. 현령은 그걸 몰랐소?" 그러자 현령은 벌떡 일어나서 사과하더니 "어느 기旗[4]이십니까?"라고 물었다. "정홍기正紅旗라

---

[3] 중국의 대표적인 성씨를 소개한 책.
[4] 청나라를 세운 만주족의 정예군 여덟 집단을 만주팔기(滿洲八旗)라 한다. 각 집단군은 고유의 깃발로 구분했다.

오."정황기正黃旗가 가장 좋은데 왜 정황기에 계시지 않습니까?" 상사는 더 참지 못하고 화가 나 물었다. "현령은 어느 성 사람이오?" "광시廣西입니다." 그러자 상사는 "광둥廣東이 제일 좋은데 왜 광둥 출신이 아닙니까?"라고 되물었다. 그러자 깜짝 놀란 현령은 그제야 상사가 얼굴이 붉으락푸르락한 것을 알아차리고 허둥지둥 밖으로 나왔다. 다음 날 상사는 현령을 해고해 고향으로 돌려보냈다.

이야기 속의 현령이 상사를 화나게 한 원인은 바로 상대방의 말을 살피고 표정을 읽지 않았기 때문이다. 그는 상사가 이미 기분이 언짢아진 것을 알아차리지 못하고 실언을 계속했다. 이 현령처럼 해서는 사는 게 순조로울 리 없다.

말로 마음을 읽는다

말하지 않고 살 수는 없다. 개인의 말하는 방식은 그 사람의 성격과 관계가 깊으므로 상대방이 말하는 방식에 주목하면 그의 마음을 읽고, 그가 대체 무슨 생각을 하는지 알 수 있다.

상대방에게 불만이 있거나 적의와 배척의 감정이 들면 말하는 속도가 느려지고 딱딱한 느낌이 든다.

양심에 꺼리는 일이 있거나 거짓말을 하고 있을 때는 말하는 속도가 자기도 모르게 빨라진다.

항상 타인을 평가하고 근거 없는 소문을 떠들어대는 사람은 속이 좁고, 질투심이 강하다. 속으로는 외로움을 타지만 주변에 사람이 많을

리 만무하다.

　늘 모호하게 말하는 사람은 대체로 남의 뜻을 곡해하거나 아첨하는 습관이 있다. 처세에 능하고 손해 보지 않으려고 하며 어떻게 해야 자신을 보호하고 타인을 이용할지 잘 아는 사람이다.

옷차림으로 개성을 찾는다

　옷차림은 그의 인품과 개성을 알 수 있는 중요한 힌트다.

　소박한 옷을 즐겨 입는 사람은 대체로 차분하고 진중하다. 언제나 성실하고 친절하며 일, 학습, 일상생활 등에서 실속을 추구한다. 또 공부하기를 좋아하며 일과 사람을 대할 때 늘 객관적이고 이성적인 자세를 잃지 않는다. 하지만 너무 과하게 소박한 옷차림은 그가 주체의식이 부족하고 나약하며 타인에게 쉽게 굴복하는 성격임을 나타내기도 한다.

같은 색조의 옷만 입는 사람은 정직하고 강하며, 이성적 사고가 감성에 우선한다.

옅은 색 옷을 잘 입는 사람은 대부분 명랑하고 건전하며 친구 사귀기를 좋아한다.

짙은 색 옷을 잘 입는 사람은 상당히 안정적인 성격에 마음이 깊다. 보통 조용한 편이고, 모든 일에 생각과 걱정이 많지만 가끔 의외의 행동을 하므로 종잡을 수 없다.

소위 '튀는 옷'을 좋아해서 복잡한 디자인에 색깔도 화려한 옷을 즐겨 입는 사람은 대부분 허영심이 크고 자신을 드러내기를 두려워하지 않는다. 항상 주목받기 바라며 다소 제멋대로 하는 경향이 있는데 심할 경우 거만하고 독선적인 모습을 보인다.

항상 가장 유행하는 옷을 입는 사람은 대부분 주견이 없고 심미관이 확실하지 않다. 감정이 불안정한 편이며 남의 말에 쉽게 좌지우지된다. 반대로 유행을 따르지 않고 자기만의 스타일이 확고한 사람은 대부분 독립적이고 일할 때 주견이 뚜렷한 편이다.

신발로 성격을 안다

현대인의 생활필수품인 신발은 발을 보호할 뿐 아니라 그 사람의 성격을 관찰하는 좋은 도구가 된다.

하이힐을 좋아하는 사람은 성숙하고 대범하며 머리가 좋고 생각하기를 좋아한다. 일과 생활에서 모두 책임을 다하고 노력하며 주변 사람과 일에 다소 까다로운 편이다. 바라는 것도 많고 종종 원하는 대로 되지 않으면 성질을 부리곤 한다.

운동화를 즐겨 신는 사람은 늘 자신을 보호하려고 하며 경계심이 크다.

샌들을 잘 신는 사람은 자신감이 넘치며 자신의 가장 좋은 면을 드러내고자 한다. 하지만 고집스럽기도 해서 남의 말을 잘 듣지 않는다.

단순한 디자인의 신발을 주로 신는 사람은 대체로 예민하다. 엄격한 가정교육을 받아서 평소에 언행이 단정하고 자기감정을 잘 제어한다.

짧거나 긴 부츠를 좋아하는 사람은 자유롭고 독립적이다. 구속을 싫어하며 과감하게 자신을 표현한다.

통굽이나 독특한 디자인의 신발을 즐겨 신는 사람은 유행에 민감하다. 주목받기를 좋아하며 늘 화제의 중심이 되고자 한다. 전체적으로 시원스럽고 화려한 느낌이지만 내면은 의외로 보수적이다.

캔자스 대학The University of Kansas 의 관련 연구 역시 신발로 사람의 성격을 파악할 수 있다는 이론을 뒷받침했다. 그들은 다양한 사례를 관찰한 결과 외향적인 사람은 화려한 신발을 선호하고, 성격이 온화한 사람은 실용적이고 기능성을 강조한 신발을 즐겨 신는다고 밝혔다. 또 짧은 부츠를 좋아하는 사람은 대부분 성격이 강했다.

이처럼 개인의 외재적인 표현은 성격과 직접적인 관련이 있다. 사실 앞에서 소개한 내용은 극히 일부분이며, 이 외에도 좋아하는 가방이나 손목시계의 형태 등으로도 그 사람의 성격을 가늠할 수 있다. 그러나 겉으로 보이는 모습은 단지 대략적인 판단일 뿐, 타인을 좀 더 깊이 이해하는 일은 진정한 교류를 통해야만 가능하다!

좋은 첫인상은 어떻게 만들어지는가?

━━ 대학에서 신문방송학을 전공한 구직자가 급하게 일자리를 찾고 있었다. 어느 날 그는 한 신문사의 편집장을 찾아가서 물었다.

"혹시 편집자가 필요하십니까?"

"아니, 필요 없어요."

"기자는요?"

"필요 없습니다."

"식자植字할 사람이나 교정자는 필요 없나요?"

"다 필요 없어요. 지금 사람이 꽉 차서 들어올 자리가 없다고요!"

"그렇다면 이 물건이 필요하시겠네요."

구직자는 들고 온 서류 가방에서 정교하게 만든 작은 푯말을 꺼내 편집장에게 건넸다. 그 위에는 "당분간 고용 계획 없음"이라고 쓰여 있었다. 편집장은 이 푯말을 잠시 바라보고 미소를 지으며 고개를 끄덕였다. "원한다면 우리 광고부에서 한번 일해봅시다."

이 구직자가 편집장에게 건넨 것은 직접 만든 푯말이 아니라 뛰어난 기지와 긍정적인 태도였다. 그는 편집장에게 좋은 첫인상을 남겼고, 흥미를 끌어내서 좋은 일자리를 얻었다. 좋은 첫인상이 인간관계에서

236

지극히 중요하다는 사실은 누구나 알고 있는 사실이다. 심리학에서는 이를 첫인상 효과, 혹은 초두 효과primacy effect라고 한다. 초두 효과란 어떤 사람이나 사물과 처음 접촉했을 때 머릿속에 깊이 남은 인상이 이후 그 대상에 대한 평가에 큰 영향을 미치는 현상을 가리킨다. 즉 처음의 인상이 머릿속에서 주도적인 역할을 한다는 이야기다.

이런 이유로 사교 과정에서 첫인상이 중요하다고 말하는 것이다. 첫인상은 이후 지속적인 교제가 가능할지 결정하며 관계 발전의 기초가 된다. 또 타인의 호감을 얻어낼 수 있는가뿐만 아니라 사업의 성공 여부까지 결정한다. 첫인상은 한번 형성되면 바꾸기 어려우며, 타인이 나를 판단하는 기초가 된다.

어떻게 해야 좋은 첫인상을 만들 수 있을까? 여기에서는 두 가지 방법을 소개한다.

첫째, 옷차림에 신경 쓰자. 원래 성격이 산만하고 시간 들여서 옷을 차려입거나 꾸미기를 싫어하는 사람도 있다. 어떤 때는 옷 한 벌을 거의 한 달 넘게 입는 바람에 소매며 옷깃이 못 봐줄 정도로 꾀죄죄하다. 그런 옷을 입고도 외출하고, 장을 보고, 놀러 다니고, 심지어 아주 멋진 음식점에까지 다닌다. 이런 사람들은 '옷은 단지 추위를 막아주는 도구일 뿐, 너무 신경을 쓸 필요가 없어!'라고 생각하지만 단언컨대 완전히 틀린 생각이다. 옷은 그 사람의 이미지를 결정한다. 타인의 옷차림을 통해서 그 사람의 학력, 교양 수준, 태도 등을 추측할 수 있으므로 절대 가벼이 여겨서는 안 된다.

6년 차 직장인 우위는 옷차림을 중요하게 생각하고 꾸미기를 좋아한다. 그녀는 항상 어떤 장소에 어떤 옷을 입고 가야 좋을지 다양한 각도로 고려한다. 친구의 파티에 간다면 우아한 롱스커트를, 남자친구와 데이트를 할 때는 발랄해 보이는 미니스커트에 귀여운 상의를, 쇼핑하거나 짧은 여행을 갈 때는 깔끔하고 세련된 스타일의 청바지를 입는다. 또 날씨가 좋을 때는 핑크색 외투를 입고, 흐릴 때는 옅은 초록색 슈트를 즐겨 입는다. 매일 공을 들여 자신을 치장하는 우위는 회사든 일상생활이든 사람들의 눈에 늘 '예쁜 사람'으로 비친다. 친구나 동료들은 모두 그녀를 좋아하고 어울리고자 한다.

하지만 뭐든 과하면 좋지 않은 법이다. 치장이나 꾸밈도 일반적인 수준에서 주변 사람들이 받아들일 수 있는 정도로 하는 편이 좋다. 또 주변과 조화롭게 하는 것이 중요한데 이를 무시할 경우 상당히 난처한 상황에 놓일 수 있다.

━ 이제 막 대학을 졸업한 신입사원이 있었다. 그는 출근 첫날, 자신이 일과 회사를 얼마나 중요하게 생각하는지 보이기 위해 멋진 양복을 차려입었다. 옷차림만 보면 신입사원이 아니라 중역 정도는 되어 보였다. 점심시간, 식당에 모인 동료들이 전부 웃음을 참으며 그를 바라보았다. "새로 왔죠? 양복 정말 멋지네요!" 신입사원은 부끄러워서 얼굴이 발개졌다. 그는 그제야 알아차렸다. 직급과 관계없이 모든 직원이 아주 편한 일상복 차림이고, 자기 혼자만 양복을 갖춰 입어서 겉돈다는 사실을.

둘째, 평소 언행에 주의하라. 사람들과 이야기를 나눌 때는 우선 미소를 지어서 친절하고 우호적이며 긍정적인 인상을 주자. 말과 행동을 군더더기 없이 깔끔하게 하면 성실하고 현명하다는 인상을 남길 수 있다. 예의도 중요하다. 비행기를 탔을 때 승무원의 친절한 서비스는 탑승 내내 기분을 좋게 만든다. 이는 승무원들이 예의 바르게 행동하며 모든 동작을 규정에 따라 정확하게 수행하기 때문이다. 상대방이 흥미를 느끼는 부분을 화제로 삼는 방법도 좋다. 그가 신나서 이야기할 수 있는 분위기를 만들어주고 이를 토대로 대화를 계속 발전시켜나가면 분명히 그에게 좋은 인상을 남길 수 있다.

인간관계의 세 가지 법칙

▬ 한 수도승이 밤길을 걷고 있었다. 한 치 앞이 보이지 않는 깊은 밤이어서 다른 행인과 계속 부딪혔지만 달리 방도가 없으니 그냥 걸었다. 바로 그때, 저기 먼 곳에서부터 등불 하나가 가까이 다가왔다. 길이 순식간에 밝아졌고, 다니기가 훨씬 나아졌다. "이 사람 장님이잖아? 아니, 자기는 어차피 보이지도 않는데 왜 등불을 가지고 나왔대?" 옆에 선 사람들이 수군거리는 소리를 들은 수도승은 깜짝 놀랐다. '장님? 진짜 장님이라면 분명히 이상한 일이네!' 호기심이 생긴 수도승은 등불을 든 사람에게 다가가 정말 장님인지, 그렇다면 왜 등불을 들고 나왔는지 물었다.
"그렇습니다. 저는 앞이 보이지 않습니다. 태어날 때부터 아무것도 보이지 않았죠. 제게는 낮이나 밤이나 마찬가지입니다."

"어차피 빛이 보이지 않는다면 왜 등불을 들고 나오셨습니까?"

"다른 사람들이 하는 소리를 들으니 눈이 보이는 사람도 밤에는 우리처럼 아무것도 볼 수 없다고 하더군요. 그래서 등불을 들고 나왔죠. 다른 사람들이 잘 걸을 수 있도록요."

"아! 그러니까 타인을 위해서군요!"

"아닙니다. 저를 위한 일이죠."

"어째서 그렇습니까?"

"아까 길을 걸을 때, 다른 사람들에 부딪히셨죠?"

"네, 부딪혔습니다. 두 사람과 세게 부딪혔죠."

"저는 장님이어서 아무것도 보이지 않지만 한 번도 다른 사람과 부딪혀본 적이 없습니다. 제 등불은 길을 환하게 해주는 동시에 다른 사람들이 저를 보게 합니다. 등불이 있으면 안 보여서 제게 부딪히는 일이 없습니다."

이야기를 들은 수도승은 크게 탄식하며 말했다.

"내가 그토록 부처를 찾으려고 애썼는데, 바로 여기에 있었구나!"

이야기 속 맹인이 들려준 말은 사교의 '상호원칙'이기도 하다. '상호원칙'이란 간단히 말해서 다른 사람이 내게 하나를 주면 나도 똑같이 그에게 하나를 돌려주어야 원만한 사교가 가능하다는 이야기다. 상대방을 도움으로써 심리적 만족감을 얻으므로 상호원칙은 이타利他인 동시에 이기利己인 행위다. 진정한 이기는 다른 사람으로부터 무언가를 가져오는 것이 아니라 베푸는 과정에서 쉽게 얻을 수 있다. '자동차 왕'

헨리 포드는 이렇게 이야기했다. "만약 성공에 무슨 비결이 있다면 그 것은 바로 상대방의 처지에서 문제를 바라보는 것입니다. 상대방의 마음을 이해하는 사람은 자신의 앞날을 걱정할 필요가 없습니다."

■ 추운 겨울, 고슴도치 두 마리가 맹추위에 벌벌 떨고 있었다. 고슴도치들은 함께 있으면 조금 따뜻해질까 싶어 천천히 서로를 향해 다가갔다. 하지만 너무 가까워지면 몸에 난 가시로 서로를 찌르기 때문에 온몸에 상처만 날 뿐이었다. 그래서 고슴도치 두 마리는 약간의 거리를 두고 있기로 했다. 그랬더니 어느 정도 온기도 느낄 수 있었고, 서로 상처도 주지 않았다.

이것이 바로 인간관계에서 꼭 알아야 하는 유명한 '고슴도치 법칙'이다. '적정 거리의 법칙'이라고도 불린다. 사람은 모두 독립적인 개체이고, 성장 배경이 각각 다르다. 교육, 가치관, 생활 습관도 전부 같지 않다. 이처럼 서로 다른 조건들은 모두 몸 위의 보이지 않는 '가시'가 되어 사교 중에 너무 가까워지면 서로를 찔러 상처를 입힌다. 거리가 너무 멀면 친밀한 친구가 되기 어렵지만 거리가 너무 가까우면 그만큼 위험해진다. 용기를 내서 과감하게 다가가 봤자 피투성이가 되어 상대방의 무수한 결점만 확인할 뿐이다. 사람과 사람 사이에도 적정한 거리가 필요하다. 서로 어느 정도 공간이 있어야 상대방에게 좋은 이미지를 남길 수 있다.

■ 농촌 출신인 왕강은 올해 스물여덟 살이다. 마을에서 이 나이가 되도

록 결혼하지 않은 사람은 왕강 하나뿐이라 본인과 가족 모두 무척 걱정이 많다. 무뚝뚝한 성격은 아니어서 이전에 몇 번 연애도 했었지만 늘 한두 달도 채 되지 않아 끝났다. 어느 날 형제들과 술을 마시던 왕강은 걱정 가득한 얼굴로 고민을 털어놓았다. 그에 대해 누구보다 잘 아는 형제들은 술기운을 빌려서 따끔하게 충고했다. "네가 얼마나 속상한지 잘 알고 있어. 연애할 때마다 특별한 이유도 없이 흐지부지되어서 고민인 것도 알아. 그런데 말이야, 사실은 이유가 있어. 예전에는 어떻게 말해야 좋을지 몰라서 하지 않았는데 오늘은 이야기를 좀 해야겠다. 연애할 때 너는 늘 너의 시각에서 여자친구가 무엇을 좋아할지 생각하지, 그녀가 진짜 무엇이 필요한지 물어보지 않잖아. 예전에 한번 내가 너하고 네 여자친구랑 함께 식사했을 때, 네가 여자친구한테 뭐 좋아하는지 물어보지도 않고 혼자 주문을 하더라고. 그러니 어떤 여자가 너랑 같이 있고 싶겠냐!"

왕강의 연애가 매번 실패로 끝난 까닭은 그가 늘 자기 생각만 옳다고 여기기 때문이었다. 왕강이 '백금률The Platinum Rule'을 알았더라면 좋았을 텐데 안타까울 따름이다. 백금률이란 미국 마케팅 전술과 리더십 분야의 권위자인 토니 알레산드라Tony Alessandra가 제시한 인간관계 경영 법칙이다. 백금률에 따르면 사교는 반드시 상대방을 중심으로 두고, 그가 원하는 것을 최대한 만족시켜야 한다. 상대방의 수요가 기본이 되어야지 자신이 하고 싶은 것을 추구하면 안 된다. 알레산드라는 '상대방이 장미를 원하는데 백합을 주면 안 된다'라는 말로 간단히 백금률을 설명했다.

상호법칙, 고슴도치 법칙, 백금률, 이 세 가지는 우리가 반드시 기억해야 하는 인간관계의 기본이자 핵심 원리다. 이 세 가지를 잊지 않고 실천한다면 모두에게 이롭고 즐거운 사교가 가능하다.

사교 강박증에서 벗어나기

더 많은 사람을 아는 것, 즉 인맥 넓히기는 현대인의 주요 사교 목적 중 하나다. 한 직장인은 인터넷에서 자신의 인맥 쌓기 경험을 이렇게 자조했다. "명함을 주고받았을 때 같은 업계인데 하는 일까지 같다면 서로 시간 낭비하지 않고 작별인사를 나눈다. 그리고 다시 정처 없이 '유익한 친구'를 찾아 나선다." 그가 말하는 '유익한 친구'란 유사 업계 이지만 서로 완전히 다른 일을 하는 사람이다. 예컨대 같은 IT 분야여도 기술개발자는 벤처투자자나 설비공급상과 인맥을 쌓기 원한다. 또 예술가들은 대리상이나 전시기획자, 수집가 들을 많이 알고자 한다.

사회가 복잡다단하게 발전하면서 사람들은 점점 인맥 쌓기에 혈안이 되었고 일종의 '사교 강박증'이 만연하고 있다. 사교 강박증 환자들은 단 한 명도 놓칠 수 없다는 원칙에 따라 놀라울 정도로 부지런히 움직인다. 모임의 규모는 물론이거니와 공적이든 사적이든, 음료가 공짜든 유료든 관계없이 '유익한 친구'가 될 만한 사람이 있을 법한 곳이라면 어디든지 간다. 알아야 할 사람은 반드시 알아야 하고 절대 놓칠 수 없다. 사교 강박증 환자들에게 사람을 아는 것만큼 중요한 일은 없다.

━━ 얼마 전 언론 보도에 따르면 가치가 수억에 달하는 한 민영기업의 회장이 젊은 남성에게 스토킹을 당했다고 한다. 이 남성은 회사로 회장을 찾아가서 이런저런 이유를 대면서 만나줄 것을 요구했다. 처음에는 보험 이야기를 했는데 거부당하자 나중에는 지정 주차구역 근처에 몰래 숨어 회장이 차에서 내릴 때마다 부리나케 달려와 말을 걸었다. 이마저도 차단당하자 나중에는 매일 출퇴근 시간에 회사 건물 앞에서 기다리면서 자기와 이야기를 나눠달라고 간청했다. 남성의 행동이 점점 도를 넘어 업무와 생활에까지 영향을 미치자 회장은 하는 수 없이 경찰에 신고했다. 경찰 조사에서 남성은 특별한 악의가 없으며 그저 회장과 친구가 되고 싶었다고 말한 것으로 전해졌다. 그는 인맥을 넓히고 싶었을 뿐이라며 선처를 호소했다. 이 소식을 들은 회장은 친구를 사귀는 일은 양측이 서로 원했을 때 가능한 일인데 어째서 타인을 이렇게 강박하려는지 이해할 수 없다고 말했다.

전형적인 사교 강박증 환자인 이 남성이 회장에게 한 행동은 누가 봐도 반감을 일으킬 만하다. 이 정도까지는 아니어도 현대의 샐러리맨들은 대부분 이 '괴이한 병'을 앓고 있다고 해도 과언이 아니다. 단지 증상의 정도만 다를 뿐이다. 사교 강박증 환자에게 친구를 사귀는 일은 매우 중요한 일상 중 하나다. 그들은 전혀 관계없을 것 같은 모임까지 귀신같이 냄새를 맡고서 기어코 참석한다.

━━ 한 사업가가 비즈니스 사교 모임에 초대받았다. 그런데 무슨 이유에서인지 지인 한 사람이 이 모임에 대해 이것저것 묻더니 IT 거물들이 참석한

다는 소리를 듣고 데려가 달라고 조르기 시작했다. 사업가는 몹시 난처하고 예의에 어긋나는 일이라고 생각했지만 하도 졸라대니 모임 주최자의 양해를 구하고 데려갔다. 모임이 끝나고 돌아오는 길, 사업가는 여전히 이해할 수 없었다. 지인은 모임에 참석했지만 거물들과 말 한마디 나눌 기회를 얻지 못했고 그저 명함만 주고받았을 뿐이다. 대체 왜 그렇게 가려고 한 걸까?

사업가는 이해할 수 없지만 이런 경험은 사교 강박증 환자들에게 아주 유용하고 소중하다. 앞으로 그 지인은 아마 모임에서 만난 거물들을 '아는 사람'이라고 이야기할 것이다. 어쩌면 '아주 친한 사이'라고 이야기할지도 모른다. 이는 사교 강박증 환자들에게 엄청난 영예다.

자신의 발전에 가장 유리한 생존 방식을 선택하는 일은 지극히 당연하다. 우리는 인맥이나 관계의 영향을 무시할 수 없는 사회에 살고 있으며, 사교는 많은 사람이 쉽게 선택할 수 있는 발전의 수단 중 하나가 되었다.

사회 초년생들 역시 사교 강박증을 앓는다. 이제 막 일을 시작한 그들은 인맥 투자의 중요성을 깨닫지만 어디서부터 어떻게 시작해야 할지 모른다. 그러다 보니 '안 하는 것보다는 낫다'는 마음으로 사내 인맥 쌓기에 과도하게 몰두하는 실수를 저지르곤 한다. 직장 선배들은 공격적으로 인맥을 쌓으려는 신입사원들을 거절하기가 참으로 곤혹스럽다. "그들은 항상 무슨 기회를 만들어서 밥이라도 한 끼 먹자고 합니다. 선물을 보내는 사람도 있죠. 회사 규정상 이러면 안 된다고 분명히 이야기해도 도무지 듣지 않아요. 계속 거절하다 보면 어느새 내가 인정

머리 없는 사람이 되어 있더군요!" 회사에서 구매 업무를 책임지는 차이 씨는 이렇게 호소했다. "거절처럼 힘든 일이 없어요. 인맥이 최고라고 생각하는 사람들이 꼭 있거든요. 하지만 나는 밥 먹으면서 희희낙락 농담이나 하는 사람이 아니에요." 마케팅 부서의 샤오 씨는 주중, 주말 할 것 없이 늘 크고 작은 사교 모임에 자주 참석한다. "거기 오는 사람들이 다 좋아서 만나나요? 제가 일하는 업계가 워낙 트렌드에 민감하니까 인맥을 넓혀보려고 어쩔 수 없이 가는 거예요. 어떤 때는 진짜 오만상을 쓰면서 생판 모르는 사람들이 있는 모임에 가기도 합니다. 우리 업계에서 중요한 인물들의 명함을 받으려고 말이죠. 나중에 머리를 쥐어짜서 어떻게든 구실을 만든 후에 전화를 걸고 약속을 잡습니다. 그들과 커피 한 잔 마시는 기회를 위해서죠."

사교 강박증의 배후에는 '어쩔 수 없이' 혹은 '고생스럽게'라는 말이 숨어 있다. 이런 현상은 인맥의 영향을 특히 많이 받는 업계, 예컨대 홍보, 마케팅, 판매 등에서 더 두드러진다. 전문가들은 사교 강박증과 관련해서 인맥에도 균형이 필요하다고 조언한다. 인간관계는 폐쇄적이어도 안 되지만 너무 남용하는 것도 좋지 않다. 모든 일에는 균형이 필요하고, 인맥 역시 그러하다. 또 자신의 균형뿐 아니라 타인의 균형도 고려할 줄 알아야 한다. 상대방에게 사교를 강요하거나 그의 균형을 깨뜨리려고 시도해서도 안 된다. 이는 본인과 타인에게 모두 좋지 않으며, 아무리 악의가 없다고 해도 결과가 좋을 리 없다.

상대를
알아야
이길 수 있다

나이가 다르면 심리도 다르다

환경과 조건이 다르면 심리 특징도 다르다. 이 점을 잘 이용하면 각 연령대의 서로 다른 소비심리를 파악할 수 있다.

열한 살 이전의 아동은 소비심리가 아직 안정적으로 자리 잡히지 않아서 기복이 크고, 보통 외부 환경의 영향을 많이 받는다. 동시에 차츰 인지 능력이 생기고 자신만의 흥미와 취미를 가지기 시작한다. 개성이 뚜렷해지고 유행도 따르지만 자기제어 능력은 아직 한참 부족하다. 쇼핑할 때 자기 결정권이 없어서 보통 부모와 함께 쇼핑하고, 부모는 아이의 의견을 청취 후 반영한다. 정리하자면 열한 살 이전 아이들은 신기하고 재미있는 것을 주요 목적으로 하지만 상품 선택에 관해서는 상당히 모호해서 외관을 보고 구매 여부를 결정하는 일이 많다. 또 누군가를 따라서 상품을 구매하곤 한다.

열한 살에서 열다섯 살 사이의 아이들은 자신이 이미 성인이라고 인지하며, 부모의 구속에서 벗어나기를 바라는 동시에 미래에 아름다운 환상을 품고 있다. 낭만과 유행을 좇으며, 매우 긍정적으로 자아를 추구하고, 또래와 커다란 동질감을 느낀다. 부모의 의견보다 또래 친구들의 의견을 더 중요시하면서 어른들처럼 독립적으로 좋아하는 물건을 쇼핑하기 시작한다. 이 연령대의 소비심리는 또래를 모방하고 대중을 따르려고 하지만 또 자신의 개성을 중요하게 생각하므로 자신만의 느낌에 따라 소비한다.

열여섯 살에서 마흔 살 사이의 젊은 사람들은 독립적이고 유행을 추구하며 매력을 발산하고자 한다. 쇼핑의 유일한 기준은 자신이 '좋아하는가'와 '세련되고 신선한가'이다. 이런 물건이 그다지 실용적이지 않을 수 있음을 알지만 그래도 '좋으니까' 그냥 산다. 그 행위 자체로 기분이 좋아지기 때문이다. 청년 소비 집단 중에서는 대학생의 소비 특징이 꽤 돋보인다. 그들은 합리적인 소비를 추구하는 동시에 최대한 유행과 자신을 추구하며, 개성을 드러내는 상품을 구매한다. 종종 충동구매를 하며, 군중심리나 광고의 영향을 많이 받는 편이다. 이 연령대의 소비심리는 향락, 과시, 군중심리로 정리할 수 있다. 대체로 감정에 치우친 소비를 하며 개성을 추구하고 자신을 표현하고자 한다.

중년은 일과 사업이 가장 바쁜 시기이고 그만큼 스트레스도 크다. 또 일생 중 수입이 가장 많은 시기여서 구매력도 가장 크다. 중년 소비자는 계획적이고 이성적으로 소비하며, 개성과 자신을 드러내는 동시에 품위를 중요하게 생각한다.

이처럼 서로 다른 연령대의 사람들은 환경, 조건, 교육수준 등이 모두 다르므로 심리 특징 역시 각기 다르다. 이는 피할 수 없는 일이다.

포장으로도 감출 수 없는 성격

사교 과정에서 외형적 이미지의 중요성은 누구나 아는 사실이다. 그래서 사람을 만날 때는 언행, 옷차림 등에 각별하게 신경 써서 상대방에게 좋은 인상을 남기려고 한다. 사람들은 이미 심리학의 '첫인상 효과'를 정확히 알고 있고, 열심히 실천 중이다. 사실 처음 타인과 접촉했을 때 오히려 그 사람의 진짜 개성을 정확하게 파악하기가 어렵다. 그 역시 나와 마찬가지로 자신을 어느 정도 '포장'했을 테니 말이다. 그렇다면 처음 만났을 때 상대방이 어떤 사람인지 파악할 방법이 전혀 없단 말인가? 꼭 그렇지는 않다.

━━ 10년 넘게 직장생활을 해오고 있는 샤오훙은 자신의 이미지를 관리하는 데 도가 텄다. 친구 모임, 회사 회식, 큰 행사 등 어디에서나 샤오훙은 오랜 경험을 바탕으로 아주 노련하고 능숙하게 대처한다. 친구들과 만날 때는 산뜻하고 밝은 옷차림으로 나가서 먼저 일일이 안부를 묻고 축하나 위로를 건넨다. 회식 자리는 샤오훙에게 일을 좀 더 순조롭게 하는 중요한 수단이

다. 밥이 목적이 아니라 팀원 한 명, 한 명을 살피며 단결과 협동을 강조하는데 더 주력한다. 큰 행사가 있을 때는 살짝 화려하게 꾸미지만 그렇다고 너무 튀지는 않도록 한다. 이처럼 샤오훙은 일과 생활에서 늘 자신을 멋지게 '포장'해서 외부인의 눈에 흠 하나 잡을 데 없는 완벽한 여성으로 보일 수 있도록 최선을 다한다.

샤오훙의 남자친구 즈강은 자신의 여자친구가 어떤 사람인지 정확히 알고 있다. 그는 가장 진실한 모습의 샤오훙, 전혀 포장되지 않은 샤오훙의 모습을 아는 몇 안 되는 사람 중 하나다. 사람들은 샤오훙이 매우 활달하고 말솜씨가 좋다고 생각하지만 사실 샤오훙은 집에 돌아오면 거의 말을 하지 않는다. 또 감정 처리에 매우 미숙해서 즈강이랑 교제하면서 정말 작은 일로 끊임없이 싸우면서 몇 번이나 이별까지 생각했다. 기본적으로 샤오훙은 성격이 매우 강하고 무척 고집스러우며, 대부분 일을 처리하면서 상당히 집요하고 편집적 성향을 보이는 사람이다.

한번은 즈강의 친구를 집에 초대한 적이 있다. 친구는 샤오훙과 잠시 인사를 나눈 후에 즈강이 혼자 있을 때 다가오더니 "여자친구랑 잘 지내?"라고 물었다. 즈강은 뭔가 안다는 듯이 물어보는 친구를 보면서 아무 말도 못 했다. 친구는 말했다. "보기에는 상냥하고 친절하지만, 머리카락이 굵고 억세더라고. 숱도 많고 말이야. 어떤 성격인지 대충 알겠어. 내가 네 성격을 잘 아니까 혹시나 해서 넘겨짚어 봤는데, 맞구나?" 즈강은 친구가 한눈에 두 사람의 관계를 파악했다고 생각지는 않으면서도 친구가 한 말이 어느 정도는 옳다고 인정하지 않을 수 없었다.

친구의 '머리카락 성격론'이 황당하게 들리는가? 사실 즈강의 친구가 샤오훙의 머리카락을 보고 성격을 유추한 것은 어느 정도 과학적 근거가 있다. 사람의 머리카락은 다른 신체 기관이나 조직과 마찬가지로 영양 공급이 필요하다. 머리카락에 필요한 영양은 수십 종에 달하며 전부 혈액 순환으로 공급된다. 머리카락의 길이는 영양 소모량에 영향을 주며, 두뇌의 활동도 이로부터 영향을 받는다. 이런 이유로 머리카락의 특징을 보고 그 사람의 성격 특징까지 가늠할 수 있는 것이다. 이야기 속에 묘사된 바에 따르면 샤오훙은 자신의 이미지에 매우 신경을 쓰는 사람이다. 하지만 즈강의 친구는 머리카락이 굵고 억세며 숱까지 많은 걸 보고 실제로는 샤오훙이 다소 내향적인 사람이며, 의심이 많아서 사람을 잘 믿지 않는다고 추측했다. 샤오훙은 이성이 감성보다 우선하는 사람으로 리더십이 상당하지만 감정 처리를 어려워한다. 반대로 즈강은 매우 감성적인 사람으로 예술적 감수성이 풍부하지만 한편으로는 리더십도 있는 사람이다. 즈강의 친구는 두 사람이 성향이 다르면서도 타인과 상황을 직접 끌고 가려는 성격이라 연애가 결코 순탄할 리 없다고 보았다.

아무리 포장을 잘했더라도 생활 속 작은 부분에서 성격이 드러나는 것까지 막을 수는 없다. 샤오훙과 반대로 머리숱이 적은 사람은 보통 외향적이고 머리가 좋으며 개성이 강하다. 매사에 도전을 즐기며 험난한 길을 두려워하지 않고, 무슨 일이든 언제나 자신이 중심이다. 이런 사람들은 자부심이 내면의 꽤 커다란 부분을 담당하며, 다른 사람을 크게 신경 쓰지 않는다. 자신을 과대평가하는 경향이 있어서 실제로는 부족함이 많아도 여전히 자신이 제일 잘났다고 생각하는 사람이다. 또 일할 때 그다지 깊이 생각하지 않으므로 종종 잘못된 판단을 내리고 일을 엉망으로 만드는 경우가 많다.

머리카락뿐 아니라 신발이 닳은 모양으로도 성격을 알 수 있다. 자신감이 부족한 사람은 서거나 걸을 때 몸이 앞으로 쏠린다. 또 몸의 무게를 발바닥에 실어서 언제든지 뛸 준비가 된 사람처럼 움직인다. 반대로 자신만만한 사람은 몸을 뒤로 젖혀서 걷는다. 몸의 무게를 발꿈치에 두므로 신발의 뒷굽이 많이 닳는 편이다.

대화 속 작은 디테일에 주목하라

어떤 사람을 이해하고 싶다면 그의 말을 듣는 것만으로는 부족하다. 말에는 늘 참과 거짓이 반반씩 섞여 있기 때문이다. 사람들은 소통할 때 언어 외에 다른 보조 수단을 쓰곤 하는데 바로 몸이다. 예컨대 덩실덩실 춤추는 사람은 기분 좋은 일이 있음이 분명하고, 볼과 귓불이 시뻘게진 사람은 화가 난 상태다. 이처럼 꼭 말로 하지 않아도 겉으로 드러나는 몸의 표현만 보고서 그 사람의 감정, 나아가 그의 성격까지 알아차릴 수 있다. 심리적 특징을 완벽하게 숨기기란 불가능하므로 주변 사람들의 진실한 감정을 알고 싶다면 그들의 신체를 유심히 관찰하면 된다.

━━ 외향적인 학생 원청은 평소 사람들과 이야기할 때 늘 상대방의 말을 자르고 그들의 감정을 아랑곳하지 않으면서 자기가 하고 싶은 이야기만 한다. 사람들은 원청과 대화할 때 항상 누가 쫓아오는 양 속전속결로 한다. 그녀와 무릎을 맞대고 한 가지 주제를 오랫동안 이야기하는 일은 불가능하다는 걸 알기 때문이다. 그래서일까? 친구들은 반장 선거에 나온 원청에게 단 한 표도 주지 않았다.

이야기 속 원청은 늘 일부러 남의 말을 자를 뿐 아니라 무슨 이야기를 진득하게 하는 법이 없다. 아마도 원청이 매우 성격이 급하고, 안정감이 부족한 사람임을 이미 눈치챘을 것이다. 이런 사람은 진심을 나누는 친구를 사귀기가 어렵고, 무슨 일이든 용두사미가 되어서 큰일을 하지 못한다. 그래서 반장 선거에서 한 표도 얻지 못한 것이다.

이 외에도 대화할 때 보이는 몇 가지 특징으로 그 사람을 어느 정도 파악할 수 있다.

어떤 사람들은 상대방이 이야기할 때 습관적으로 고개를 끄덕인다. 이런 작은 행동은 상대방의 자신감을 키울 뿐 아니라 대화를 좀 더 깊고 넓게 발전시키므로 자신과 상대방에게 모두 무척 유리한 행동이다. 이런 사람들은 일상생활에서도 실행 가능한 합리적인 해결방안을 찾는 데 능하다. 열정적인 그들은 언제나 타인의 약점을 받아들이고 배려하며, 항상 남을 도울 준비가 되어 있다.

상대방을 지긋이 응시하는 사람은 의지가 강하고 분위기를 압도하는 힘이 있다. 굳이 말하지 않고 마주 보고만 있어도 그의 몸에서 뿜어져 나오는 카리스마를 느낄 수 있다. 자칫 눈빛이 공격적으로 보일 수 있으나 실제로는 그렇지 않다. 단지 상대방을 알려는 것뿐이며 공격성이라고는 전혀 없다.

상대방과 눈빛을 주고받기를 좋아하는 사람은 솔직담백하다. 그들은 상대방이 자신을 이해해주기 바라며, 마찬가지로 자신도 상대방을 이해하기 바란다. 이런 사람들은 보통 자신감이 넘치며 성격도 시원시원하고 활발하다. 일상에서도 늘 타인을 배려하고 일할 때는 언제나 최선을 다한다. 웬만해서는 타인이 바라는 바를 들어줘서 모두를 즐겁게 하려고 한다. 남들에게 인정받기 바라며 사교 과정 중에 도를 넘는 행동을 삼가고 예의 바르게 행동한다.

대화 중에 안절부절못하면서 산만하게 구는 사람은 진취적인 행동파다. 그들은 스스로 높은 수준을 정해놓고 배움과 성공의 기회를 절대 놓치지 않는다. 워낙 적극적으로 주변에서 일어나는 모든 일에 참여하다 보니 항상 바쁘다. 하지만 이렇게 발바닥에 땀이 나도록 뛰어다녀도 좋은 결과를 얻는 일은 거의 없다. 늘 긴장 상태에 놓여 있다.

무슨 일이 생기면 크고 과장된 동작으로 반응하는 사람들이 있다. 이들은 아주 별거 아닌 사소한 일이라도 펄쩍 뛰면서 큰일이라도 난 양 난리를 치는데 특별한 악의가 있어서 그러는 것은 아니다. 단지 과하게 열정적인 것뿐이다. 그들은 말만 해서는 자신의 열정을 전부 표현할 수 없다고 여기기 때문에 온몸을 써서 동작을 충분히 크게 함으로써 생각을 드러내고 상대방의 주의를 끌고자 한다. 안정적인 느낌이 부족하고, 다소 민감하다.

이처럼 대화 중에 보이는 작은 동작들은 그가 어떤 사람인지 알려준다. 유심히 관찰하면 내 앞에 앉은 사람이 숨기려고 한 내면을 발견하기 어렵지 않을 것이다.

정말 나를 위해서일까?

어른 말씀을 들으면 자다가도 떡이 생긴다, 다 너를 위해서 하는 말이다, 지금은 아닌 것 같아도 나중에는 나한테 고맙다고 할 거다……, 모두 많이 들어본 이야기일 것이다. 보통 연장자들이 자기보다 나이 어린 사람들에게, 특히 부모가 자녀를 교육할 때 자주 하는 말이다.

━━ 샤오화와 샤오둬의 어머니는 무척 엄해서 동네에서도 '호랑이 엄마'로 불린다. 이 호랑이 엄마는 두 딸을 엄격하게 교육했다. 일단 기본적으로 딸들은 공부만 해야지 절대 놀아서는 안 된다. 게임 같은 건 어림도 없고, 방과 후 활동도 놀이는 안 되고 반드시 학업과 관련된 것만 해야 한다. 학교가 끝나면 곧장 집으로 와야 하고, 집에 와서 가장 먼저 할 일은 숙제다. 숙제를 끝내지 못하면 밥도 없다. 매일 세 시간 이상 피아노를 연습해야 하고 각종 상식과 지식을 습득하는 일도 게을리해서는 안 된다.

자매 중 언니인 샤오화는 말을 잘 들었다. 엄마가 짜놓은 모든 일정을 소화했고, 좀 힘들기는 해도 큰 불만은 없었다. 하지만 동생 샤오둬는 달랐다. 샤오둬는 커가면서 엄마에게 반항했고, 엄마는 이런 샤오둬에게 무척 화가 났다. 샤오둬는 자유롭게 시간을 쓰기 바랐고, 방과 후 활동도 배드민턴을 하겠다고 고집 부렸다. 딸이 완강하게 버티자 엄마는 하는 수 없이 동의했지만 한번 해보고 재능이 없으면 바로 그만둔다는 조건을 달았다. 엄마의 바람과 달리 샤오둬는 배드민턴에 재능이 뛰어났다. 뜻밖에도 엄마는 의기양양하게 웃으며 사람들에게 말했다. "역시 제 교육방식은 옳았어요. 샤오둬를 강하게 키우고 의지를 단련했던 거죠. 안 그랬으면 샤오둬가 그만큼 배드민턴을 잘 치지 못했을 거예요."

이 이야기에 등장하는 엄마의 교육방식은 정말 아이들을 위한 것이었을까? 그녀의 교육방식은 정말 합리적이었을까? 엄마에게 반항하지 않은 언니 샤오화는 아직 자신이 무엇을 좋아하는지, 어디에 재능이 있는지, 뭘 해야 좋을지 발견하지 못했다. 반대로 동생 샤오둬는 엄마

에게 반항해서 자신이 선택한 배드민턴을 쳤고, 또 아주 잘 쳤다. 자유로움이 그녀의 성장에 커다란 역할을 한 셈이다. 그런데도 엄마는 자신의 교육방식만 자화자찬할 뿐, 아이의 능력은 끝까지 칭찬하지 않았다. 그녀가 딸들의 성장을 정성스럽게 계획하면서 만족한 것은 아마 자신의 통제욕이었을 것이다. 통제욕을 노골적으로 드러낼 수 없으니 '다 너 잘되라고 하는 일'이라는 말로 껍데기를 뒤집어씌운 것뿐이다. 엄마는 딸들을 아주 뛰어나게 만들어서 사람들 앞에 내놓아 자신의 교육방식이 완벽했음을 증명하고 커다란 심리적 만족을 얻고자 했다.

입으로는 '너 잘되라고 하는 일'이라고 말하지만 사실 이는 전부 '자신을 위한 일'이다. 자녀 교육뿐 아니라 부부관계에서도 마찬가지다.

━━ 리나와 장창은 결혼 5년 차 부부다. 두 사람은 여전히 정이 넘쳐서 주변 사람들의 부러움을 산다. 장창은 돈을 많이 버는 컴퓨터 프로그래머고, 리나는 출산 후에 일을 그만두어서 지금은 전업주부다. 결혼 전부터 리나는 장창을 무척 존경했다. 그가 하는 말은 전부 옳았기 때문에 교제 기간 중에 리나는 줄곧 말을 듣는 쪽이었다. 장창은 매우 자상한 남편으로 리나가 원하는 물건이 있으면 아끼지 않고 사주었다. 그런데 리나가 친구와 쇼핑하고 돌아올 때마다 밖에는 사기꾼도 많고, 품질 나쁜 물건이 많으니 쇼핑할 때 주의해야 한다고 잔소리를 늘어놓았다. 그때마다 리나는 장창의 한쪽 팔에 매달리며 말했다. "알았어요!"
리나가 이처럼 장창을 신뢰하는 까닭은 그의 학력이 자신보다 훨씬 좋았기 때문이다. 리나는 일반 대학을 졸업했지만 장창은 명문대 대학원까지 다녔다. 게다가 장창은 집안도 리나보다 좋았다. 이런 여러 이유로 리나는 당연하다는 듯이 장창을 믿어 의심치 않았다.

장창은 리나의 친구를 싫어했다. 교양과 품위가 떨어지는 친구를 만나니까 리나의 언행, 옷차림, 라이프스타일도 그 수준을 벗어나지 못한다고 했다. 또 리나가 나온 학교를 무시하면서 그런 대학의 교수에게 뭘 배웠겠냐며 그 나이 먹도록 뭐 하나 제대로 아는 게 없다고 탓했다. 장창은 리나가 식사 준비하는 것도 못마땅해하면서 소금을 많이 넣었네, 식초를 넣어야 더 맛있네 등등 잔소리가 끊이지 않았다. 방을 정리할 때도 뭐가 그렇게 마음에 안 드는지 이러쿵저러쿵 이야기했다. 반대로 자기가 한 일에 대해서는 자화자찬을 아끼지 않으면서 이렇게 하니까 얼마나 멋지냐고 한참이나 생색을 냈다. 리나 역시 확실히 남편이 하니까 훨씬 좋다고 생각했다. 아주 천천히, 리나는 친구들로부터 멀어졌다. 그녀는 점점 남편을 중심으로 생활했고, 모든 즐거움을 남편에게서 찾으려고 했다.

누가 봐도 리나는 남편 장창에게 완전히 통제당하고 있지만 정작 리나 자신은 깨닫지 못했다. 장창이 리나와 그녀 주변을 대하는 태도는 전부 부정적이며 상당히 비판적이다. 남편의 이런 반응은 리나가 자신의 행위에 자신감을 잃게 했다. 그녀는 스스로 선택할 줄 몰라서 늘 장창에게 도움을 구했고, 항상 남편의 가르침과 허락을 바랐다. 얼핏 보면 장창의 행동이 리나를 생각해서 하는 것 같지만 사실은 모두 자신을 위해서다. 리나를 통제할 때 따라오는 쾌감을 즐기는 것이다.

당신을 위해서라며 늘 가르치려고 드는 사람은 사실 자신의 만족을 위해서 그럴 확률이 높다. 이런 사람을 만나면 겉으로는 그를 인정해도 의존하지 말고 나만의 계획을 세우자. 이렇게 하면 그의 자존심도 세워주면서 자신의 독립성도 지킬 수 있다.

좋은 사람이 나쁜 일을 저지르는 이유

━━ 1990년대 초, 대학을 졸업하고 몇 년이 흐른 뒤에 토비는 담보대출회사를 열기로 했다. 몇 년 전에 암묵적으로 아버지의 허락을 맡은 상태여서 일사천리로 진행되었으나 운영이 쉽지 않았다. 자금회전이 원활하지 않자 하는 수 없이 은행에서 대출을 받았는데 그 과정에서 몇 가지 거짓말을 했다. 하지만 대출받은 후에도 회사에 계속 점점 더 많은 문제가 발생했고, 새어나가는 돈이 더 커졌다. 토비는 자신의 부동산까지 저당 잡혔지만 회사를 정상화하기에는 역부족이었다. 다 같이 죽을 수는 없다는 생각에 토비는 직원들에게 서류를 조작해 가짜 장부를 만들라고 지시했다. 하지만 결과적으로 회사를 지키지도 못하고, 자신은 경제사범으로 구속되었다. 토비가 저지른 사기로 어마어마한 여파가 발생했다. 피해액만 수백만 달러에 달했고, 토비의 회사뿐 아니라 다른 회사 몇 개가 줄줄이 도산했으며 100여 명이 하루아침에 실업자 신세가 되었다.

토비는 전형적인 '나쁜 일을 저지르는 좋은 사람'이다. 처음 사업을 결심했을 때 토비는 아버지에게 절대 범죄를 저지르지 않고 건전하게 사업하겠다고 약속했다. 감옥에 들어가는 일 따위는 없을 거라며 농담처럼 말하기도 했다. 그 역시 자신이 사기범으로 구속될지는 상상도 못 했을 것이다.

대체 무엇이 선량한 시민이었던 토비가 도덕을 저버리고 수많은 사람에게 피해를 준 사기범이 되게 했을까? 일반인뿐 아니라 심리학자들도 이 문제에 주목했다. 미국 노트르담 대학University of Notre Dame 의 기업윤리 석좌교수 앤 텐브룬셀Ann E. Tenbrunsel 은 인지의 한계가 도덕적 문제를 마주했을 때 맹목과 무지를 일으킨다고 보았다. 다음은 이를 증명하는 실험이다.

▬▬ 텐브룬셀 박사는 피실험자를 1그룹과 2그룹으로 나누었다. 그리고 1그룹에는 무슨 일이든 반드시 사업에 유리한 결정을 하라고 하고, 2그룹에는 무슨 일이든 도덕적 결정을 내리라고 말했다. 이때 피실험자들의 머릿속에 각각 사업과 도덕이라는 키워드가 생겨났다. 이어서 텐브룬셀은 바로 실험하지 않고, 피실험자들에게 실험과 전혀 관계가 없어 보이는 일을 해달라고 했다. 주의력을 분산시키기 위해서였다. 어느 정도 시간이 흐른 뒤 드디어 정식 실험이 시작되었다. 텐브룬셀은 두 그룹의 피실험자에게 똑같이 사기를 칠 기회를 제공하고, 그들이 이 기회를 이용하는지 살폈다. 실험 결과 1그룹이 2그룹보다 더 많이 사기 행위를 저질렀다.

텐브룬셀은 실험 결과를 다음과 같이 해석했다. 1그룹 피실험자들은 '사업에 유리한'이라는 테두리 속에서 사고했다. 그들은 성공을 위해서, 그리고 타인으로부터 인정받기 위해서 수단을 가리지 않았다. 반대로 '도덕'이라는 테두리 속에서 사고한 2그룹 피실험자들은 이런 생각이 없었다. 이 실험 결과는 사업하는 사람들이 어떤 목표를 완성하기 위해서 다른 가치를 모두 잊고 오직 그 목표만 추구하는 모습을 반영한다. 그들은 '사업에 유리한'이라는 테두리에 갇혀 사고하므로 도덕을 포함한 다른 가치와 목표는 완전히 잊는다.

왕쉬안웨이는 2년 전에 전역한 후 아는 사람을 통해 다롄大連의 회사에 취직했다. 그는 우연한 기회에 현지에서 부동산 개발사업을 하는 우吳 씨를 알게 되었고 사기를 계획했다. 왕쉬안웨이는 자신을 인민해방군 모 부대의 대리인으로 소개하면서 현재 다롄 지역 군용 부동산을 매수할 사람을 찾는다고 말했다. 그는 신빙성을 높이기 위해 군용 부동산 자료와 각종 문건을 제시했고, 원한다면 우 씨에게 25만 제곱미터에 달하는 군용 부동산을 넘기겠다고 했다. 이 과정에서 왕쉬안웨이는 위임장, 중령 신분증 등을 위조했고, 회사 인감까지 조작하는 등 불법행위를 저질렀다. 주도면밀한 사기 행위에 넘어간 우 씨는 계약서에 서명하고 총 186만 위안을 왕쉬안웨이에게 넘겼다. 얼마 후 우 씨는 자신이 사기당한 사실을 알아차리고 고발했다. 조사 과정에서 왕쉬안웨이는 자신의 죄를 인정하고, 큰돈이 탐나서 범죄를 저질렀다고 털어놓았다.

실제로 많은 범죄자에게서 인지 오류가 발견된다. 그들은 다른 문제는 고려하지 않고 오직 자신에게 유리한 생각만 하므로 절대 용서받을 수 없는 잘못을 저지르고 범죄자가 된다. 원래 좋은 사람이라는 소리를 듣던 사람이 범죄를 저지르는 것도 이 때문이다. 누구나 어느 정도의 인지 오류가 있는데 그 정도가 심해지면 심리적 문제가 출현하고, 극단적인 상황에서는 범죄로까지 이어진다. 우리 사회가 관련 법률이나 규범으로 시시각각 경각심을 일깨우는 것도 이런 이유에서다. 교육과 홍보를 통해서 사람들은 자신의 인지를 올바른 테두리 안으로 끌어와 사고하며, 이를 통해 불법적인 행위를 줄일 수 있다.

더 나은
삶을 위한
심리학

우리는 천편일률인 세상에 살고 있다

학창 시절 선생님은 덮어놓고 문제를 풀려고 하지 말고 귀납적으로 사고해야 한다고 말씀하셨다. 귀납적 사고는 특히 수학을 공부할 때 더 필요한데 사실 귀담아듣지 않았다. 그때는 숙제가 곧 공부였고, 풀 수 있는 문제가 많을수록 공부도 잘하고 시험 성적도 좋다고 생각했기 때문이다. 이렇게 잘못된 생각을 했으니 귀납적 사고의 중요성 따위야 자연스럽게 무시하게 되었다. 사실 귀납적으로 사고하지 않는 사람은 뭔가를 배울 때 상대적으로 힘들다. 설령 시험 성적이 좋았다고 해도 진짜 제대로 학습하는 법을 배우지는 못한 것이다. 대체로 귀납적 사고에 익숙하지 않은 사람들은 시험을 볼 때 혼란스럽고 집중력이 떨어져서 당황스러운 상황을 마주하기 쉽다. 물론 성적도 좋을 리 없다.

━━ 중학교 2학년인 리수와 리쮜안은 한동네에 살고, 학교에서도 같은 반이다. 하지만 두 사람의 성적은 차이가 크다. 리수는 공부를 싫어하는 것 같다. 동네 어른들은 학교를 마친 그가 매일 오락실로 뛰어가서 친구와 농구 게임을 하는 모습을 보았다. 그가 공부하는 모습을 본 사람은 거의 없다. 하지만 리수는 시험 때마다 1, 2등을 다투는 좋은 성적을 거둔다. 리쮜안은 반대다. 그녀는 원래 성격이 내향적이고 말수가 적다. 학교에서는 쉬는 시간이든 과외활동 시간이든 늘 책상에 엎드려 문제를 풀고 있다. 그렇게 풀면 못 푸는 문제가 없어야 정상이다. 리쮜안의 엄마도 딸의 성적에 무척 신경을 쓴다. 새 학기가 시작할 때마다 필요한 참고서와 문제집을 누구보다 일찍 준비한다. 리쮜안은 학교가 끝나고 집에 오면 머리를 처박고 문제집만 푼다. 하지만 이렇게 열심히 하는데도 성적은 늘 반에서 15등 정도다. 한 번도 10등 안에 든 적이 없다.

속상한 리쮜안의 엄마는 딸을 데리고 리수의 집에 가서 어떻게 공부하는지 물었다. 리수는 자신의 공부법을 한마디로 설명하지는 못했지만 일단 리쮜안의 공부법에는 동의하지 않았다. 그는 어차피 세상의 모든 문제를 다 풀 수는 없으므로 문제집만 내리 풀기보다 평소 학교에서 배운 중요한 유형만 풀면 된다고 말했다. 그렇게 해서 문제 해결 방법만 깨우친 후에 같은 유형의 문제를 조금 더 연습한다면서 공부 스트레스는 전혀 없다고 웃으면서 이야기했다. 리쮜안과 엄마는 리수의 방법이 일리가 있다고 보았다. 그들은 앞으로 무작정 고개를 처박고 문제를 풀지 않고, 문제 유형을 분석하기로 했다.

리수와 리쥐안의 공부 방법에서 알 수 있듯이 공부할 때는 무작정 문제만 많이 풀기보다 핵심을 겨냥해서 책을 읽고, 주요 유형을 풀어야 한다. 목표는 문제 유형의 해결 방법을 찾는 것으로 이것만 완벽하게 해두면 세부 내용이 살짝 바뀌어도 풀 수 있다. 학생들의 공부 방법을 예로 들었지만 사실 이 방식은 학습뿐 아니라 생활의 면면에도 적용할 수 있다. 너무나 변화무쌍한 세상처럼 보이지만 귀납적 사고로 대응한다면 그래봤자 다 거기서 거기라는 사실을 알게 될 것이다.

심리학에서 귀납적 사고란 사물을 인식하는 과정에서 사용하는 일종의 사유방식을 가리킨다. 사물, 경험, 지식 등에서 일반적인 규율을 찾고, 다른 사물도 이 일반 규율을 따른다고 가정하면 이로써 동류同類의 사물을 처리할 수 있다.

━━━ 세계적인 투자회사 소프트뱅크SoftBank의 창업주 손정의孫正義는 귀납적 사고를 이용해 사업을 시작했다. 손정의는 UC버클리UC Berkeley 재학 중에 장차 사업가가 되기로 마음먹고, 1년에 걸쳐 앞으로 뭘 하고 싶은지, 자신이 무엇을 원하는지 고민했다. 그는 하고 싶은 일 수십 가지를 쭉 나열한 후에 시장조사를 했으며, 이 조사 결과에 근거해서 향후 10년 동안의 예상 손익표, 자금회전 주기표, 조직 구조 등을 만들었다. 그리고 다시 스무 가지가 넘는 사업 선택의 기준을 쭉 나열했다. 여기에는 향후 50년 동안 전심전

력할 수 있는가, 10년 안에 일본 최고가 될 수 있는가 등이 포함되었다. 이 처럼 종합적인 사고, 비교, 고찰을 거친 후 손정의는 마침내 자신이 할 사업을 확정했다. 이후 그의 성공적인 행보를 본다면 당시의 결정은 완벽에 가까웠다.

손정의의 성공은 귀납적 사고의 중요성을 보여준다. 그는 창업 전에 다른 사람들의 경험과 시장 상황 등에 근거해서 아주 성실하게 계획하고 고찰했다. 이 과정이 바로 귀납적 사고다. 그는 조급해하지 않고 먼 곳을 바라보며 심사숙고했으며, 주도면밀한 계획으로 소프트뱅크를 일본 10대 기업으로 키웠다. 현재 손정의는 일본에만 300여 개 기업이 있으며 자산 총액은 400억 달러에 이른다.

대화의 방식을 바꾸면 원하는 것을 얻는다

━━ 크리스마스이브 오후 리리는 근처 상가에서 장을 봐 식구들에게 맛있는 저녁을 해주기로 했다. 바람이 온화하고 햇볕이 좋은 날이었다. 장바구니를 들고 기분 좋게 상가에 들어선 리리는 물건을 쭉 돌아보았다. 그 순간, 갑자기 어디선가 커다란 소리가 들렸고, 상가 안은 일대 혼란이 벌어졌다. 간신히 정신을 차려보니 저 앞에 젊은 여성 한 명이 쓰러져 있었고, 주변에는 검붉은 피가 흥건했다. 너무 놀라고 머리가 띵해서 가만히 서 있는데 경찰이 들이닥쳤다. 아까 그 커다란 소리는 총소리였고, 살인범은 이미 도망

쳤다고 했다.

리리는 피살자에 가장 가까이 있었던 현장 증인으로서 경찰서에 갔다. 하지만 리리는 당시 무슨 일이 발생했는지 전혀 기억하지 못했다. 그녀가 기억하는 거라곤 자신이 장을 보러 그 상가에 갔고, 커다란 총성을 들었다는 것뿐이었다. 이후의 일은 너무 놀라고 무서워서 아무것도 기억나지 않았다.

사건을 해결해야 하는 경찰은 최면으로 리리의 기억을 살려보기로 했다. 잠시 후 최면술사가 왔고, 리리는 침대에 누웠다.

"당신은 밖에서 상가로 들어왔어요. 장을 보려고요. 크리스마스 파티에 먹을 음식을 할 건가요?"

"네, 맞아요."

"당신은 이제 엘리베이터에서 내렸어요. 상가에 사람이 무척 많네요. 너무 붐빈다고 생각했죠?"

"네, 사람이 너무 많았어요."

"이제 고개를 들고 앞을 바라봅시다. 어떤 사람들이 있나요?"

"사람이 많아요. 남자, 여자, 노인, 아이들……, 하지만 전부 모르는 사람들이에요."

"초록색 모직 코트를 입은 아가씨가 보이나요?"

"아뇨."

"분명히 있을 거예요. 앞에서 한번 찾아봅시다."

"아, 보여요. 아주 예쁘게 생겼어요. 그런데 무척 급하게 걸어요. 무서워하는 거 같아요."

"왜 무서워하나요? 누군가 그녀를 쫓아오나요?"

"네, 검은색 헌팅캡을 쓴 남자. 모자를 아주 푹 눌러썼어요."

"몇 살 정도 되어 보이나요?"

"한 마흔 살 정도요."

"그에게 뭔가 특이한 점이 있나요?"

"얼굴이 길고, 눈가에 뚜렷한 검은 사마귀가 있어요."

"지금 그는 뭘 하고 있죠?"

"그 사람도 빨리 걸어요. 그 아가씨를 따라잡았고, 총을 쏴서 죽였어요."

그 순간, 리리는 커다란 공포를 느끼며 최면에서 깨어났다.

리리는 최면술사의 도움으로 경찰에 살인범의 외모 특징을 제공했고, 경찰은 이를 단서로 그를 체포했다. 하지만 최면에서 깨어난 후에는 경찰의 질문에 거의 아무런 대답도 하지 못했다. 왜 그럴까? 최면술사에게 신기한 능력이 있어서일까? 아니다. 단지 최면술사가 하는 말의 방식이 경찰과 달라서다.

최면술에서는 이를 '암시법'이라고 한다. 최면술사는 경찰처럼 바로 사건의 구체적인 경과를 묻지 않고, 리리가 기억을 우회하도록 유도했다. 상가에 들어갈 때부터 피범벅이 된 피살자를 발견할 때까지의 모든 사건을 하나씩 기억하도록 도운 것이다. 최면술사의 방식 덕에 리리는 점점 긴장을 풀고 안정을 찾았으며 아주 편안한 상태가 되었을 때 자연스럽게 모든 것을 기억해냈다. 하지만 경찰이 다시 단도직입적으로 물었을 때는 엄청난 공포가 밀려들어서 머릿속에 있는 기억을 꺼내지 못했다.

268

━━ 피의자의 나이는 스물다섯, 교제를 반대한다는 이유로 앙심을 품고 여자친구의 부모를 살해했다. 다음은 피의자와 검사의 대화다.

"그날 있었던 일을 이야기해주시겠습니까?"

"이미 이야기했잖아요. 여자친구의 부모님이 먼저 나를 죽인다고 칼을 막 휘둘렀고, 나는 피하면서 싸우다가 그렇게 된 거예요. 정당방어였다고요."

"정당방어라……, 알겠습니다. 다시 몇 가지 좀 질문하죠. 사건이 일어난 곳은 당신과 여자친구가 함께 사는 집이었죠?"

"네."

"사건 전에 여자친구의 가족이 자주 그곳에 왔습니까?"

"아뇨, 한 번도 온 적 없어요. 나도 초대할 생각도 없었고요."

"왜 초대하고 싶지 않았는데요?"

"그거야 뭐……, 그분들이 건강도 좋지 않고, 집도 좁거든요. 찾기도 힘들고요."

피의자는 말을 더듬었다.

"피해자들이 칼을 들고 들어왔나요? 아니면 들어와서 주방에서 식칼을 꺼내왔나요?"

"둘 다 아니에요. 그 사람들은 들어오자마자 거실로 갔어요."

"바로 거실로 갔군요. 그런데 사건 현장은 부엌이고, 흉기는 식칼이었습니다. 처음 왔는데 어떻게 당신보다 집 구조와 식칼의 위치를 더 잘 아는 것 같네요?"

그 순간, 피의자는 얼어붙었다. 처음에는 검사가 대체 무슨 의도로 이런 걸 묻는지 이해하지 못했지만 이제야 드디어 안 것이다. 하지만 이미 늦었다.

피의자는 모두 끝났다고 생각하고 범행 일체를 자백했다.

　범행을 완강히 부인하는 피의자의 자백을 받아내는 것만큼 어려운 일도 없을 것이다. 이야기 속의 검사는 사건의 핵심을 피해 빙 둘러서 질문하는 방법으로 피의자의 판단력을 흐리고 경계심을 느슨하게 했다. 피의자는 검사의 질문에 하나씩 대답하다가 스스로 함정에 빠졌고, 범행을 자백했다.

　이상의 두 가지 이야기에서 알 수 있듯이 대화의 방식은 상대방의 심리 상태를 바꿀 수 있고, 이를 잘 이용하면 바라는 대화의 목적을 이룰 수 있다.

겁내지 말고 한발 먼저 나서라

━━ 어렸을 때 부모를 여읜 젊은이는 평생 외롭고 고단하게 살았다. 처음엔 농사를 지어보려고 했지만 자연재해가 몇 년에 걸쳐 계속되는 바람에 포기하고 장사를 시작했다. 장사하는 사람들이 돈을 꽤 잘 버는 것 같아서였지만 마침 그가 장사를 시작했을 때 불황도 같이 시작되어 쫄딱 망했다. 이후 어부가 되었지만 출항해서 고기를 낚는 중에 큰 파도를 만나 하마터면 바다에 빠져 죽을 뻔했다. 천신만고 끝에 살아났지만 어쩌면 이렇게도 되는 일이 없는지 비통하기가 이를 데 없었다. 화가 난 그는 신을 찾아가서 왜 자신은 늘 비참하게 살아야 하는지 따져 물었다. 묵묵히 그의 원망 섞인 하소

연을 듣던 신은 이렇게 대답했다. "옛날에 상인 한 명이 있었다. 더할 나위 없이 순탄한 삶을 살았지. 손대는 사업마다 순풍에 돛 단 듯 잘되었거든. 그런데 딱 한 번 사업이 잘못되어서 엄청난 손해를 보더니 그만 큰 충격을 받고 건물에서 뛰어내려 목숨을 끊었단다. 하지만 너는 아직 살아 있지 않으냐, 너는 그 상인보다 훨씬 강한 사람이다." 이미 쉰 살이 다 되었지만 그는 다시 한번 장사를 시작하기로 마음먹었다. 이후에는 어떤 일이 생겨도 신을 원망하지 않고, 아무리 힘들어도 피하지 않고 끝까지 마주하며 버텼다. 세월이 흐른 후 그는 억만장자가 되었다.

혹시 '겁이 많은' 성격인가? 잘 모르거나 어려운 일을 마주하면 겁 많은 성격이 감출 새도 없이 드러나곤 한다. 겁은 사람을 자꾸만 뒷걸음질 치게 만들어 능력을 충분히 발휘하지 못하게 한다. 그러므로 평소에 어려움이 생겨도 끝까지 맞서겠다는 결심과 자신감을 다져두어야 약점인 겁을 극복하고 승승장구할 수 있다.

━━ 참새가 배고픈 고양이로부터 필사적으로 새끼를 보호하는 모습을 본 적 있는가? 사냥감의 냄새를 맡은 배고픈 고양이는 참새 새끼를 향해 돌진하지만 어미 새가 가만히 있을 리 없다. 용감한 어미 새는 날개를 최대한 넓게 펴서 새끼들을 감싸고, 깃털을 세워 등을 둥그렇게 만들어서 적과 대치한다. 어미 새는 날카로운 소리로 울면서 날개를 쉴 새 없이 푸드덕거리고, 고양이가 조금이라고 다가올라치면 계속 자세와 소리를 더 위협적으로 하면서 이 악랄한 포식자를 쫓아내려고 한다. 이렇게 한참이나 대치한 후에

먼저 지치는 쪽은 언제나 고양이다. 어미 새가 있는 한 절대 배를 채울 수 없겠다고 생각한 고양이는 눈앞의 사냥감을 그냥 포기하고 풀이 죽어 자리를 뜬다. 이렇게 해서 작고 연약한 어미 새는 강력한 고양이와 싸워 이겨서 새끼를 끝까지 지킨다.

어미 새라고 무섭지 않았겠는가? 엄청 무서웠을 것이다. 하지만 자식을 지키려는 그 기세만큼은 어미 새가 보기에 야만스럽기 짝이 없는 배고픈 고양이에 뒤지지 않았다. 만약 조금이라도 뒤로 물러나거나 벌벌 떠는 모습을 보였다면 새끼들을 잃었을 것이 분명하다. 어미 새는 깊은 모정으로 깜짝 놀랄 만한 용기를 내서 자신의 모든 힘을 끌어모아 '겁'을 벗어던지고 적의 사기를 꺾어놓았다. 전투를 시작하기도 전에 이미 상대방을 무너뜨린 셈이다.

어려움에 부딪혔을 때 내면의 겁과 싸워 이기고, 상대방을 심리적으로 압박하는 용기를 갖춘다면 협상이나 변론에서도 유리한 고지를 선점할 수 있다.

━━━ 1986년 아시아 대학생 토론 대회에서 싱가포르 국립대학National University of Singapore과 홍콩 중문대학香港中文大學이 결선에 올랐다. 토론 주제는 '외국인 투자로 개발도상국 경제의 고속 성장을 확보할 수 있는가?'였다. 홍콩 중문대학은 찬성 측, 싱가포르 국립대학은 반대 측이었다. 사실 이 토론 주제는 찬성 측에 불리했다. 특히 '확보'라는 단어를 확실하다는 의미로 해석하면 논지를 펴나갈 수 있는 공간이 협소해져서 패배가 분명했다. 하지

만 홍콩 중문대학 팀은 물러서지 않고 먼저 치고 나가는 전략을 선택했다. 심리적으로 상대방을 제압하는 전략을 쓴 것이다. 그들은 토론이 시작되자마자 먼저 '확보'라는 단어가 100% 약속한다는 의미가 아니라고 주장하며 예를 들어 설명했다. "여러분 모두 '승객의 안전을 확보하기 위해 출입문에 기대는 행위를 금지합니다'라는 문구를 보거나 들으신 적 있을 겁니다. 이 말은 출입문에 기대지 않기만 하면 승객 전원이 안전하다는 의미가 아닙니다." 홍콩 중문대학 팀은 '확보'라는 단어를 이런 식으로 해석함으로써 자신들의 변론에 더 많은 가능성을 제공했다. 반대로 싱가포르 국립대학 팀은 이 단어가 확실하다는 의미임을 증명할 수 있는 충분한 근거를 내놓지 못했다. 최종 결과 홍콩 중문대학이 이 대회의 우승 트로피를 차지했다.

토론 대회에서 홍콩 중문대학 팀은 '선발제인先發制人', 즉 선수를 쳐서 미리 막아내는 전략을 채택했다. 타인이 나에게 불리한 일을 말하거나 하려고 하면 겁내지 말고 부정적인 심리를 극복해서 먼저 입을 열거나 행동을 취해야 한다. 이런 방식으로 아예 시도 자체를 무산시킨다면 무슨 일에서든 주도권을 장악해서 좀 더 쉽게 최종 목표를 이룰 수 있다. 토론이나 협상, 혹은 일상의 다양한 일은 유치한 설전, 시비, 주먹다짐이 아니라 대부분 심리 전쟁이다. 이 전쟁에서 승리하려면 겁, 두려움 등 내면의 약점을 극복해야 한다. 그래야만 싸우지 않고도 항복을 받아내 최종 승리를 거둘 수 있다.

성공의 시작은 목표다

▬ 빵 가게를 하는 윌리엄은 수입을 늘리기 위해 호텔에 정기적으로 빵을 납품하기로 했다. 그는 뉴욕의 한 호텔에 자신의 빵을 소개하고 구매 의사를 물었지만 늘 거절당했다. 하지만 윌리엄은 포기하지 않고 무려 4년 동안이나 이 호텔에 영업을 계속했다. 매일 아침 호텔 사장에게 전화를 걸기도 하고, 얼굴에 철판을 깔고서 총지배인이 참석하는 사교 모임에 등장하기도 했다. 심지어 한동안은 오로지 계약을 따내겠다는 일념 하나로 이 호텔에 혼자 투숙하기까지 했다. 아무 성과도 없이 4년이 흘렀지만 윌리엄은 자신의 영업 방식이 꽤 의미 있다고 생각했다. 단 한 번도 속상한 적 없었고, 안 되면 전략을 바꿔 다시 시도했다.

어느 날 윌리엄은 호텔 사장이 가장 좋아할 만한 일을 알아내기로 작정하고 바로 행동을 시작했다. 노력은 배신하지 않는 법, 윌리엄은 마침내 이 사장이 '미국 숙박업 협회'의 회원이며 굉장히 적극적으로 활동한 덕분에 '국제 숙박업 협회'의 회장으로 선출된 것을 알아냈다. 윌리엄은 다음에 사장을 다시 만났을 때 꼭 이 협회 이야기를 꺼내야겠다고 생각했다.

며칠 후 윌리엄은 어렵사리 호텔 사장과 만날 기회를 잡았고, 계획한 대로 이야기를 꺼냈다. 빵 이야기는 일절 하지 않았다. 그 덕분인지 대화는 아주 즐겁고 순조롭게 진행되었으며, 양측 모두 기분이 좋았다. 윌리엄은 드디어 상대방이 관심을 보일 만한 주제를 꺼냈다고 생각하며 속으로 무척 기뻐했다. 사무실에서 나올 때 사장은 윌리엄에게 협회의 회원 카드를 건넸다. 윌리엄은 성공이 머지않았음을 본능적으로 알아차렸다.

다시 며칠이 흐른 후 호텔 사장이 윌리엄에게 직접 전화했다. 그리고 윌리엄의 예상대로 납품할 빵의 샘플과 가격표를 가져와 보라고 말했다.

윌리엄의 성공은 호텔 사장의 최고 관심사를 공략했기에 가능했다. 만약 이렇게 하지 않았다면 다시 4년이 지나도 납품 계약을 성공시키지 못했을 것이다. 이 이야기는 상대방의 관심사를 언급함으로써 그의 흥미를 불러일으키고 장단을 맞추는 방법이 얼마나 효과적인지 잘 보여준다. 대화 상대가 흥미를 느끼거나 좋아하는 이야기를 이야깃거리로 삼으면 그의 경계심을 누그러뜨리고 분위기를 부드럽게 만들 수 있다. 또 그에게 존중받는다는 느낌을 주어서 서로 좀 더 깊게 이해하고 유쾌하게 사교할 수 있다. 이는 대화의 목적을 달성하는 지름길이기도 하다. 무슨 일이든 사전에 그 대상에 대해 철저히 파악하는 자세가 성공의 기본 요소다.

━━ 한 여행객이 즐겁게 숲속을 거닐다가 돌아가는 길에 그만 손목시계를 떨어뜨렸다. 원숭이 한 마리가 마침 이 손목시계를 보고서 주웠고, 이때부터 이 원숭이는 숲속에서 유일하게 손목시계를 가지게 되었다. 시간을 파악하게 된 그는 이 숲에서 '시간 관리자'가 되었고, 다른 원숭이들은 그를 왕으로 추대했다.
원숭이 왕은 이 손목시계 하나가 이렇게 커다란 행운을 가져왔으니 손목시계가 많으면 많을수록 더 좋겠다고 생각했다. 이때부터 그는 시간만 나면 숲속에서 누군가 떨어뜨리고 간 손목시계를 찾기 시작했고, 꽤 많은 손목시계를 손에 넣게 되었다. 그런데 어찌 된 일인지 시계마다 시간이 다 달랐다. 원숭이 왕은 어느 손목시계를 믿어야 할지 알 수 없었고, 그 바람에 숲속 시간 계획은 엉망이 되고 말았다. 점점 불신이 쌓인 다른 원숭이들은 원숭이 왕을 자리에서 끌어내린 후 새로운 왕을 추대했다. 하지만 새로 왕좌에 등극한 원숭이 역시 같은 문제에 부딪혔다.

이야기 속 원숭이 왕은 '손목시계의 오류'에 빠졌다. 심리학에서 말하는 손목시계의 오류는 기준이나 규칙이 하나가 아니어서 실행하는 사람이 혼란을 겪는 심리 현상이다. 일상생활에서도 유사한 일이 많다. 목표를 정할 때는 단시간에 하나만 정하는 것이 제일 좋다. 목표가 너무 많거나, 오늘은 이거 했다가 내일은 저거 했다가 해서는 일을 완성할 수 없다.

성공하고 싶다면 우선 명확한 목표부터 세워야 한다. 목표가 확실하지 않으면 노력을 해도 어디를 향해서, 어떻게 해야 할지 알 수 없지 않은가? 이래서는 절대 성공할 수 없다.

세상을 바꿀 수 없다면 세계관을 바꿔라

■■■ 토끼는 자신이 아주 착하고 온순하다고 생각했다. 밥도 풀만 먹고, 다른 동물을 죽이지도 않기 때문이다. 그런데 호랑이, 늑대, 여우 같은 나쁜 동물들이 자신을 너무 괴롭히고 업신여겨서 속이 이만저만 상하는 게 아니었

276

다. 세상이 너무 불공평하다고 여긴 토끼는 신을 찾아가서 걱정과 고충을 모두 털어놓았다. 토끼는 신이 자신을 불쌍히 여긴다면 분명히 운명을 바꿔 줄 거라고 믿었다.

너그러운 신은 매우 인자하고 부드러운 눈빛으로 토끼를 바라보며 모든 이 야기를 끝까지 들어주었다. "그래, 좋다! 그럼 무엇이 되고 싶으냐?" 토끼는 잠시 생각해보고 대답했다. "하늘을 훨훨 나는 새로 만들어주세요. 하늘을 날면 호랑이, 늑대, 여우 같은 것들이 저를 절대 못 잡을 테니까요." 신은 토 끼의 소원을 들어주었다. 그런데 며칠 후 그 새가 다시 신을 찾아와서 사정 했다. "하늘을 날고 있으면 사납게 생긴 매가 쫓아와 공격하고, 나무 위에 앉아 잠시 쉬고 있으면 독사가 입을 벌립니다. 이렇게는 살 수 없어요. 제발 저를 물고기로 만들어주세요. 큰 바다에 사는 물고기가 되면 좋겠어요. 거 기에는 매도 독사도 없을 테니까요. 편안하게 살 수 있을 거예요."

이렇게 해서 새는 큰 바다에 사는 물고기가 되었지만 물고기로 살기도 쉽지 않았다. 바닷속 역시 약육강식이 더했으면 더했지 모자라지 않았다. 토끼였 다가 새였다가 물고기가 된 그는 상상했던 것과 전혀 다른 상황을 도저히 견딜 수 없어서 다시 신을 찾아갔다. "인간이 되게 해주세요. 안전한 집 안 에 살 수도 있고, 적이 오면 각종 기계로 방어할 수도 있으니까요. 아무리 무 서운 동물이라도 인간을 죽일 수는 없을 거예요. 무서운 맹수들도 우리 안 에 갇혀서 인간들의 구경거리가 되고, 소나 돼지같이 커다란 동물은 인간들 의 식탁에 오르잖아요. 저는 꼭 인간이 되고 싶어요!" 신은 또 별말 없이 바 라는 대로 해주었다. 다시는 찾아오지 않기 바라면서.

하지만 며칠 후 그는 공포에 질려 다시 신을 찾아와 울며 말했다. "너무 무서워서 살 수가 없어요. 사방에서 전쟁이 벌어져 벌써 수많은 사람이 죽었다고요." 마침 전쟁이 일어나서 사람들이 서로 죽이고 가족과 집을 잃었으며, 많은 사람이 질병과 기아로 사망한 때였다. 신은 크게 한숨을 쉬며 다시 물었다. "그래, 이번에는 뭐가 되고 싶으냐?" 토끼였다가 잠시 새였고, 물고기였으며, 지금은 인간인 그가 말했다. "저를 다른 세상에 보내주세요. 거기서 신이 되고 싶어요." 하지만 신은 소원을 들어주지 않고 이렇게 말했다. "신은 하나뿐이어야 해! 많으면 싸움이 나니까."

토끼는 살면서 만나는 각종 불행을 피하려고, 신을 찾아가 자신을 다른 동물로 바꿔달라고 간청했다. 하지만 그가 만난 세상은 모두 생각했던 것과 전혀 달랐고 여전히 위험하며 힘든 삶을 살아야 했다. 실제로도 그렇지 않은가? 사람들은 누구나 살면서 각종 난관에 부딪힌다. 하지만 누구도 세상을 바꿀 수는 없다. 우리가 유일하게 할 수 있는 일이라곤 자신의 세계관을 바꾸는 것뿐이다.

세계관이란 세상을 바라보는 방식 혹은 관점이다. 사람들은 모두 자기만의 세계관이 있어서 서로 다른 위치와 시간에서, 그리고 서로 다른 각도로 문제를 바라보며 서로 다른 결론을 얻는다. 세계관은 사람이 사물에 내리는 판단이며 반응의 과정이다. 세계관을 바꾸어 문제를 바라보면 세상에서 가장 재수 없고, 불행한 일이라도 세상에서 가장 운 좋은 일이 될 수 있다.

━━ 옛날에 작은 나라를 다스리는 왕이 있었다. 나라는 나날이 크게 번영

하고 백성들은 모두 행복하게 살았다. 어느 날 왕은 먼 곳까지 직접 걸어가서 백성들을 살폈는데, 길 위에 모래가 많아서 발이 무척 아팠다. 돌아오는 길에 통증이 너무 심해서 견딜 수 없는 지경이 되자 왕은 길 위에 가죽을 깔라고 명령했다. 그랬더니 훨씬 걷기에 편하고 통증도 줄었다. 이때 그의 책사가 나서서 말했다. "폐하, 돌아가는 길에 전부 가죽을 깔면 나라의 모든 가죽을 가져다 써야 하니 너무 큰 낭비입니다. 그러지 말고 가죽으로 폐하의 발을 감싸면 어떻겠습니까? 그렇게 걸으면 발이 아프지 않을 것입니다." 왕은 책사의 말에 일리가 있다고 생각했다. 가죽도 낭비하지 않고 발도 아프지 않으니 정말 좋은 방법이군! 이렇게 해서 그는 세계 최초의 '가죽 신발'을 만들어 신었다.

사람들은 모두 행복하고 즐겁게 살기 바란다. 하지만 세상일이 그렇게 마음대로 될 리 없고, 안 되는 일을 억지로 끌어다가 할 수도 없다. 그렇다면 살면서 마음에 들지 않는 일이 있어도 그냥 참고 견디는 수밖에 없을까? 당연히 그렇지 않다. 세상을 바꿀 수 없다면 자신을 바꿔 더 행복한 삶을 살면 된다.

장자는 '지혜로운 사람은 할 수 없는 일을 하지 않는다'라고 했다. 어떻게 해도 자신의 힘과 능력이 닿지 않는 일이라면 하지 않으면 된다. 세상을 바꾸려고 하면 당연히 힘들다. 그러지 말고 자신의 세계관을 바꾸는 편이 훨씬 쉽다!

퇴근길 심리학 공부

초판 1쇄 인쇄 2019년 4월 20일
초판 1쇄 발행 2019년 4월 26일

지은이 | 우멍쓰
옮긴이 | 송은진
펴낸이 | 김의수
펴낸곳 | 레몬북스(제 396-2011-000158호)
주 소 | 경기도 고양시 일산서구 중앙로 1455 대우 시티프라자 802호
전 화 | 070-8886-8767
팩 스 | (031) 955-1580
이메일 | kus7777@hanmail.net

ISBN 979-11-85257-79-2 (03320)

※ 잘못 만들어진 책은 구입처에서 교환 가능합니다.

이 도서의 국립중앙도서관 출판예정도서목록(CIP)은 서지정보유통지원시스템 홈페이지
(http://seoji.nl.go.kr)와 국가자료종합목록시스템(http://www.nl.go.kr/kolisnet)에서
이용하실 수 있습니다. (CIP제어번호 : CIP2019011517)